LE CORPS

THEMAΘέμαTHEMAΘέμαTHEMAΘέμα

LE CORPS

sous la direction de
Jean-Christophe GODDARD

PARIS
LIBRAIRIE   PHILOSOPHIQUE   J. VRIN
6, Place de la Sorbonne, V^e
—
2005

© *Librairie Philosophique J. VRIN,* 2005
Imprimé en France
ISBN 2-7116-1730-0

www.vrin.fr

AVANT-PROPOS

Chaque volume de la collection « Thema » propose une approche pluraliste d'une notion susceptible d'être mise au programme des enseignements de philosophie générale. Il consiste dans un ensemble limité de contributions vouées chacune à l'analyse et à l'interprétation d'un moment significatif de l'histoire philosophique de cette notion. Afin d'éviter la dispersion des connaissances et d'ouvrir un accès aux doctrines mêmes, aux questions originales qu'elles soulèvent et aux profondes transformations qu'elles font subir à la notion, chaque volume consacre à ces seuls moments forts de larges exposés rédigés par des historiens de la philosophie spécialisés dans l'étude d'une période ou d'un auteur.

Le présent volume, consacré au « corps », est composé pour l'essentiel d'articles inédits de Marie-Hélène Gauthier-Muzellec (université d'Amiens), Nicolas Cornibert (université de Poitiers), Charles Ramond (université de Bordeaux), Sylvain Roux (université de Poitiers) et Patrick Wotling (université de Reims). Il reprend, par ailleurs, quatre articles qui ont d'abord paru dans l'ouvrage collectif « Le corps » (J.-Ch. Goddard et M. Labrune (éd.), Paris, Vrin, 1992) maintenant épuisé : ceux de Renaud Barbaras (université Paris I), de Jean-Louis Chrétien (université Paris IV), de Jean-Christophe Goddard (université de Poitiers) et celui de Charles Ramond consacré à *la conception mécaniste du corps humain au 17ᵉ siècle*.

PRÉSENTATION DES AUTEURS

Renaud BARBARAS : Professeur à l'université de Paris I Panthéon-Sorbonne, a publié *De l'être du phénomène. Sur l'ontologie de Merleau-Ponty* (Millon, 1991); *Le tournant de l'expérience. Recherches sur la philosophie de Merleau-Ponty* (Vrin, 1998); *Le désir et la distance. Introduction à une phénoménologie de la perception* (Vrin, 1999); *Vie et intentionnalité. Recherches phénoménologiques* (Vrin, 2003).

Jean-Louis CHRETIEN : Maître de conférences à l'université de Paris IV-Sorbonne, a publié *La voix nue. Phénoménologie et promesse* (Minuit, 1990); *L'appel et la réponse* (Minuit, 1992); *Saint Augustin et les actes de parole* (PUF, 2002).

Nicolas CORNIBERT : Professeur agrégé, Allocataire de recherches à l'université de Poitiers; prépare une thèse sur la matière chez Bergson.

Marie-Hélène GAUTHIER-MUZELLEC : Maître de conférences à l'université d'Amiens, a publié *L'âme dans la métaphysique d'Aristote* (Kimé, 1996); *Aristote et la juste mesure* (PUF, 1998).

Jean-Christophe GODDARD : Professeur à l'université de Poitiers, a publié *La philosophie fichtéenne de la vie. Le transcendantal et le pathologique* (Vrin, 1999); *Mysticisme et folie. Essai sur la simplicité* (Desclée de Brouwer, 2002); *L'émancipation philosophique. Fichte 1801-1813* (PUF, 2003); *Fichte. La philosophie de la maturité. 1804-1814*, édité avec Marc Maesschalck (Vrin, 2003).

Charles RAMOND : Professeur à l'université de Bordeaux III, directeur du Centre de Recherches Philosophiques sur la Nature, a publié *Qualité et quantité dans la philosophie de Spinoza* (PUF, 1995) ; *Spinoza et la pensée moderne. Constitutions de l'Objectivité* (L'Harmattan, 1998) ; *Le vocabulaire de Spinoza* (Ellipses, 1999) ; *Le vocabulaire de Derrida* (Ellipses, 2002).

Sylvain ROUX : Maître de conférences à l'université de Poitiers a publié *La recherche du Principe chez Platon, Aristote et Plotin* (Vrin, 2005).

Patrick WOTLING : Professeur à l'université de Reims, a publié *Nietzsche et le problème de la civilisation* (PUF, 1995) ; *La pensée du sous-sol* (Allia, 1999) ; *Le vocabulaire de Nietzsche* (Ellipses, 2001).

LE STATUT DU CORPS DANS LA PHILOSOPHIE
PLATONICIENNE

L'image du corps comme tombeau et prison de l'âme, relevée dans plusieurs dialogues[1], a souvent servi de point de départ à l'analyse de la conception platonicienne du corps. Or ce choix conduit rapidement à l'idée que le corps serait la source unique des maux dont l'âme est affectée et que Platon l'aurait radicalement condamné en raison notamment de sa nature matérielle. Mais une telle présentation est contestable pour plusieurs raisons. D'une part, parce qu'elle s'appuie essentiellement sur le *Phédon*, au détriment d'autres textes plus nuancés et, que, comme nous le verrons, le texte du *Phédon* est lui-même susceptible d'une autre lecture. D'autre part, parce qu'on peut se demander si cette présentation n'est pas le produit d'une confusion avec cette « haine du corps » qu'a décrite E.R. Dodds, apparue plus tardivement dans l'Antiquité, notamment à partir du second siècle de notre ère[2]. Peut-on vraiment en trouver des aspects dans la tradition platonicienne et la faire remonter à Platon lui-même ? On sait par exemple que, selon Porphyre, « Plotin avait honte d'avoir un corps »[3] et Plotin lui-même déclare dans le traité *46* (I, 4) qu'« il faut que, par une sorte de contrepoids qui le tire en sens inverse vers le

---

1. *Gorgias*, 493 a 3, *Cratyle*, 400 c 1-2, *Phédon*, 82 d 8-e 4.
2. Sur ce point, voir E.R. Dodds, *Pagan and Christian in an Age of Anxiety*, Cambridge, Cambridge University Press, 1965 ; trad. fr., *Païens et chrétiens dans un âge d'angoisse*, Claix, La pensée sauvage, 1979, chap. I.
3. Porphyre, *Vie de Plotin*, Paris, Vrin, 1982, I, 1.

bien, il [l'homme] diminue et affaiblisse son corps, afin de montrer
que l'homme véritable est bien différent des choses extérieures »[1].
Mais P. Hadot a montré, à propos de ce dernier texte, que Plotin ne
condamne pas le corps lui-même mais qu'il cherche à développer une
indifférence par rapport à ce qui en provient, afin de rendre possible la
contemplation du Bien[2]. Enfin et surtout, cette présentation néglige
la complexité de la position platonicienne, déjà remarquée par les
Anciens eux-mêmes et notamment par Plotin. Ce dernier constate en
effet, dans le traité 6 (IV, 8), que Platon « ne dit pas partout la même
chose »[3]. De manière générale, il « méprise le sensible »[4] comme cela
apparaît clairement de passages tirés par Plotin du *Phédon*, de la
République et du *Phèdre* mais le *Timée* ne condamne pas la venue
de l'âme dans un corps puisqu'il présente l'univers comme un « dieu
bienheureux » qui devait être gouverné par une âme afin que le sensible participe de l'intelligible (en possédant le même nombre d'êtres
vivants que lui)[5].

Or, cette ambiguïté, remarquée par Plotin, n'apparaît pas seulement entre différents dialogues, elle est présente dans l'image même
qu'invoquent ceux qui présentent la conception platonicienne comme
une condamnation radicale. Ainsi, dans le *Cratyle* où Platon fait
l'étymologie du terme « corps », la présentation de l'image du corps-
tombeau s'accompagne de remarques qui nuancent la dépréciation du
corps par opposition, il est vrai, à l'emploi que fait Platon de cette
même image dans d'autres textes. En effet, le terme *sêma* peut non
seulement avoir le sens de tombeau mais aussi celui de signe. Dans ce
dernier cas, il faudrait comprendre que le nom (*sôma*) donné au corps
et dérivé de *sêma* signifie que le corps est « ce par quoi l'âme signifie
les choses qu'elle peut avoir à signifier ». Le corps n'est pas alors
obstacle mais moyen et instrument. Par la voix, en effet, la pensée (qui
est « dialogue sans son de l'âme avec elle-même »[6]) peut être transformée en une suite de sons, puis proférée à l'extérieur puisqu'elle

1. Plotin, *Traité 46* (I, 4), 14, 11-14 [trad. fr. Bréhier ; nous soulignons].

2. P. Hadot, *Plotin ou la simplicité du regard*, Paris, Études Augustiniennes, 1989,
p. 114-116.

3. Plotin, *Traité 6* (IV, 8), 1, 27.

4. *Ibid.*, 29.

5. *Ibid.*, 29-50 pour l'ensemble du raisonnement.

6. *Sophiste*, 263 e 3-4.

transpose l'intelligible en chose sensible [1]. De plus, dans ce passage du *Cratyle*, le rapprochement entre les termes *sôma* et *sêma* (ce dernier au sens de tombeau) est justifié d'une seconde manière. Les Orphiques présentent le corps comme «ce qui garde» (*sôzètai*) l'âme pour l'expiation de ses fautes, ce qui revient, par une étymologie différente, à faire du corps une prison [2]. Mais, par là même, on peut se demander si le texte s'approprie absolument cette explication de l'origine du mot, puisqu'il en attribue aux Orphiques la responsabilité [3]. En tous cas, au moment même où s'affirme le rapprochement entre le corps et le tombeau (ou la prison) se manifeste la possibilité pour le premier d'être non point ce qui enferme l'âme mais ce qui l'ouvre à une extériorité, puisqu'il est signe, manifestation autant que tombeau. Comment alors ne pas voir aussi dans le corps une condition pour l'âme d'exercer ses fonctions? Si l'âme est un principe, notamment un principe de vie pour le corps, ne faut-il pas que le corps soit autre chose qu'un obstacle et qu'il n'y ait rien en lui qui s'oppose absolument à ce que cette fonction de l'âme puisse s'exercer? Ainsi, la réflexion platonicienne sur le corps se montre-t-elle ambivalente, notamment dans le texte du *Cratyle*, ce qui oblige à se demander quelle place, entre l'obstacle et le moyen, revient au corps et à déterminer quelle attitude il convient d'adopter à son égard.

L'ANTÉRIORITÉ DE L'ÂME SUR LE CORPS

La question de la place à accorder au corps se pose d'autant plus que Platon ne saurait oublier que certaines théories lui accordent la première place par rapport à l'âme, soit parce qu'il viendrait à être en premier, soit parce qu'il commanderait l'âme elle-même. Mais d'autres théories vont plus loin puisqu'elles n'accordent d'existence qu'au corps, lui donnant cette fois *toute la place*, la *seule* place à

---

1. Sur ce point, voir M. Dixsaut, « Qu'appelle-t-on penser? Du dialogue intérieur de l'âme selon Platon? », dans *Platon et la question de la pensée*, Études platoniciennes I, Paris, Vrin, 2000, p. 45-70.

2. *Cratyle*, 400 c 5-10.

3. *Ibid.*, 400 c 4-5. Sur l'ensemble de ce passage du *Cratyle*, voir les remarques de V. Goldschmidt, *Essai sur le « Cratyle », contribution à l'histoire de la pensée de Platon*, Paris, Champion, 1940, (2ᵉ éd. Paris, Vrin, 1981, p. 118-119).

occuper. Il s'agit alors pour Platon de prendre position par rapport à elles. La plus radicale de toutes, celle qui n'accorde d'existence qu'au corps, est présentée et discutée dans le *Sophiste*. À l'occasion du débat sur le statut de l'illusion produite par le discours du sophiste, le dialogue est en effet conduit à remettre en cause la thèse de Parménide pour lequel le non-être n'est pas [1] et à poser à nouveau la question de l'être (*to on*) et du non-être (*to mè on*) [2] : il conviendra donc de savoir ce que sont l'être et le non-être et de s'interroger, plus précisément, sur le nombre et la nature des étants [3]. Un premier moment est consacré à l'étude de la première question (le nombre des étants) et oppose les pluralistes aux monistes pour lesquels l'être est un [4], étude qui les renvoie pourtant dos à dos puisque la position des premiers conduit inévitablement à un monisme et que celle des seconds ramène à la première, c'est-à-dire à un pluralisme. Platon en vient alors au second problème, concernant la nature des étants [5]. Mais celui-ci est présenté d'une manière surprenante puisque ce n'est plus sur la question de l'être mais sur celle de l'*ousia* que deux groupes s'affrontent désormais. La difficulté réside dans le fait que le terme *ousia* peut avoir deux sens. Le second groupe (les « amis des formes » [6]) affirme en effet que nous avons connaissance de l'*ousia* par l'âme et le raisonnement alors que par le corps, nous ne pouvons connaître que ce qui est de l'ordre du devenir. Dans ce contexte, l'*ousia* désigne la forme, et l'on peut être tenté de considérer que la question de départ est alors celle de la recherche de l'essence de ce qui est et non de la recherche de ce qui existe vraiment, ce qui constituerait le second sens possible du terme *ousia*. Pourtant, opposer les deux reviendrait à ne pas

---

1. *Sophiste*, 241 d.

2. *Ibid.*, 243 d 3 ; 245 e 6-246 a 2.

3. *Ibid.*, 242 c 5-6. L'Étranger montre qu'à propos des étants, ceux dont il va présenter la doctrine « se sont lancés dans l'entreprise de déterminer combien (*posa*) ils sont et quels (*poia*) ils sont ».

4. *Ibid.*, 242 c 8-245 e 5.

5. Le texte se contente d'indiquer qu'il convient désormais de prendre en compte la thèse de « ceux qui se sont exprimés d'une manière différente » (trad. fr. N. Cordero, *Le Sophiste*, Paris, GF-Flammarion, 1993), ce qui ne semble pas signifier que le problème étudié change de nature mais la suite du texte montre bien qu'il ne s'agit plus de s'interroger sur le nombre des étants mais sur ce qu'est un étant (corps ou réalité incorporelle ?), donc sur sa nature.

6. *Ibid.*, 248 a 4-5.

comprendre le sens de la question. Il s'agit bien de savoir à quoi attribuer l'existence (qu'est-ce qui est?) mais les uns ne l'attribuent qu'aux corps alors que d'autres l'attribuent aux formes intelligibles, c'est-à-dire à l'*ousia* au sens de l'essence. La question posée est donc bien de type *existentiel*[1].

Un premier groupe (les «fils de la terre»[2]) considère donc que l'existence ne convient qu'à ce qui peut faire l'objet d'une sensation, en particulier du toucher, même si le visible est aussi un critère utilisé[3]. Or, ce qui peut faire l'objet de telles sensations est un corps, ce qui signifie que seul un corps *est* et qu'il n'y a pas d'incorporel, c'est-à-dire d'être qui ne serait pas un corps ou qui existerait sans avoir de corps. On remarquera ici que la présentation de cette doctrine n'est pas neutre et qu'*elle présuppose d'emblée la thèse adverse :* ce n'est que par rapport à la seconde que la première est présentée. En effet, l'affirmation que seuls les corps existent est présentée comme une manière de ramener vers la terre ce qui vient du ciel, vers le visible ce qui est invisible, vers le bas ce qui vient du haut c'est-à-dire comme une manière de réduire la conception de ce qui est à un seul de ces niveaux et à rabaisser l'un de ces niveaux à un autre. En procédant ainsi, Platon indique d'emblée l'impossibilité d'une telle conception puisqu'elle doit déjà présupposer ce qu'elle annule et puisqu'elle n'est pas présentée pour elle-même mais comme négation de la thèse opposée. Mais, par ailleurs, cette présentation permet aussi de montrer que la réduction de ce qui existe aux seuls corps traduit une ignorance de l'autre partie de la réalité (laquelle n'est pas constituée par les corps), *parce que cette dernière ne se donne pas aux corps et à travers les corps.* La présentation est donc en même temps une critique, qui ne porte pas seulement sur la conception elle-même (seul le corps existe) mais aussi sur le mode d'appréhension de la réalité (la sensation) dont résulte justement cette conception[4]. Mieux, celle-ci est prisonnière de

---

1. Ce qui est bien le cas aussi de la question de la nature des étants, qui revient à se demander quels sont ceux qui existent.

2. L'expression est employée plus loin, en 248 c 1-2.

3. Puisque les partisans de cette doctrine ramènent vers la terre «ce qui se trouve dans le ciel et dans *l'invisible* » (246 a7-8).

4. C'est en raison même de cette «ambiguïté» que les commentateurs se divisent quant à l'attribution de cette thèse : ceux qui insistent sur le premier aspect en concluent que Platon vise ici les tenants d'une conception matérialiste, en l'occurrence les démo-

la sensation et du corps eux-mêmes puisqu'elle n'est possible que parce que le corps ne peut percevoir que des corps. La présentation de la thèse s'accompagne ainsi, dans le *Sophiste*, de sa généalogie.

L'Étranger reconnaît alors la difficulté d'une conversation avec les tenants d'une telle thèse, en raison de sa grossièreté[1] mais considère qu'on peut au moins s'adresser aux meilleurs d'entre eux. Cette précision est importante car elle montre qu'il s'agit de faire admettre par l'adversaire l'argument qui va être présenté. Il faut donc qu'il adopte les règles de l'échange dialectique qui consiste, pour le répondant, à accepter d'être mis en difficulté et de devoir concéder, au terme des questions de l'interrogateur, la thèse opposée à celle qu'il soutenait au début de l'entretien, ce dont justement sont incapables les plus grossiers adeptes du corps comme unique réalité. L'argumentation développée contre les tenants de cette thèse se présente donc comme une série de concessions qui aboutit à la nécessité de reconnaître l'existence de ce qui n'est pas corporel. Ils doivent d'abord admettre qu'un vivant est un corps animé, puis, et pour cette raison même, qu'il possède une âme (principe de vie). Mais l'âme est capable de comportements justes ou sensés et elle ne peut l'être que « par la possession et la présence de la justice », de la sagesse ou de ce qui rend sensé. Or, ils doivent donc considérer que ces dernières notions existent bien même si elles ne sont ni « visibles » ni « tangibles », ce qui revient à admettre qu'une chose peut exister sans être de nature corporelle[2]. Plus précisément, même s'ils font de l'âme un corps[3], ils ne pourraient pas le faire de ce à quoi l'âme participe. On remarquera ici que le raisonnement repose sur la théorie de la participation, même si le mot n'est pas employé, puisque l'âme n'est juste que par la justice, qu'elle tient la justice en elle d'une justice réelle et extérieure à elle. La première thèse est donc impossible parce qu'elle présuppose la seconde : on ne

critéens, ceux qui insistent sur le second en concluent que Platon vise ici les tenants d'une conception empiriste de la connaissance qui ne peuvent être les démocritéens. Parmi les premiers, voir W.K.C. Guthrie, *A History of Greek Philosophy*, t. V, Cambridge, Cambridge University Press, 1978; parmi les seconds, voir J. Moravcsik, « Being and meaning in the *Sophist* », *Acta Philosophica Fennica*, 14, 1962, p. 23-78.

1. L'Étranger indique par exemple, en 246 c 10, que les amis des formes sont « plus civilisés » qu'eux.

2. Pour l'ensemble du raisonnement, voir 246 e 2-247 c 7.

3. Ce passage pourrait être une allusion à la doctrine démocritéenne de l'âme-corps.

peut attribuer l'existence aux seuls corps sans reconnaître par là même une autre forme d'existence. *Le corps ne peut jamais se donner pour un niveau ultime de réalité mais se trouve renvoyé au delà de lui-même et à autre chose que lui-même.*

Platon s'intéresse alors aux tenants de cette seconde thèse, qui attribuent l'existence non pas seulement aux corps mais aussi aux formes c'est-à-dire à des incorporels. Contrairement aux précédents, ceux-ci reconnaissent l'existence de deux modes d'appréhension de la réalité correspondants au corps et à l'âme. Au premier est attribuée la sensation qui n'appréhende que le devenir, c'est-à-dire ce qui est toujours autre, à la seconde est attribué le raisonnement, par lequel elle saisit l'*ousia*, c'est-à-dire ce qui est toujours identique à soi-même. Le terme *ousia* désigne ici non pas l'existence en général ou la réalité, mais une partie de celle-ci, celle justement que ne reconnaissaient pas les « fils de la terre », à savoir les formes. Mais ils s'opposent pourtant à un aspect fondamental de la théorie de l'Étranger. Celui-ci avait en effet conclu du raisonnement précédent qu'il y a quelque chose de commun aux corps et à ce qui est incorporel, par quoi nous disons justement des deux qu'ils existent. L'être était alors conçu comme *dunamis*, comme puissance, de pâtir et d'agir à la fois. Cette définition était rendue nécessaire par la volonté de proposer une unique conception de l'*ousia* alors que l'analyse des thèses en présence aboutissait à deux aspects apparemment irréconciliables. Or, les « amis des formes » refusent cette solution et considèrent que la puissance de pâtir et d'agir ne peut s'appliquer qu'aux corps et non valoir de caractéristique commune car si connaître est une forme d'action, être connu, pour les idées, sera une forme de passion et d'affection. Mais, dans ce cas, celles-ci seraient donc mues et non point en repos[1]. En acceptant une telle proposition, les « amis des formes » en reviendraient alors à la conception des « fils de la terre » puisque ce qui est mû renvoie au domaine du devenir, de ce qui est toujours autre, donc à celui des corps. L'acceptation de la conception de l'être comme puissance serait, à leurs yeux, un retour à la volonté de rabaisser l'invisible au visible. On comprend alors pourquoi ils veulent s'en tenir à une stricte séparation entre l'*ousia* et le devenir[2].

---

1. *Sophiste*, 247 d 8-248 e 5.
2. *Sophiste*, 248 a 7-8.

C'est donc à la faveur d'une réflexion sur l'être que la question du corps surgit dans le *Sophiste* mais elle conduit à la reconnaissance de l'insuffisance du corps qui ne peut se donner pour seule réalité et épuiser son sens. Cependant, en reconnaissant que les partisans de l'existence des formes ont raison de ne pas s'en tenir aux corps, Platon veut seulement éviter la réduction de la réalité à la corporéité et non pas subordonner le corps à une autre réalité. C'est un tel mouvement, au contraire, qui se fait jour dans d'autres dialogues, mouvement de renvoi du corps à ce dont il dépend, mouvement d'inscription du corps dans une structure de *dépendance ontologique*, structure en dehors de laquelle le corps ne saurait demeurer.

Cet aspect apparaît clairement dans un texte des *Lois*, dans lequel Platon étudie les différentes formes d'impiété. Or, la première d'entre elles, qui aboutit à l'« athéisme », témoigne justement de ce renvoi et de cette structure. Platon reconstitue d'abord cette doctrine présentée comme « la plus savante de toutes »[1]. Elle trouve son point de départ dans la reconnaissance que ce qui advient est le produit de la nature, de l'art ou du hasard mais elle réduit aussitôt ces trois possibilités à deux puisque le hasard est associée à la nature dans son opposition à l'art. Surtout, elle établit immédiatement une hiérarchie entre ces deux éléments et subordonne même l'art à la nature : non seulement la seconde l'emporte sur le premier mais elle en constitue en même temps la condition de possibilité puisque les choses artificielles ne peuvent être façonnées qu'à partir des quatre éléments, qui sont des termes premiers et naturels[2]. Or, ces éléments, privés de vie et dépourvus

---

1. Pour l'ensemble du raisonnement, voir *Lois*, X, 888 d 8-890 b 2. L'expression « doctrine la plus savante de toutes » est employée en 888 e 1-2 et en 890 a 2, il est fait allusion à l'enseignement d'« hommes savants ». Platon ne nomme pas les adversaires visés par ce passage. En 891 c 8-9, il indique que les erreurs qu'il va dénoncer ont été commises par ceux qui ont fait des recherches sur la nature (*peri phuseôs*), ce qui permettrait de songer à certains présocratiques, comme Anaxagore (dans ce sens, voir M. Guéroult, « Le Xe livre des *Lois* et la dernière forme de la physique platonicienne », *Revue des Études Grecques*, t. XXXVII, 1924, p. 27-78). Mais, comme nous allons le voir, l'opposition entre art et nature (*nomos* et *phusis*) peut renvoyer aux Sophistes (voir, par exemple, W.K.C. Guthrie, *The Sophists*, Cambridge, Cambridge University Press, 1971 ; trad. fr. *Les Sophistes*, Paris, Payot, 1988, p. 109).

2. *Lois*, 888 e 4-889 a 8.

d'âme[1], s'associent au hasard et selon leurs qualités (les contraires avec les contraires[2]) et produisent finalement les corps (ceux des astres et des planètes), le ciel tout entier et enfin, les êtres vivants. Quant aux productions de l'art, elles viennent toujours en dernier, présupposant les précédentes pour pouvoir exister et se répartissent en deux groupes : celles des arts éloignés de la nature et qui n'aboutissent qu'à des simulacres (*eidôla*) et celles des arts qui tiennent leur puissance de la nature (médecine, agriculture, etc.), ces derniers étant supérieurs aux premiers[3].

Or, la politique et la législation appartiennent à la première catégorie, ce qui limite leur valeur. Cette précision est capitale car c'est elle qui permet de comprendre l'impiété dont se rendent coupables les partisans de cette doctrine ainsi reconstituée. Les dieux ne sont pas des produits de la nature mais de l'art, en particulier de l'art législatif, c'est-à-dire d'un art qui emprunte peu à la nature. C'est pourquoi de telles productions ont peu de valeur : les dieux autant que la justice diffèrent selon les cités et les conventions, et il n'est pas de disposition stable et constante dans le temps à leur sujet puisqu'ils font toujours l'objet de discussions[4].

Ce texte appelle au moins deux remarques. En premier lieu, l'impiété apparaît au terme d'un processus d'éloignement par rapport à un terme premier posé comme norme (la nature). Ce qui se rapporte aux dieux vient en dernier dans cette succession et s'en trouve dévalorisé du fait même de cet éloignement. Le processus qui se donne d'abord pour chronologique se double ainsi de l'évaluation de ses résultats : plus on s'éloigne de l'origine (naturelle) dans ce processus de constitution, plus l'objet produit perd de sa valeur. En second lieu, dans ce schéma, le corps apparaît *avant* l'âme ou, du moins, celle-ci n'étant pas nommée immédiatement, les corps sont formés avant que n'apparaissent des êtres vivants. L'inerte précède le vivant dont le vivant procède et il y a donc des corps qui peuvent exister indépendamment d'une âme et avant l'âme. Ce que Platon indique expli-

1. Ce qui revient au même, puisque le terme grec *apsuchon* (889 b 5) peut avoir ces deux sens et que, par ailleurs, l'âme est principe de vie.

2. *Ibid.*, 889 b 6-c 1.

3. *Ibid.*, 889 c 7-d 7.

4. *Ibid.*, 889 d 7-890 a 1.

citement cette fois lorsqu'il entreprend de réfuter cette conception : son tort est d'avoir placé les éléments en situation de termes premiers avant l'âme elle-même [1]. Mais ce reproche indique aussi la nature de la réponse que Platon va opposer à cette même conception : si l'erreur de celle-ci est de placer le corps avant l'âme et de faire de l'âme un dérivé de corps premiers ou antérieurs, alors il conviendra d'inverser l'ordre ainsi instauré entre l'âme et le corps et de rétablir la *priorité* de la première sur la seconde. La doctrine des impies se rend coupable de bouleverser l'ordre naturel des choses en ignorant ce qui est réellement *par nature :* l'âme et ce qui lui appartient n'est pas de l'ordre de l'art mais de celui de la nature et sans elle, ce sont au contraire les corps et leurs fonctions qui seraient impossibles [2].

Comment Platon en arrive-t-il à ce retournement ? La démonstration qui vise à convaincre de l'antériorité de l'âme sur le corps procède en partant d'une distinction des différents types de mouvements : mouvement circulaire, de translation, par segmentation ou composition, d'accroissement ou de décroissement, par génération, par destruction [3]. Mais la liste n'est pas close puisqu'il faut rajouter, à ces huit derniers, deux autres espèces : d'une part, le mouvement qui peut mouvoir autre chose mais non soi-même, d'autre part, le mouvement qui peut mouvoir autre chose *et* soi-même, c'est-à-dire le mouvement auto-moteur par opposition au moteur mû [4]. Cette énumération n'est pourtant pas satisfaisante car elle ne comporte pas de classement et a l'inconvénient de présenter au même niveau ces différentes espèces. Pire, elle présente en dernier ce qui occupe en fait la première place. Car si l'on cherche lequel de ces mouvements l'emporte sur les autres par sa puissance, il faudra convenir que c'est le dernier : dernier dans l'ordre d'exposition mais premier dans l'ordre logique et chronologique à la fois [5]. En effet, sans l'existence d'un mouvement capable de se mouvoir par soi-même, on ne pourra mettre un terme à la régression à l'infini qui reconduit chaque chose mue à son moteur. Au contraire, si l'on pose l'existence d'un moteur qui se meut par soi, on

1. *Lois*, 891 b 8 -c 5.
2. *Ibid.*, 892 c 2-7.
3. *Ibid.*, 893 b 1-894 a 8.
4. *Ibid.*, 894 a 8-c 8.
5. « Premier par la naissance et par la force » dit Platon en 894 d 10.

se donne un premier principe pour toute génération et pour toutes les autres espèces de mouvements[1]. Ce premier argument établit l'antériorité chronologique du mouvement auto-moteur sur les autres. Mais un second vient établir son antériorité logique au sens où le plus puissant doit nécessairement précéder ce qui en dépend. Si toutes choses étaient en repos[2], lequel de ces mouvements pourrait naître le premier, sinon justement celui qui n'est pas mû par un autre? Ce qui revient à dire que seul celui qui ne cesse jamais de se mouvoir peut éviter l'immobilité à laquelle conduiraient les autres mouvements et que ces derniers sont donc dépendants de celui-ci[3]. Mais il reste à établir que ce mouvement auto-moteur, nécessairement premier, correspond à l'âme et à son mouvement propre, et qu'ainsi, elle précède les corps qu'elle anime et qui sont affectés des autres types de mouvements. Il faut donc passer d'une distinction entre mouvement auto-moteur et mouvement mû à celle de l'âme et du corps, ce qui revient à établir que la *définition* « le mouvement qui est capable de se mouvoir lui-même » obtenue en premier lieu convient à « ce qui porte le *nom* d'âme »[4]. Comment cette adéquation est-elle finalement établie? On doit reconnaître d'une part que si, dans ce qui est corporel, se manifeste du mouvement, c'est parce qu'il y a en lui quelque chose qui se meut soi-même (les autres mouvements, étant mus, ne peuvent provenir d'eux-mêmes) et d'autre part que ce qui se meut en vertu d'un principe interne auto-moteur est *en vie* grâce à un tel principe. Or l'âme est ce qui rend vivant ce en quoi elle se trouve. Elle est donc elle-même ce principe auto-moteur c'est-à-dire le *nom du « mouvement capable de se mouvoir soi-même »*[5].

---

1. *Lois*, 894 e 4-895 a 3.

2. *Ibid.*, 895 a 6-7. Platon fait vraisemblablement allusion à certains présocratiques, pour lesquels le monde découle d'un principe premier indifférencié d'où était d'abord absent tout mouvement. L. Robin (Platon, *Œuvres complètes*, II, « Bibliothèque de la Pléiade », Paris, Gallimard, 1950, p. 1593) pense que peuvent être ici visés les Éléates et Anaxagore.

3. Pour l'ensemble du raisonnement, voir 895 a 5-b 7.

4. *Ibid.*, 895 e 10-896 a 4. Sur cette méthode consistant à montrer l'adéquation du nom et de la définition, exposée en 895 d 1-e 8, voir aussi la *Lettre VII*, 342 a 6-d 2 et l'ouvrage de P. Kucharski, *Les chemins du savoir dans les derniers dialogues de Platon*, Paris, PUF, 1949.

5. *Lois*, X, 895 c 4-12.

Pourtant, un tel renversement, ou du moins, un tel retour à ce qui semble être l'ordre naturel de l'âme et du corps, n'est pas sans poser de problèmes en ce qui concerne le statut de l'âme. Car, par l'effet même de ce retour, Platon est conduit à présenter l'âme comme « plus ancienne que le corps »[1] et à parler de son engendrement du fait de son antériorité par rapport au corps[2]. De telles formules, si elles peuvent se comprendre dans le contexte des *Lois*, sont pourtant surprenantes par rapport au reste du corpus platonicien. Puisqu'il s'agit de s'opposer à la conception d'une antériorité du corps sur l'âme, les *Lois* peuvent se permettre de souligner la plus grande *ancienneté* de l'âme, quitte à la présenter comme engendrée. L'essentiel est qu'elle précède le corps. Le raisonnement se situe donc ici à un niveau chronologique c'est-à-dire inscrit les termes en présence à l'intérieur d'une succession temporelle dans laquelle des places peuvent être attribuées et distinguées. Mais ce schéma semble contaminer l'un des termes concernés puisque l'âme se trouve alors pensée selon des catégories qui ne lui conviennent pas, qui lui sont étrangères mais qui appartiennent au registre des corps et du devenir. En voulant rétablir la *priorité* de l'âme sur le corps, Platon n'en vient-il pas à affaiblir l'âme elle-même, prise dans les catégories du corps, c'est-à-dire du devenir, de l'engendrement ?

C'est la même difficulté qui apparaît dans le *Phédon*, à travers l'objection de Cébès : les arguments de Socrate, selon lui, n'établissent pas l'immortalité de l'âme mais témoignent seulement de sa plus grande *durée*. De même que le tisserand peut subsister aux vêtements qu'il fabrique mais ne périt pas *en dernier* mais toujours en premier par rapport à un dernier tissu restant, de même l'âme peut survivre au corps, ne cesser de le retisser, mais aussi passer d'un corps à un autre tout en étant pourtant mortelle, c'est-à-dire mourir en premier par rapport à un « dernier » corps. *La préexistence et la subsistance de l'âme sont donc compatibles avec sa mortalité.* Ici, c'est bien l'inscription de l'âme dans une temporalité qui est celle du corps qu'elle doit gouverner (durer plus longtemps que lui), qui menace aussi sa nature immortelle, puisqu'elle la ramène au niveau de ce qu'elle doit

---

1. *Ibid.*, 892 b 1-2, c 6.
2. *Ibid.*, 892 c 4.

commander[1]. Remarquons enfin que ce problème apparaît aussi dans le *Timée*. Après avoir indiqué comment le démiurge a constitué le corps du monde, Platon précise qu'il lui a donné une âme, qu'il l'en a enveloppé[2]. Mais cette précision est de nature à faire croire que le corps est donc antérieur à l'âme. Aussi Platon précise-t-il que cette impression découle de l'ordre d'exposition (lequel n'est pas absolument « raisonné » mais comporte une part de « hasard »[3]) alors qu'en fait, c'est l'âme qui est antérieure au corps, à la fois par son ancienneté et par son excellence[4]. Cependant, ce rétablissement de la subordination du corps à l'âme ainsi que de la primauté de l'âme s'accompagne de l'idée selon laquelle l'âme est pourtant engendrée, même si elle l'est la première, ce qui revient à situer, là encore, l'âme sur un même plan « ontologique » que le corps.

De telles formulations sont pourtant à l'opposé de la conception platonicienne de l'âme. Le texte le plus clair sur ce point est celui du *Phèdre*. Analysant la nature de l'âme, Platon établit son immortalité par le recours à la notion de principe. Seul ce qui se meut soi-même ne peut cesser d'être en vie, contrairement à ce qui est mû par un autre et qui, de ce fait, est mortel car il peut ne plus être mû. Ainsi, ce qui se meut soi-même est la source ultime du mouvement des choses mues et un corps n'est vivant que *parce qu'il* est mû et *tant qu'il* est mû de l'intérieur par quelque chose qui ne peut cesser de se mouvoir. Ce faisant, ce qui se meut soi-même est principe de mouvement pour les autres choses. Or, un principe est inengendré et incorruptible car s'il était engendré il ne serait plus principe mais serait lui-même dépendant d'un principe et l'on s'engagerait alors dans une régression à l'infini, et s'il était corruptible, plus rien ne pourrait venir à l'être et « le ciel tout entier et tout ce qui est soumis à la génération s'effondreraient »[5]. Il ne reste plus à établir que cette proposition (ce qui se meut soi-même est un principe immortel de mouvement) correspond à la définition de l'âme, qu'il y a adéquation entre ce *logos* et le nom de l'âme. On peut restituer le raisonnement de Platon de la manière

---

1. *Phédon*, 86 e 7-88 b 8.
2. *Timée*, 34 b 3-4.
3. *Ibid.*, 34 c 2-3.
4. *Ibid.*, 34 c 4-5.
5. *Phèdre*, 245 e 1-2 (trad. fr. L. Brisson, *Phèdre*, Paris, GF-Flammarion, 1989).

suivante : tout corps qui a une capacité de mouvement, de *se* mouvoir, est vivant ; or, être vivant signifie posséder une âme (laquelle anime le corps, le fait se mouvoir) ; l'âme est donc principe de vie et de mouvement pour le corps ; étant principe, elle est inengendrée et immortelle, c'est-à-dire se meut elle-même, ce qui correspond au *logos* établi précédemment [1].

Ce texte du *Phèdre* établit nettement que, pour le diriger, l'âme doit être radicalement différente du corps, que c'est justement cette radicale opposition de nature qui est la condition de possibilité de la vie elle-même, de la vie du corps : *c'est parce qu'il est suspendu à ce qui n'est pas lui et à ce qui le dépasse en même temps que le corps peut être vivant et exercer ses fonctions*. L'âme doit être tout ce que n'est pas le corps pour le faire être corps (inengendrée, incorruptible, automotrice), elle doit être au delà de ce qu'elle domine pour le dominer. Si en effet, elle se ramenait par sa nature à ce qu'elle doit diriger, il lui serait impossible de le diriger : mortelle, elle s'épuiserait elle-même à cette tâche, mue, elle ne pourrait elle-même le mouvoir. L'âme est donc *nécessairement* inengendrée puisque c'est à cette condition seulement qu'elle peut jouer son rôle et que le corps peut lui être subordonné. C'est même à cause de cette caractéristique que le rapport d'antériorité par rapport au corps peut être fondé : l'âme précède le corps par sa nature même, laquelle est condition de possibilité de celle du corps. En réalité, c'est cette différence de nature qui fonde le rapport d'antériorité et de subordination. On comprend alors d'autant moins les passages cités auparavant qui présentent l'âme comme engendrée la première, engendrement qui risque de rendre impossible ce rapport de fondement et de subordination puisque l'âme serait ainsi ramenée à ce qu'elle doit diriger. L. Brisson, à propos de cette contradiction apparente entre le *Timée* notamment et le *Phèdre*, remarque que le terme « engendré » n'y a probablement pas le même

---

1. *Phèdre*, 245 e 5-246 a 2. Le raisonnement que nous restituons ainsi se présente sous la forme suivante : Platon distingue deux types de corps, celui qui n'est pas vivant parce qu'il est mû de l'extérieur (245 e 5-6) et celui qui est vivant parce qu'il est mû de l'intérieur, c'est-à-dire parce qu'il possède un principe interne de mouvement (245 e 6-7), puis il présente comme un fait que l'âme est un tel principe de mouvement (245 e 7 : « telle est la nature de l'âme »). N'étant pas ce qui est mû mais ce qui meut, elle ne peut elle-même être mue si l'on veut éviter une régression à l'infini : elle se meut donc elle-même, et par là, est immortelle.

sens. Dans le second, c'est le sens temporel qui prévaut et c'est pour éviter une régression à l'infini qu'il faut présenter l'âme comme inengendrée dans le temps. Il faut un commencement à la génération et par là même un terme qui fait cesser le retour en arrière dans la recherche du moteur de tout ce qui est mû. Au contraire, dans le *Timée*, l'engendrement semble avoir un sens *ontologique*. Supérieure au corps qu'elle domine, l'âme n'en est pas moins dépendante d'une réalité elle-même supérieure puisqu'elle n'est pas une forme intelligible. Elle peut donc être son propre principe de mouvement sans être principe de son être, qu'elle tient de sa participation aux formes. L'« antécédence temporelle » et la « précédence ontologique » renvoient donc à deux sens également possibles de l'engendrement [1]. On peut aussi considérer que l'antériorité de l'âme sur le corps est seulement *logique* au sens où l'inengendré précède nécessairement l'engendré, l'incorruptible le corruptible, ce qui se meut par soi ce qui est mû par un autre c'est-à-dire que ce qui se suffit précède ce qui en dépend et qui ne se suffit pas, mais que celle-ci est *exprimée temporellement* parce qu'il s'agit de répondre à une théorie qui procède *généalogiquement* (déduction progressive, à partir de ce qui est premier et naturel, de tout ce qui en découle jusqu'aux produits de l'art). C'est pourquoi le texte des *Lois*, en ce sens, ne veut pas passer d'une antériorité chronologique à une antériorité logique mais veut rester dans le cadre de la première et montrer qu'il faut inverser l'ordre de déduction. Du moins, Platon ne change pas de cadre argumentatif, il se contente d'inverser les termes dans le même schéma (généalogique). Ce qui ne veut pas dire que l'antériorité chronologique doive être considérée pour elle-même en dehors du contexte dans lequel elle apparaît. En réalité, elle n'est que l'expression particulière, c'est-à-dire liée à un contexte donné, de ce qui, hors de ce contexte et dans l'absolu, ne peut que signifier une antériorité logique.

---

1. Cf. L. Brisson, *Timée/Critias*, Paris, GF-Flammarion, 1992, p. 36-38.

LA DOUBLE CRITIQUE DU CORPS

L'affirmation de l'antériorité de l'âme par rapport au corps, dirigée contre ceux qui soutiennent que toute réalité se réduit au corporel ou que le corps précède tout ce qui se rapporte à l'âme au sens où la nature (*phusis*) précède ce qui est de l'ordre de la convention (*nomos*), conduit-elle à une affirmation plus radicale, consistant en une *condamnation* de ce qui vient du corps et de ce qui s'y rapporte? La critique de la *place* (c'est-à-dire de la primauté) accordée par certains au corps repose-t-elle sur une *dévalorisation* du corps, justifiant ainsi qu'on lui refuse cette primauté? L'inversion hiérarchique précédemment décrite repose-t-elle en dernier lieu sur une conception négative de la nature du corps? On pourrait le penser, à travers les références qui font du corps « le tombeau de l'âme »[1] ou qui présentent l'âme comme « collée »[2] et « clouée »[3] au corps. Dans de telles expressions, le corps est littéralement *ce qui tue*, c'est-à-dire ce qui dénature ce à quoi il est associé ou ce qui enchaîne l'âme à ce qui n'est pas elle, c'est-à-dire *ce qui aliène* ce à quoi il est lié. Il faudra revenir sur le sens qu'il convient d'accorder à de telles expressions mais il faut d'abord saisir quelle critique se fait jour à travers elles. Dans le *Phédon*, Platon se demande en effet si le corps est une entrave, un obstacle, à la recherche de la vérité. Or c'est par l'intermédiaire de la sensation que celui-ci appréhende quelque chose, c'est donc sur la perception sensorielle que doit se fixer la réflexion et, en premier lieu, sur la vue et l'ouïe qui l'emportent sur les autres perceptions, « plus imparfaites que celles-là »[4]. Mais Platon se contente alors d'indiquer

---

1. Cette image célèbre est employée à plusieurs reprises, notamment dans le *Cratyle*, 400 c 1-2, le *Phédon*, 82 d 8-e 3 et le *Gorgias*, 493 a 3. Elle est peut-être d'origine orphique même si ce point est difficile à établir, cf. M. Dixsaut, *Phédon*, Paris, GF-Flammarion, 1991, p. 185 n. 51 et p. 356 n. 181 et E.R. Dodds, *Les Grecs et l'irrationnel*, Paris, Flammarion, 1977, p. 151 *sq.* et p. 171 n. 87.

2. *Phédon*, 82 e 1.

3. *Ibid.*, 83 d 2. L'ensemble de ces images est étudié par P. Courcelle, « L'âme au tombeau », *Mélanges H.-C. Puech*, 1974, p. 331-336, « Cage de l'âme (*Phédon*, 82 e) » et « Colle et clou de l'âme (*Phédon*, 82 e-83 d) », dans *Connais-toi toi-même. II*, Paris, Études augustiniennes, 1975, p. 381-393 et 625-645.

4. *Phédon*, 65 b 5-6. Dans l'*Hippias Majeur* (298 d-299 a), Platon accorde une supériorité à la vue et à l'ouïe parce que le plaisir qu'elles provoquent est celui de la beauté et non de l'agréable.

que ce qui est perçu par ces sens n'est ni exact ni clair [1] sans en donner les raisons. Ce qui l'intéresse alors est la conséquence de ce renvoi : si la sensation ne permet pas de saisir clairement ce que sont les choses, c'est donc que *ce qui en est le support, à savoir le corps, ne peut constituer un moyen d'accès au vrai ou que cet accès suppose logiquement la mise à l'écart du corps.* Ce n'est que par une «réflexion sans mélange» [2] que l'essence (*ousia*) de chaque chose, ce qu'elle est en elle-même peut être saisie, c'est-à-dire lorsque l'âme raisonne, applique sa pensée (*dianoia*) aux formes en se détachant des sensations qui proviennent du corps. Il convient de remarquer que le rejet du corps dans le processus de connaissance s'appuie ici sur un parallèle avec la nature de l'objet à connaître : *si la connaissance doit être sans mélange, c'est que l'être est lui-même sans mélange* [3]. Pour saisir ce qui est, il faut se mettre en accord avec ce qui est, ce qui signifie que la connaissance suppose une *askèsis*, une préparation qui consiste à se délier du corps. Ou du moins, la connaissance elle-même consiste en une *askèsis* plutôt qu'elle ne suppose une *askèsis*. Platon ne veut pas dire qu'il faille d'abord se séparer du corps pour ensuite connaître ce qui est comme si la déliaison était première et condition de possibilité de la connaissance de l'être, mais que la connaissance elle-même est immédiatement et essentiellement déliaison.

Quelles raisons peuvent cependant justifier ce renvoi du corps? Une première, qui n'est pas présentée dans le *Phédon* mais dans le *Timée*, souligne l'hétérogénéité radicale de l'être et du devenir et en tire argument pour une distinction entre deux modes d'appréhension : ce qui naît et périt, ce qui devient toujours autre, ne peut faire l'objet que d'une perception sensible et de l'opinion qui en dérive, ce qui est toujours et reste identique à soi-même ne peut être saisi que par l'intellection (*noèsis*) [4]. Cependant, dans le *Timée*, le corps est présenté non comme l'impossible *sujet* d'une connaissance comme dans le *Phédon*, c'est-à-dire comme incapable de saisir l'être même en raison du mode d'appréhension qui est le sien, mais comme l'impossible *objet* d'une connaissance, puisque le corps est quelque chose de sensible, donc

1. *Phédon*, 65 b 4-5.
2. *Ibid.*, 66 a 1-2.
3. *Ibid.*, 66 a 2.
4. *Timée*, 27 d 5-18 a 4.

pris dans un devenir et qu'il ne peut alors être saisi que par la sensation et donner lieu à une opinion[1]. Pourtant, si le corps est par sa nature sensible, en devenir et corruptible, et par là échappe à la science, il ne peut non plus être la source d'une connaissance vraie puisqu'il s'en tient à la sensation : *s'il n'est pas objet de connaissance, il ne peut en être sujet.* Ainsi s'expliquerait le refus du *Phédon :* le corps ne peut saisir l'être même car il appartient à l'ordre du sensible, lequel ne pouvant être connu en raison de son devenir permanent, ne peut connaître. *Ce qui interdit de le connaître lui interdit par là même de connaître.* Mais le *Phédon* semble proposer une autre raison, d'ordre épistémologique plus qu'ontologique. Par la sensation, qui est son mode propre d'appréhension des choses, le corps se trompe et nous trompe par là même. Ce qui est en cause, c'est donc le *moyen par lequel le corps se rapporte à ce qui n'est pas lui,* même si ce moyen lui-même dépend de la nature (sensible) de celui-ci. Pourquoi les sens ne permettent-ils pas de saisir la réalité en son essence ? La réponse apparaît à la suite de l'« autobiographie » de Socrate : après avoir indiqué l'intérêt suscité par la théorie d'Anaxagore qui propose une explication du monde par le principe du meilleur et par le bien mais aussi sa déception devant l'abandon d'une telle explication par Anaxagore lui-même[2], Socrate en vient à exposer sa solution ainsi que les raisons de ses réserves à l'égard de l'explication de ceux qui s'adonnent à « l'étude de la nature »[3]. Or, en procédant comme eux, c'est-à-dire « à force de regarder les choses avec [les] yeux et d'essayer de les atteindre par chacun [des] sens », on risque de rendre l'âme « aveugle »[4]. En effet, c'est à de véritables *contradictions* que l'on sera ainsi conduit : si l'on dit par exemple, comme cela apparaît aux sens, qu'un tel est plus grand « de la tête » que tel autre, on devra dire dans le même temps que ce dernier est plus petit « de la tête » que le premier, c'est-à-dire de la même chose dans les deux cas. Mais comment une chose peut-elle être plus grande ou plus petite *de la même chose* ? Ou du moins, comment une même chose peut-elle rendre plus petit ou plus grand ? Pire, il faudra reconnaître que le plus grand est plus grand d'une chose plus

---

1. *Timée*, 28 b 8-c 2.
2. *Phédon*, 96 a 5-99 d 3.
3. *Ibid.*, 96 a 7.
4. *Ibid.*, 99 e 1-4.

petite (que lui)[1]. Dans ces conditions, il semble donc plus raisonnable de poser qu'une chose est grande, et plus grande qu'une autre, par la grandeur ou petite par la petitesse, c'est-à-dire *par ce à quoi elles sont apparentées et non par leurs contraires*[2]. Ce qui revient à poser l'existence de formes par lesquelles les choses sont ce qu'elles sont et à faire de ces formes leur véritable cause[3], même si la façon dont ces choses se rapportent à leur forme n'est pas établie dans le *Phédon*[4]. Deux remarques s'imposent ici. D'une part, si l'explication par les sens est contradictoire, c'est parce qu'elle est purement *relative* c'est-à-dire qu'elle rend compte d'un aspect du sensible par rapport à un autre de telle sorte que toute explication est immédiatement *réversible*. Si le plus grand s'explique par rapport au plus petit, le contraire sera vrai. De cette manière, les sens commettent l'erreur d'expliquer le sensible par le sensible alors qu'il faut « sortir » du sensible pour l'expliquer. D'autre part, et cette remarque découle logiquement de la précédente, puisque les sens ne peuvent éviter de telles contradictions, ils conduisent donc *négativement* à poser l'existence des formes. Leur impuissance à rendre compte des choses conduit paradoxalement à la découverte des formes. C'est ce paradoxe qu'un texte de la *République* met particulièrement en avant. Platon indique que certaines perceptions conduisent l'intellection (*noèsis*) à poursuivre l'examen en raison même de l'absence de fermeté de celles-ci. Excluant les cas d'illusions dans lesquels les sens ne peuvent discerner correctement les choses, l'analyse se concentre sur ceux où la perception est parfaitement claire. Pourtant, il n'est pas toujours possible d'*y voir clair*. Par exemple, si la vue perçoit bien les doigts, elle ne peut se prononcer sur leur taille que d'une façon insatisfaisante puisqu'elle perçoit qu'un tel est grand par rapport à un autre mais plus petit qu'un autre si bien qu'il est à la fois grand et petit. Ainsi, le sens de la vue rapporte ici à l'âme une perception contraire dans la mesure où il est le sujet de deux perceptions qui s'opposent mais qui ne lui sont pas moins présentes *de*

---

1. *Phédon*, 100 e 5-101 b 3.
2. *Ibid.*, 100 e 3-4 ; 101 b 4-8.
3. *Ibid.*, 100 a 9-e 3.
4. En 100 d 4-6, Platon ne tranche pas entre la présence (*parousia*) de la forme, la communauté (*koinônia*) ou d'autres possibilités.

cette manière[1]. L'embarras suscité est ici considérable du fait que c'est le même sens qui transmet à l'âme une sensation contradictoire (l'objet est *à la fois* grand et petit). C'est pourquoi l'âme doit, par l'intellection, *séparer ce que la sensation lui présente confondu*. La perplexité dans laquelle elle se trouve la conduit à se demander ce que sont le grand et le petit c'est-à-dire à les concevoir en eux-mêmes, comme des choses unes. En ce sens, la perception sensible conduit à l'intellection de la forme intelligible[2]. Dans le *Phédon*, le mélange du corps et de l'âme apparaissait comme un obstacle à la saisie de l'être sans mélange c'est-à-dire de la forme et il fallait donc se délier du corps pour avoir l'intellection de l'intelligible. Le refus d'un premier mélange permettait d'éviter le second ou, du moins, permettait d'accéder à ce qui échappe au mélange (l'être). Dans la *République*, le mélange se situe au niveau de ce que la sensation elle-même perçoit et non entre l'âme et le corps puisqu'elle appréhende des éléments contradictoires et confondus. Il ne s'agit donc pas exactement de se séparer du corps pour saisir l'être sans mélange mais *d'y séparer ce qui s'y mélange* afin de saisir la forme. Cette différence est fonda-mentale car elle montre qu'entre les deux textes, le jugement porté sur le corps n'est pas le même puisque dans la *République*, les contradic-tions de la perception sensible n'apparaissent pas seulement comme ce dont il faut se libérer mais comme ce à partir de quoi la saisie de l'intelligible est possible : par ses contradictions, le sensible perçu par le corps manifeste son insuffisance et appelle ce qui le dépasse. S'en tenir au corps n'est jamais suffisant pour connaître vraiment, mais c'est bien à partir du corps que ce dépassement est lui-même possible.

Mais la critique du corps n'est pas seulement d'ordre épistémo-logique. Le *Phédon* avance une autre raison à sa dénégation, qui se trouve présentée comme une conséquence de la première raison avan-cée. Tant que l'âme est unie au corps, à un « mal de cette sorte », il n'est pas possible pour le philosophe d'atteindre ce qu'il recherche, c'est-à-dire la vérité[3]. Platon rappelle ici sa précédente critique, en assimilant d'ailleurs clairement le corps à un mal, mais la justification qu'il va en donner conduit en fait à une critique différente. En effet, le

1. *République*, VII, 523 a 10-524 a 10.
2. *Ibid.*, 524 b 1-524 d 6.
3. *Phédon*, 66 b 5-8.

corps est « source d'affairements » puisqu'il faut le nourrir, le soigner mais aussi satisfaire ses désirs ou dissiper ses craintes[1]. Pire, le corps est présenté comme responsable des « guerres, des révolutions et des conflits » puisque la guerre a pour origine un désir de richesses c'est-à-dire de posséder toujours plus et que ce désir, comme il se porte sur des biens matériels, est lié au corps, est *celui du corps*[2]. On pourrait comprendre ces remarques comme l'affirmation d'une critique *morale : le corps serait un mal pour l'âme parce qu'il lui ferait faire le mal.* À cause de lui, elle s'adonnerait aux désirs qui non seulement conduiraient à sa perte mais encore à celle d'autrui en dressant les hommes les uns contre les autres, chacun voulant donner à son corps ce qu'il ne cesse de lui réclamer. Mais il n'en est rien. Ce dont le corps se rend ici coupable, ce n'est point d'immoralité mais de *détournement*. À travers son alimentation, ses maladies, ses désirs et ses craintes, le corps réclame un *soin*, une attention constante qui nous empêchent de consacrer notre temps à la recherche de la vérité[3]. Le corps est bien un obstacle mais non point comme précédemment, en nous trompant, en conduisant à l'erreur mais en requérant un soin qui ajourne toujours cette recherche elle-même. Il faut, d'une part, prodiguer des soins matériels au corps mais, d'autre part, le corps est aussi ce qui occupe notre âme, ce qui est paradoxalement présent en l'âme et qui l'envahit *parce qu'il nous soucie.* Le corps nous prend notre temps de même qu'il obscurcit notre âme de ses exigences et de ses problèmes. Enfin, lorsque l'âme examine un problème, le corps la trouble aussi en lui présentant ce qu'il perçoit, ce qui vient des sens et qui l'empêche alors de discerner le vrai[4]. Platon en revient cette fois à son premier argument puisque le corps n'est pas ici coupable du souci qu'il représente mais de se mélanger à l'âme lorsqu'elle cherche à connaître. C'est bien le problème épistémologique qui apparaît à nouveau.

Double culpabilité, donc, que celle du corps. D'une part il est coupable de nous induire en erreur, d'autre part de nous détourner de

---

1. *Phédon*, 66 b 8-c 6.
2. *Ibid.*, 66 c 6-d 1. Sur la liaison entre le désir illimité de richesses et l'origine de la guerre, voir aussi *République*, II, 373 d 4-e 10.
3. *Ibid.*, 66 d 1-2.
4. *Ibid.*, 66 d 2-7.

la recherche de la vérité. Mais cette seconde raison a de plus graves conséquences que la première, car elle conduit à penser que le corps est un mal non pas seulement par ce qu'il provoque *mais par sa présence même*. Peut-on encore sauver le corps si ce n'est point l'*usage* que l'on fait de lui qui est en cause mais sa *présence* même ? Or, c'est pourtant à une distinction entre usage et nature que d'autres textes platoniciens semblent conduire.

NÉCESSITÉ ET USAGE DU CORPS

Le *Timée* est l'un des dialogues platoniciens dans lequel le statut du corps apparaît différent de celui que d'autres textes, notamment le *Phédon*, lui accordent. Pourtant, Platon n'en renonce pas pour autant à ses critiques antérieures : le corps continue d'être présenté comme la source des maux dont souffre l'âme et notamment des erreurs commises par celle-ci lorsque, perturbée par les sensations, elle juge mal de ce qui se donne à elle [1]. Mais ce rappel conduit moins à une *condamnation de nature* qu'à une *distinction d'usage*. Aussitôt après avoir indiqué que les sensations troublent les révolutions de l'âme et l'induisent en erreur, Platon explique par exemple que « lorsque le flot de ce qui fait croître et nourrit le corps diminue », ces mêmes révolutions, « retrouvant leur calme », permettent à nouveau de porter des jugements sensés. C'est pourquoi, par l'éducation et par une nourriture appropriée, il est possible d'échapper à cette maladie de l'âme qu'est l'ignorance [2]. Il y a donc un rapport au corps qui n'empêche pas et même permet un usage correct de certaines des fonctions de l'âme. Dès lors, L. Robin n'a pas tort de considérer qu'« il ne s'agit plus de mourir au sensible ou de vivre à part du corps, mais bien de vivre avec lui [...] » et que le thème de *l'hygiène du corps* s'y substitue à celui de la purification comme exercice de la déliaison de l'âme et du corps [3]. Comment comprendre cette nouvelle perspective ?

Le *Timée*, comme on sait, montre qu'il est impossible de faire de la nature et de l'univers un objet de science puisqu'ils appartiennent tous

---

1. *Timée*, 43 a 6-44 b 2.
2. *Ibid.*, 44 b 2-c 4.
3. L. Robin, *Platon*, Paris, PUF, 1935, p. 66 de l'édition de 1988.

deux à l'ordre du devenir par opposition à l'ordre de ce qui est, c'est-à-dire à ce qui ne reste jamais identique à soi mais change sans cesse. Devenant toujours autres, la nature et l'univers ne *sont* donc jamais[1]. On ne pourra dès lors proposer qu'un « mythe vraisemblable » (*eikos muthos*)[2], lequel, à travers un récit décrivant l'origine et l'évolution de l'univers, aboutit non à des propositions vérifiées mais à des conjectures[3] qui préservent des rapports rationnels au niveau des phénomènes. Dans le cadre d'un tel récit, il est alors nécessaire de poser plusieurs conditions : d'une part, l'existence d'un démiurge à l'origine de l'univers, d'autre part celle d'un modèle à partir duquel œuvre ce démiurge[4], enfin celle d'un lieu (*chôra*) ou réceptacle (*hypodochè*)[5], sur lequel s'exerce son activité. Mais ce dernier n'est pas pure passivité puisqu'il oppose une résistance au premier, que celui-ci va devoir soumettre à ses fins. En effet, le réceptacle est défini non comme une matière inerte mais comme ce qui se meut sans cesse d'une manière désordonnée de sorte que l'action du démiurge doit consister à ordonner de tels mouvements[6]. Mais aux genres du démiurge et du réceptacle correspondent par ailleurs deux types opposés de causalité[7]. D'une part, on peut distinguer des causes de nature raisonnable, qui sont premières et qui produisent, avec intelligence, des effets beaux et bons, d'autre part, des causes secondes, accessoires, privées de raison et qui produisent leurs effets au hasard et sans ordre. Or, ces dernières transmettent un mouvement et par là, exercent une causalité *parce qu'elles reçoivent ce mouvement d'un autre être* et c'est pourquoi

---

1. *Timée*, 27 d 5-28 a 4.

2. *Ibid.*, 29 d 1, 59 c 7, 68 d 1-2. Sur le sens de cette expression, voir les remarques de L. Brisson, *Platon, les mots et les mythes*, Paris, Maspéro, 1982, p. 161-163.

3. En 29 b 3-c 3, Platon montre qu'il existe un rapport d'analogie entre les objets du discours et les types de discours qui leur correspondent : l'être fait l'objet d'une intellection et le discours qui s'y rapporte peut prétendre à la vérité mais le devenir n'est pas susceptible d'autre chose que d'une opinion et d'une croyance ou conjecture (*pistis*). De plus, ce qui devient est une copie, une image de ce qui est de sorte que « ce que l'être est au devenir, la vérité l'est à la croyance ». Or, les raisonnements relatifs à cette copie ne constituent que des conjectures et ne peuvent dépasser la simple vraisemblance.

4. *Ibid.*, 28 a 4-29 b 2.

5. Ce troisième « genre » reçoit d'autres appellations, par exemple celles de « mère » (50 d 2, 51 a 5) et de « nourrice » (52 d 5).

6. *Ibid.*, 30 a 2-6, 52 d 4-53 b 7.

7. *Ibid.*, 46 c 7-e 8.

cette causalité est désordonnée, aveugle puisqu'en elle ne prévaut aucune fin, puisqu'elle imprime un mouvement sans que celui-ci ne soit orienté vers une fin alors que les causes premières sont au contraire raisonnables en ceci qu'elles sont orientées vers une fin bonne. À la causalité aveugle, Platon réserve par ailleurs le nom de nécessité (*anagkè*)[1] puisque la succession des mouvements y est purement *mécanique*, c'est-à-dire se produit selon une simple consécution causale dépourvue de finalité. Ainsi s'opposent donc la causalité démiurgique, qui est celle d'un intellect[2] et qui est divine[3] et la causalité nécessaire[4]. Or cette opposition est justement constitutive de la nature et du statut du corps à la fois. En effet, la causalité nécessaire a sa part dans l'explication des phénomènes naturels autant que dans celle de la structure des corps. Non seulement on ne peut négliger l'existence d'une telle causalité mais celle-ci, dans la mesure où elle se dresse devant l'action démiurgique, où elle lui oppose une résistance, permet de comprendre ce que sont les corps et le monde dans lequel ils se trouvent car *ils sont le résultat de cette résistance et de cette opposition*. Le démiurge doit œuvrer afin d'*introduire de la finalité dans la nécessité* mais il ne peut plier intégralement la nécessité à ses fins. Le monde et les corps sont le produit d'un « mélange » entre deux exigences, entre deux causalités opposées et si la causalité démiurgique domine la nécessité par une sage persuasion[5], on ne saurait pourtant comprendre ce que sont le monde et les corps sans prendre en compte la causalité nécessaire[6]. Plus précisément, cela signifie aussi que l'action du démiurge trouve ses limites en cette résistance elle-même et qu'il plie la nécessité « dans la mesure du possible »[7].

En premier lieu, c'est le corps du monde lui-même qui peut être compris selon ce principe d'explication. Selon la nécessité, le démiurge trouve en face de lui une masse visible, toujours en

---

1. *Timée*, 46 e 2, 47 e 3-48 a 7, 68 e 1-69 a 5. Platon utilise aussi l'expression « cause errante » à propos de cette causalité aveugle (48 a 6-7).

2. *Ibid.*, 47 e 4.

3. *Ibid.*, 68 e 7.

4. *Ibid.*, 47 e 4-5, 68 e 7.

5. *Ibid.*, 47 e 5-48 a 5.

6. *Ibid.*, 48 a 5-7.

7. Voir, par exemple, en 30 a 2, mais, comme l'indique L. Brisson, *op. cit.*, n. 120 p. 231, ce point revient à de multiples reprises dans le *Timée*.

mouvement et sans ordre, mais comment faire surgir de ce désordre un tout qui soit beau ? Pour des choses visibles, cela n'est possible que si on les dote d'un intellect, ce qui suppose donc une âme et finalement un corps dont elle sera l'âme et qu'elle commandera par son intellect [1]. Ici, la nécessité du corps se découvre au terme d'une analyse régressive dont le point de départ est l'opposition entre la nécessité et la causalité démiurgique qui s'exerce selon le principe du meilleur et qui veut introduire de la beauté dans la masse visible désordonnée. Mais, c'est aussi la nature même des choses visibles qui conduit le démiurge à doter le monde d'un intellect, d'une âme et d'un corps, à savoir la plus grande beauté dont elles sont capables (la forme d'un corps ordonné et gouverné par un intellect). La nécessité du corps se déduit donc autant de la causalité nécessaire que de la causalité démiurgique, ou du moins, elle s'en déduit aussi. On peut faire les mêmes remarques à propos des corps individuels et de leur structure.

C'est d'abord *l'existence* de ces corps individuels qui se trouve établie par un raisonnement finaliste [2]. Mais il convient de rappeler que le soin de « façonner les corps mortels » est abandonné par le démiurge aux dieux inférieurs [3], le premier se contentant de leur fournir le « principe immortel du vivant mortel » [4] c'est-à-dire la partie rationnelle de l'âme. Ces dieux enferment d'abord ses révolutions dans une partie sphérique qui est la tête : la forme de l'organe corporel découle donc de la nécessité de s'adapter au fait que l'âme est mue de mouvements circulaires, elle s'explique par la fin qui lui est assignée (accueillir les mouvements de l'âme). Dès lors, il est aussi nécessaire de doter cet organe d'autres parties servant en quelque sorte de véhicule autant que d'instrument au service de l'âme [5], notamment les bras et les jambes. On reconnaîtra dans ce passage un raisonnement similaire à celui proposé pour justifier l'existence du corps du monde : dans les deux cas, le point de départ est le même puisqu'il s'agit d'établir la nécessité du corps en partant de l'intellect (donc de l'âme) dans le premier, de l'âme et de ses révolutions dans le second. Si l'on pose

---

1. *Timée*, 30 a 1-b 7.
2. *Ibid.*, 44 d 3-45 b 2.
3. *Ibid.*, 42 d 5-e 4.
4. *Ibid.*, 42 e 7-8.
5. *Ibid.*, 44 e 2-3.

l'existence de l'âme, il faut alors poser celle du corps si l'on veut qu'elle exerce ses fonctions dans le sensible. Mais ce raisonnement n'établit pas seulement la nécessité du corps, il permet aussi de comprendre la forme qui lui est donnée : ainsi, la tête a une forme sphérique parce qu'elle doit épouser, de manière analogique, celle des mouvements circulaires de l'âme et le reste du corps doit avoir la forme qui permettra à l'âme de participer aux autres mouvements [1].

Mais la considération de la fin va devoir aussi prendre en compte l'existence de la nécessité. L'exemple de la vision est ici significatif. Pour comprendre son mécanisme c'est-à-dire comment elle se produit, pour comprendre ce qui permet aux yeux de voir, il faut se situer au niveau des causes accessoires qui servent d'auxiliaire au dieu « pour atteindre dans la mesure du possible le résultat le meilleur » [2]. Celles-ci provoquent des phénomènes matériels tels que le refroidissement, le réchauffement, la solidification, etc., mais en se contentant de transmettre, de manière mécanique, un mouvement qu'elles reçoivent de l'extérieur et qui est dépourvu de finalité [3]. La nécessité désigne ici les relations entre causes matérielles à partir desquelles certains phénomènes se produisent. Sans elles, les dieux inférieurs ne pourraient produire des yeux capables de voir [4]. Mais leur simple consécution ne produirait pas à elle seule la vision. C'est pourquoi ces dieux doivent *orienter cet enchaînement causal vers une fin*, en l'occurrence la formation de la capacité de vision, ce qui permettra alors de comprendre non plus *comment* se produit la vision mais *pourquoi*, c'est-à-dire en vue de quelle fin. Sans la vue en effet, l'homme ne pourrait chercher à comprendre le monde qui l'entoure, ni étudier les révolutions célestes qu'il doit imiter dans leur perfection afin de régler sur elles les révolutions de son âme. *Si l'homme doit voir, c'est donc pour philosopher* [5]. Mais la nécessité peut prendre un autre sens, complémentaire du précédent. La structure de la bouche, par exemple, s'explique à la fois par la nécessité puisque l'homme

---

1. *Timée*, 44 d 8-9.

2. *Ibid.*, 46 c 7-d 1.

3. *Ibid.*, 46 d 1-e 2.

4. Il faut, notamment, que le feu intérieur enfermé dans l'œil rencontre le feu extérieur issu des objets et qu'ils forment ensemble un tout homogène capable de transmettre les mouvements des choses extérieures à l'âme et ainsi, de les lui faire voir (45 b 2-d 3).

5. *Ibid.*, 46 e 6-47 c 4.

doit se nourrir mais aussi par la finalité puisqu'il doit être capable de penser. C'est pourquoi il est doté d'une langue qui lui permet de parler et qui « se met au service de la pensée »[1]. Ici, la nécessité ne désigne pas le fonctionnement seulement mécanique de l'organe mais la fonction d'abord matérielle de celui-ci sans laquelle le corps ne pourrait survivre. L'existence et la forme de la bouche se comprennent d'abord du point de vue de la nécessité au sens où manger est une nécessité pour le corps. Au contraire, la capacité de parler ressort de la finalité introduite par les dieux inférieurs, par leur intellect, pour donner à cet organe une autre fonction, qui n'est plus liée à la nécessité vitale mais qui renvoie à la fin de l'homme qui est de penser. La nécessité désigne donc aussi bien l'enchaînement causal lui-même que les conditions indispensables à la survie du corps mais, dans les deux cas, la nécessité est toujours conditionnelle puisqu'elle est ce sans quoi l'activité des dieux inférieurs ne pourrait s'exercer[2].

Cette étude des corps qui combine la nécessité et la finalité contribue largement à modifier le statut qui leur est accordé dans d'autres textes, car elle aboutit à justifier non seulement leur existence mais aussi leur forme : *le corps a ainsi été fait pour l'âme et il lui est adapté.* Si le corps du monde est sphérique et ne comporte pas d'organes, c'est parce que le mouvement circulaire est « celui qui entretient le plus de rapport avec l'intellect et avec la pensée » et qu'un tel mouvement ne nécessite pas d'organes[3]. La question de l'antériorité de l'âme sur le corps prend ici toute son importance : l'âme a été façonnée la première par le démiurge et le corps a ensuite été assemblé « à l'intérieur de cette âme » pour que tous deux soient finalement *ajustés* l'un à l'autre[4]. L'adaptation du corps à l'âme résulte ainsi de l'antériorité de la seconde sur le premier qui a pu être conçu en vue d'elle. En ce sens, on ne saurait rejeter sur la *nature* du corps l'origine du mal qui ne peut être cherchée que du côté de son *usage*. On comprend mieux alors l'importance accordée à l'éducation et à la gymnastique à la fin du

---

1. *Timée*, 75 d 6-e 5.
2. Pour une analyse plus détaillée de l'explication de la formation et de la structure des corps dans le *Timée*, on pourra se reporter à L. Brisson, *Le Même et l'Autre dans la structure ontologique du* Timée *de Platon*, Sankt Augustin, Academia Verlag, 1998 et à C. Joubaud, *Le corps humain dans la philosophie platonicienne*, Paris, Vrin, 1991.
3. *Ibid.*, 34 a 1-8.
4. *Ibid.*, 36 d 8-e 2.

Timée. Platon y indique qu'une âme trop forte et trop puissante par rapport au corps ou qu'un corps trop puissant par rapport à l'âme produisent un déséquilibre dans le vivant tout entier, lui faisant ainsi manquer de beauté et de mesure[1]. Si, par exemple, l'âme se précipite avec une ardeur excessive sur les « connaissances et les recherches », si elle ne cesse de s'adonner aux « joutes oratoires », elle suscite dans le corps des maladies comme ces écoulements dus aux agitations provoquées en lui[2]. À l'opposé, si un corps trop fort se trouve uni à une âme trop faible, le désir qui vient du premier et qui se porte vers la nourriture l'emporte sur le désir qui vient de la seconde et qui se porte vers la pensée. Il en résulte aussi une maladie, qui se nomme ignorance[3]. Pour éviter ces maladies de l'âme aussi bien que du corps, il est donc nécessaire de donner aux deux les mouvements dont ils ont besoin (par les mathématiques, la musique et la philosophie pour l'âme et par la gymnastique pour le corps) et non à un seul des deux ou à l'un plus qu'à l'autre. Ainsi peut s'établir un équilibre entre l'âme et le corps puisque les mouvements de l'un *compensent* les mouvements de l'autre : en lui opposant ses mouvements propres, chaque élément empêche que l'autre ne prenne trop d'importance[4]. Il s'agit bien, dès lors, d'éviter le déséquilibre qui résulterait d'un *soin unique*, même de l'âme et d'accorder toute sa place au corps dans la santé du vivant en général. Or, ce point de vue est original si on le compare, notamment, avec un texte de la *République*. S'adonner uniquement à la gymnastique rend trop dur et trop brutal et s'adonner uniquement à la musique rend trop mou et relâché, il est donc nécessaire de pratiquer les deux afin que l'âme se développe harmonieusement[5]. En apparence, le raisonnement est le même que dans le *Timée*. Pourtant, Platon n'en tire pas les mêmes conséquences. La gymnastique et la musique ne s'adressent pas, en fait, à deux éléments différents mais à un seul : il ne s'agit pas de former le corps et l'âme mais l'âme seulement. *Paradoxalement, le soin du corps n'a pas en vue le corps.* Un tel soin n'est

---

1. *Timée*, 87 d 4-e 1.
2. *Ibid.*, 87 e 7-88 a 7.
3. *Ibid.*, 88 a 7-b 5.
4. *Ibid.*, 88 b 6-c 7.
5. *République*, III, 410 c 8-411 e 4.

qu'un moyen de façonner harmonieusement l'âme[1]. Car ce qu'il s'agit d'harmoniser, dans la problématique de la *République*, ce ne sont pas l'âme et le corps mais deux éléments de l'âme elle-même, le naturel philosophe et le naturel ardent (*thumoeidès*)[2]. En ne cultivant, par des musiques trop molles et plaintives, que le premier, on fait disparaître de l'âme tout courage et au contraire, en ne pratiquant que la gymnastique, on affaiblit en elle le désir d'apprendre, qui ne peut plus alors contenir l'ardeur naturelle de l'autre élément. Dans la *République*, le soin du corps est donc entièrement subordonné à celui de l'âme. Au contraire, une telle subordination est absente du *Timée* où la gymnastique n'a pas pour but de développer l'un des éléments de l'âme en harmonie avec le second mais à opposer les mouvements du corps à ceux de l'âme afin de produire un équilibre dans l'être vivant. Non seulement le rapport doit se faire entre le corps lui-même et l'âme mais ce rapport consiste bien à tempérer *aussi* une trop grande emprise de l'âme sur le corps.

Une conclusion similaire nous semble pouvoir être dégagée de l'analyse du désir proposée dans le *Philèbe*, laquelle permet de nuancer considérablement l'idée d'un corps comme source du mal en raison de ce qu'il susciterait. Le texte du *Philèbe* distingue d'abord deux espèces de plaisir, celle du corps et celle de l'âme. Dans le premier cas, en effet, le plaisir se produit à la suite d'une restauration de l'accord harmonieux constitutif de l'être vivant, lequel avait été rompu auparavant. Ainsi, la faim est destruction de cet accord mais le fait de manger, en rétablissant par la réplétion l'équilibre altéré, provoque dans l'être vivant un plaisir. Dans le second cas, le plaisir ne se produit que dans l'âme comme lorsqu'il résulte de l'attente même d'un plaisir[3]. Mais l'analyse de cette seconde espèce, pour être complète, conduit à mettre en évidence deux autres facteurs importants, qui sont la mémoire et le désir. En effet, si nous avons du

---

1. *République*, 410 b 10-c 6.

2. *Ibid.*, 411 e 5-412 a 2.

3. *Philèbe*, 31 d 4-32 c 6. Ce qui est vrai du plaisir l'est aussi de la douleur puisqu'on peut craindre au présent une peine à venir. La crainte est alors dans l'âme seule. Plaisir et crainte sont ainsi, selon l'expression de H.-G. Gadamer, « deux modalités de l'attente » (*Platos dialektische Ethik*, Hamburg, Felix Meiner Verlag, 1931 ; trad. fr. *L'éthique dialectique de Platon. Interprétation phénoménologique du* Philèbe, Arles, Actes Sud, 1994, p. 231).

plaisir à attendre un plaisir qui n'est pas encore présent, c'est parce que nous nous souvenons, pour l'avoir déjà vécu, de ce plaisir attendu. Sans la mémoire, le plaisir paradoxal de l'attente présente d'un plaisir absent serait impossible : seule la rétention d'une sensation passée permet l'anticipation, vécue sur le mode du plaisir, d'une sensation à venir [1]. Mais il est une seconde condition à l'existence de ces plaisirs psychiques. S'ils consistent en une attente d'un plaisir à venir, c'est qu'ils sont liés à un *manque* qui seul rend possible cette attente elle-même. Ce qui revient à dire que ces plaisirs dépendent de *désirs*. Tout désir en effet est manque de ce qu'il désire et désir de réplétion c'est-à-dire désir du « contraire de ce qui l'affecte ». Mais comment peut-on désirer ce qu'on n'est pas et ce qu'on n'a pas sans en avoir le souvenir ? Ce qui est en manque ne peut savoir ce qui lui manque puisqu'il lui manque si bien qu'il doit paradoxalement posséder sur un autre mode ce qui lui manque, en l'occurrence sur le mode du souvenir, pour savoir ce qui lui manque et le désirer. Plus précisément, l'objet du manque doit être *connu* comme objet du manque afin d'être *désiré* comme objet d'un désir [2]. Mais il faut alors en tirer la conséquence que *le corps ne peut être le sujet du désir*. Car d'où lui viendrait la connaissance de l'objet à désirer comme objet de son manque ? S'il est nécessaire qu'à cette fin celui qui est en manque dispose dans sa mémoire de la connaissance de l'objet de ce manque, il faut reconnaître que seule l'âme peut dès lors désirer puisqu'elle dispose de la faculté de se remémorer [3]. Au contraire, le corps qui n'est que manque ne peut connaître celui-ci pour désirer l'état contraire. *Le corps ne peut être le sujet du désir parce qu'il est le sujet du manque et l'âme ne peut qu'être le sujet du désir parce qu'elle n'est pas le sujet du manque.*

Le désir a donc son siège dans l'âme et non dans le corps, et par cette dissociation du désir et du corps, Platon ne peut pas faire de ce

---

1. *Philèbe*, 33 c 5-34 c 2. Plus précisément, Platon distingue entre mémoire et remémoration : la première se présente comme simple conservation des impressions sensorielles qui ont été connues de l'âme (par opposition à celles qui n'ont pas atteint l'âme), la seconde comme capacité de reprise active de ces états, « sans le concours du corps ». C'est la remémoration qui permet donc l'actualisation du souvenir et par là même, l'anticipation déjà plaisante d'un plaisir à venir.

2. *Ibid.*, 34 d 10- 35 b 4.

3. *Ibid.*, 35 b 6-d 7.

dernier la *cause* du mal. En effet, comme pur manque, le corps ne réclame que l'état contraire au sien, la réplétion, mais il ne se prononce pas sur la nature et la quantité de ce qui est à désirer pour combler ce manque. Ce n'est pas le corps, du fait de son manque, qui peut désirer une nourriture raffinée et excessive, c'est au contraire l'âme qui s'y attache, justement parce qu'elle en a le souvenir, et que ce souvenir produit un plaisir de l'attente. Si donc l'homme est coupable de mauvais désirs, c'est parce que l'âme ne sait pas maîtriser ce qu'elle désire à partir de ce dont elle se souvient. Le corps en situation de manque n'est que l'*occasion* de cette remémoration pour l'âme à travers laquelle elle désire d'une manière correcte ou non. L'âme exerce sa causalité *à partir du* corps mais, en matière d'actions mauvaises, on ne saurait rejeter cette causalité *sur* le corps[1]. Ainsi, ce n'est pas la nature du corps, à nouveau, qui est en cause, mais l'usage que l'âme en fait ou, si l'on préfère, ce que l'âme fait à partir de l'état du corps. On peut se demander d'ailleurs si le *Phédon* développait une conception si différente de celle-ci. Platon n'y disait-il pas que c'est par le désir (*epithumia*) que l'âme se trouve enchaînée au corps mais surtout qu'ainsi, c'est «l'enchaîné lui-même qui coopère de la manière la plus efficace à parfaire son état d'enchaîné»[2]. Le désir est donc ce par quoi l'âme se trouve elle-même responsable de son état : ce serait une erreur de croire que l'âme soit seulement en état de soumission par rapport au corps alors que Platon veut montrer qu'elle s'y soumet elle-même, qu'elle *s'aliène* à lui, par les désirs, qui sont de son fait.

Il apparaît ainsi que la conception platonicienne du corps ne se ramène pas aux deux thèses par lesquelles on a coutume de la résumer. D'une part, le corps n'est pas directement assimilé au mal et on ne peut le rendre seul responsable des vices de l'homme. D'autre part, il ne s'agit donc pas simplement pour Platon de «mourir au corps». L'exercice par lequel l'âme doit se déprendre du corps, évoqué dans le *Phédon*, signifie moins un rejet du corps que l'inversion d'une priorité (le soin du corps plutôt que celui de l'âme) ou que la restauration d'un

---

1. Platon dit d'ailleurs que c'est en l'âme que résident «l'élan, le désir et le principe de tout vivant» (35 d 2-3).

2. *Phédon*, 82 e 4-83 a 1 (trad. fr. M. Dixsaut).

ordre légitime entre l'âme et le corps. La philosophie platonicienne ne refuse donc pas de donner au corps une place mais elle veut le *mettre à sa place* c'est-à-dire lui accorder la place qui lui revient. D'un point de vue ontologique d'abord, celui-ci ne peut occuper la première place : l'âme lui est supérieure parce qu'elle n'appartient pas à l'ordre du devenir et c'est pourquoi elle lui est antérieure à la fois logiquement, au sens où ce qui devient ne peut se fonder que sur ce qui se meut par soi-même et ne dépend pas d'un autre, et chronologiquement puisqu'elle ne peut, par là même, avoir été engendrée qu'en premier (plus justement le *Phèdre* la présente même comme inengendrée). Le corps ne doit ainsi sa subsistance qu'à sa subordination à l'âme. Par ailleurs, d'un point de vue éthique, le corps n'est pas la source du mal puisque c'est l'âme qui désire en fonction de l'état du corps (comme Platon l'indique dans le *Philèbe*) et que c'est elle qui, dès lors, désire mal. Là encore, on ne saurait accorder au corps la première place. Mais ces deux rappels à propos de la place du corps ne sont pas sans lien : si le corps est second par rapport à l'âme (engendré après elle et dépendant d'elle), il ne peut alors être condamné en raison de sa nature ni être présenté comme source du mal. *C'est justement et paradoxalement l'antériorité de l'âme sur le corps qui, loin d'aboutir à la condamnation de ce dernier, lui donne toute sa place* : engendré en second, le corps, comme nous l'apprend le *Timée*, a été fait *pour l'âme*, adapté autant que possible, à ses fonctions. Ce qu'il est résulte autant d'une finalité (introduite par le démiurge et les autres dieux) que de la nécessité et sa structure n'est donc pas sans convenance par rapport à l'âme. Celle-ci peut donc se mettre en harmonie avec le corps et c'est seulement l'usage qu'elle en fait qui peut être fautif. Le refus de faire du corps un mal en soi autant que la source du mal découle ainsi directement de la place qui est la sienne par rapport à l'âme, c'est-à-dire de son caractère dérivé et second, de sa dépendance.

Sylvain ROUX
Université de Poitiers

LA MATIÈRE DU CORPS VIVANT
CHEZ ARISTOTE

La matière constitue un objet et un concept central de la philosophie aristotélicienne et se trouve impliquée dans de nombreuses perspectives de réflexion dont la résolution est problématique, celles de la détermination du principe d'individuation, de ce que sont les substances, de ce qu'est une substance (ou encore de sa substantialité), de la structure définitionnelle, de la différenciation du point de vue de la physique de celui de la métaphysique ou de l'ontologie, qui rencontrent également, mais aussi successivement si l'on en croit la génétique aristotélicienne de la connaissance et son historique, les causes matérielle et formelle comme objets et instruments d'analyse du réel[1]. Et si la variation des points de vue sur la matière pouvait nous conduire à une synthèse qui en fasse, suivant une expression autrement employée de l'historien Paul Veyne[2], le « géométral de toutes les perspectives », le concept aristotélicien de matière s'offrirait alors comme le fruit cumulatif des déterminations obtenues au terme du passage en revue des diverses perspectives susceptibles d'être tenues sur elle. Certains indices semblent cependant démentir cela, et la modification des angles sous lesquels la matière peut être analysée s'accompagne d'une réforme plus profonde de sa nature, de telle sorte

---

1. R. Bodéüs, dans son récent *Aristote*, Paris, Vrin, 2002, pose explicitement la question de cette différenciation. Ainsi, p. 228, il s'interroge sur la possibilité de définir la place de la métaphysique et de la philosophie première en dehors de la physique.

2. Dans *Comment on écrit l'histoire...*, Paris, Seuil, 1979.

que le souci d'une approche exhaustive pourrait n'atteindre qu'un insaisissable à saisir, et entraîner avec cela l'idée d'une interrogation non refermée, aussi bien sur la matière comme objet de la réflexion que sur la matière comme instrument constitutif de la détermination des points de vue cognitifs et principe d'analyse de la réalité sous le point de vue de l'être.

Un signe de cela, tout à fait indirect, pourrait être perçu dans la modification de la conception du concept relatif de la forme. Michael Frede, dans l'article intitulé « Substance in Aristotle's *Metaphysics* »[1], invite à suivre la transformation du concept de forme, des *Catégories* d'Aristote à la *Métaphysique*. Dans les *Catégories*, les étants sont caractérisés comme des *ousiai*, et celles-ci comprises d'après le statut qui les définit comme des sujets ultimes de la prédication et de la qualification. La réalité se scinde en deux groupes qui comprennent les *ousiai*, ou réalités autonomes, sujets dont tout le reste est dit ou dans lesquels le reste se trouve, pour être, et ce qui, précisément, dépend des *ousiai*, pour être. Dans la *Métaphysique*, Aristote conserverait cette idée que les substances sont des sujets ultimes, mais aurait des raisons de penser que parmi les candidats au titre de substance ainsi définie (soit la matière, la forme et le composé de forme et de matière), c'est la forme qui vérifierait les exigences statutaires de l'*ousia*. La première raison, ce serait la restriction par Aristote, dans les livres centraux (Z-H-θ), des substances aux seuls objets naturels, et l'intérêt plus particulier pour les êtres animés, paradigmes vivants des objets naturels et des susbtances. Et la forme joue alors un rôle spécifique. Définie, dans le *De anima* notamment, comme l'entéléchie première d'un corps possédant la vie en puissance, et donc comme l'acte premier d'un corps organisé, l'âme est ce principe d'organisation qui permet au corps ainsi disposé de mener la vie caractéristique du niveau d'être qu'il représente. Or la vie du corps vivant se déroule dans le temps, est soumise à la variété chronologique de tout devenir naturel, mais varie aussi selon le mode de relation au milieu environnemental. Tout être vivant est donc soumis à une double source de modification, interne, qui le définit comme être relevant de la *phusis*, et externe. Cependant, si l'être vivant dispose d'une identité d'être

---

1. Paru dans *Aristotle on Nature and living things*, A. Gotthelf (ed.), Bristol Classical Press, 1985.

naturel, puis spécifique comme le vivant qu'il est, et individuelle enfin, c'est parce que quelque chose en lui demeure sous la série des modifications qui l'affectent. Cela, cette forme de permanence, ce serait précisément la permanence de la forme comme aptitude à mener la vie caractéristique de ce type précis d'être animé. En ce sens, la réduction paradigmatique à l'être vivant entraînerait chez Aristote, des *Catégories* à la *Métaphysique*, un transfert des déterminations. Le statut d'*ousia*, associé à l'*hupokeimenon* comme sujet ultime, doté de permanence et de séparabilité, se trouverait transposé du côté de l'*eidos*, d'abord pris comme principe d'animation, élargi ensuite à la totalité de ses applications, dans l'analyse de l'*on hè on*.

On pourrait alors se demander s'il n'y a pas, pour la considération de la matière même, une transposition équivalente des déterminations, dès lors que l'on est amené à retenir le vivant comme paradigme de la substance, et si la double réduction de la question de l'*ousia* à l'être naturel d'abord, à l'être simplement animé ensuite, ne conduirait pas à un échange des caractéristiques conférées par l'analyse, ou à une simple dévalorisation, exclusion de toute fonction causale principielle susceptible d'être dévolue à la matière. Autrement dit, si passer de la perspective des *Catégories* à celle de la *Métaphysique*, c'est attribuer à la forme les caractéristiques qui sont normalement celles de l'*hupokeimenon*, soit la permanence et la séparabilité, qu'advient-il de la matière : est-elle amenée à recevoir des déterminations que d'autres analyses conféreraient à d'autres instances, y compris à celle de la forme, de telle sorte que l'on maintienne au travers de cet échange curieux, un principe de différenciation des principes, ou risque-t-on au contraire de voir singulièrement rapprochés des principes norma-lement distincts, et qu'avec leur corrélation ou leur indistinction crois-sante, ce soit la détermination du point de vue qu'ils servent qui puisse à son tour être menacée de décroître ? Sous une forme plus condensée, et peut-être plus illégitime : si l'on rapproche la forme du sujet, dont la matière est une des formes concrètes [1], et si l'on diminue la distance principielle de la forme et de la matière, ne risque-t-on pas de compro-mettre la résolution des questions qui font, hors de sa proximité

---

1. L. Couloubaritsis a clairement souligné que la matière n'était jamais qu'une des instanciations de la fonction de l'*hupokeimenon*, dans *L'avènement de la science physique*, Bruxelles, Ousia, 1980.

historique et génétique avec la physique, la spécificité de l'ontologie et de la métaphysique? Ne risque-t-on pas, avec les moyens de les résoudre, de perdre les questions philosophiques, et qu'en serait-il alors de la portée paradigmatique du vivant et de sa pertinence?

Il faut, pour analyser ce problème, commencer par s'interroger sur le passage du contexte physique de la matière au contexte métaphysique, puis voir ce qu'apporte, après ce passage de la *phusis* à l'*on*, la considération du paradigme du vivant et du corps du vivant[1], pris sous l'angle de l'embryologie et des mécanismes de l'hérédité, et ce qui résulte de cela pour la détermination de la matière comme principe.

DU CONTEXTE PHYSIQUE AU CONTEXTE MÉTAPHYSIQUE DE LA MATIÈRE

Au chapitre I, 7 de la *Physique*, l'*hupokeimenon* et la *morphè* sont définis comme les principes (*aitiai kai arkhai*) des réalités naturelles (*tôn phusei ontôn*) en tant qu'ils sont les principes de la génération de ces êtres, et cela non par accident (*mè kata sumbebèkos*), mais selon ce que chacune de ces choses est dite être selon la substance (*all'hekaston ho legetai kata tèn ousian*) (190 b 17 *sq.*). Cela permet de distinguer trois éléments logiques pour tout changement : le sujet et les deux formes contraires que sont la privation et ce dont elle est la privation,

---

1. L. A. Kosman, dans «Animals and other beings in Aristotle», *Philosophical issues in Aristotle's biology*, A. Gotthelf and J.G. Lennox (eds.), Cambridge, Cambridge University Press, 1987, amène à poser la question de savoir si l'animal a été privilégié comme paradigme de l'être pris comme substance en raison de la priorité de son ontologie, ou bien de son analyse des animaux. C'est le concept de matière, écrit-il p. 382, lié à la théorie de la puissance et de l'acte élaborée en *Métaphysique*, qui livre la clé du problème de la substance développée dans les premiers livres de la *Métaphysique*, et donc de la théorie générale de l'être dont elle constitue le moyen. Si les animaux et leurs corps se voient investis d'un statut paradigmatique, c'est que leur âme et leur corps sont liés selon l'unité de l'acte et de la puissance, dont ils offrent une réalisation exemplaire dans l'unité organique qui est la leur, et qui autorise la matérialité du corps à servir adéquatement cette actualité précise qu'est la vie et la fonction de l'animal. Mais contrairement à Cooper dont il sera question ultérieurement, Kosman ne prend pas appui sur le problème particulier de l'embryologie, de la constitution génétique de la substance, ce qui paraît cependant d'une importance majeure.

chacune d'entre ces deux qualités étant à son tour revêtue par le sujet [1]. La matière, comme réalisation du sujet, peut alors être analysée sous deux aspects, dès lors qu'on la comprend comme principe de la génération : elle est à la fois la matière préexistant à la génération, la matière *ex quo*, et la matière du produit engendré, le passage de l'une à l'autre de ces instances se faisant par l'application d'une forme qui, remplaçant la privation, informe la matière. L'information ne s'offre donc pas d'abord comme la détermination par une forme de ce qui n'en a aucune, mais comme la substitution d'un état informé de la matière à un autre.

Dans ce schéma cependant, la matière n'est principe qu'en tant qu'elle est, comme tout sujet, ce qui est supposé à tout devenir, parce qu'elle est condition d'application du pouvoir déterminant de la forme : elle est la condition d'exercice du pouvoir formel de l'*eidos*, dont la causalité est rendue manifeste sous un de ses aspects par la possession d'une *morphè* ou configuration.

La connaissabilité de cette matière dépend de la relation à la forme (191 a 7*sq.*), puisque c'est *kat'analogian* qu'est connue la nature sousjacente (*hè hupokeimenè phusi*s), soit la matière qui remplit cette fonction [2]. La matière est ainsi du côté de ce qui peut revêtir une forme

---

1. C'est d'ailleurs là le fondement de la lecture de A. Jaulin dans ses deux ouvrages consacrés à la *Métaphysique*, (*Eidos et Ousia*, Klincksieck, 1999, et *Aristote. La Métaphysique*, « Philosophies », Paris, PUF, 1999), qui s'appuie essentiellement sur la terminologie et les analyses de la *Physique* et du traité *De la génération et de la corruption*. Dans son article « Le rôle de la matière dans la théorie aristotélicienne du devenir », *Revue de Métaphysique et de Morale*, n°1, janvier-mars 2003, Annick Jaulin défend la thèse du redressement par Aristote des conceptions héraclitéennes et parménidiennes : « L'existence du substrat, qui équivaut à la distinction (imperceptible) de la matière et du contraire privatif, permet d'éviter le dilemme où achoppait toute théorie antérieure de la génération, et qui conduisait à nier l'existence même de la génération. », p. 27. Cependant, il faut pour cela fortement dynamiser le langage des contraires, et il nous semble que, dans cette perspective, l'embryologie sert mieux le propos qu'une reprise d'un langage dont Aristote lui-même affirmait le dépassement nécessaire : ce que souligne P-M. Morel, p. 32, de son *Aristote*, alors qu'il semble plus loin se soumettre à la terminologie des contraires, en dépit de sa propre réserve formulée, p. 128-129. Voir également à cet égard, A. Stevens, *L'ontologie d'Aristote, Au carrefour du logique et du réel*, Paris, Vrin, 2000, p. 281.

2. Dans la traduction de P. Pellegrin, parue en GF-Flammarion, cela donne : « En effet, ce que l'airain est à la statue, le bois au lit, ou la matière, c'est-à-dire l'informe avant qu'il ait reçu la forme, à n'importe laquelle des choses qui ont une forme, cette <nature sous-jacente> l'est à la susbtance, au ceci et à l'étant ».

(ce n'est pas la matière absolument première comme en témoignent les exemples de l'airain et du bois) mais qui reste, relativement au changement considéré, déterminé par la privation de la forme à venir. La *hulè* est ainsi l'*amorphon* relativement à l'ensemble de la *morphè*, de l'*ousia*, du *tode ti*, et du *on*. Il ne faut pas en conclure que la matière comme telle est inconnaissable, mais que ce qui la détermine comme principe de la génération, c'est un statut qui la rend fonctionnellement relative à son principe de détermination dans un contexte précis de mouvement.

Dans la série des formes susceptibles d'être revêtues par elle, et qui relativement à un mouvement précis, répond à l'unité d'un genre, la matière est toujours marquée par une forme qui n'est que la privation, la présence négative de celle qui est le terme final du changement, mais dont la possession atteste en elle la capacité ou puissance à revêtir les formes comprises dans cette unité générique.

En ce sens la matière n'est pas négation – c'est la privation qui tient ce rôle –, elle n'est pas inconnaissable – son statut est simplement relatif à un contexte singulier, physiquement et temporellement situé –, et n'est pas davantage dénuée de toute consistance ontologique – puisqu'investie d'une puissance qui est aussi une modalité d'être.

En *Physique* I, 9, 192 a 3 *sq.*, il est affirmé que la matière n'est pas non-être ou alors *kata sumbekèkos*, tandis que la privation, en raison de ce qu'elle est par elle-même, par soi, *kath'hautèn*, est non-être, que la matière est proche d'être, d'une certaine manière, une *ousia*, tandis que la privation ne saurait l'être aucunement, et mieux encore, que ce qui se tient de façon sous-jacente serait cause coefficiente (*sunaitia*), avec la forme, des choses qui sont engendrées, *hôsper mètèr*, comme l'est la mère elle-même. Et Aristote d'ajouter que si l'on pose un certain terme comme divin, bon et désirable, la nature dont il a été question semble naturellement tendre vers lui et le désirer selon la nature qui est la sienne (*to de ho pephuken ephiesthai kai oregesthai autou kata tèn heautou phusin*)[1]. La *hulè* est donc relativement à l'eidos, qui ne peut se désirer lui-même parce qu'il ne manque de rien, ne souffre d'aucun manque, dans la même relation que celle de la

---

1. P. Pellegrin traduit : « et qu'<existe> aussi ce qui par nature tend par le désir selon sa propre nature vers celui-là ». On retrouvera ce terme bon et divin, sous la forme du mâle, dans *De la génération des animaux*.

femelle relativement au mâle, ou que celle du laid relativement au beau : Aristote précise cependant qu'il s'agit non du laid ou de la femelle comme tels, mais *kata sumbebèkos* [1].

Dès la *Physique*, donc, le requisit de la matière comme concept opératoire, le sujet, semble traversé d'une animation minimale de la matière, qui la dote d'une forme et d'une privation relative, et qui la définit comme sujet du désir de la forme, pareillement à ce qui lie la femelle ou la mère, au mâle ou au père. La distinction statutaire des principes se double donc d'une dynamisation des rapports de la forme et de la matière dont le vivant fournit le modèle et la source naturelle d'inspiration.

Enfin, la matière est ingénérable et n'intervient dans la génération qu'en raison de son aptitude à recevoir de nouvelles formes : *legô gar hulèn to prôton hupokeimenon hekastô, ex hou ginetai ti enuparkhontos mè kata sumbebèkos* (192 a 31-32) [2]. C'est donc la figure première du sujet, l'immanence individuelle à partir de laquelle (hors de laquelle) est formée la chose et qui demeure en elle, non par accident, sans que l'on puisse avec certitude décider, si le « non par accident » se réfère à l'immanence de l'élément, à la relation principielle de la matière à l'être obtenu, ou au mode de la génération.

Le chapitre suivant, II, 1, va peut-être permettre de trancher cette question du *kata sumbebèkos* qui peut qualifier soit l'immanence de la matière, soit le type de génération considéré. Aristote définit la *phusis*

---

1. La remarque est ambiguë, comme en témoigne la traduction proposée par P. Pellegrin : « À ceci près que ce n'est pas le laid en soi <qui tend vers le beau>, mais le <laid> comme accident, et pas la femelle <en soi> mais par accident », ce qu'il complète de la note n°4, p. 112, dans laquelle il souligne le « désir d'assimilation d'une matière qui cherche à être informée ». Dans la traduction de l'édition Loeb, on peut lire « the desire must be attributed (…) to a subject that is foul or female incidentally ». La difficulté concerne donc cette relation accidentelle d'une matière à ce qui la détermine accidentellement comme femelle, laquelle est en revanche le sujet essentiel du désir du mâle. La relation dynamique qui unit la femelle au mâle est de l'ordre de l'essentialité et du désir essentiellement présent entre eux. On peut alors se demander si et comment cela retentit sur la relation de la forme informant la matière comme sujet d'un tel désir et de cette matière susceptible de désirer « selon sa nature propre ».

2. Dans la traduction de P. Pellegrin, cela donne : « (j'appelle en effet matière le substrat premier de chaque chose, <substrat> inhérent à partir duquel quelque chose advient, non par accident ». On retrouve le même *mè kata sumbebèkos* que précédemment, et l'on peut se demander si cela peut rejaillir rétrospectivement sur l'interprétation que l'on pourrait en proposer.

et l'ensemble des réalités qui en relèvent comme l'appartenance par soi, et non par accident, d'un principe ou d'une cause de mouvement et de repos, qui fait de la réalité dans laquelle ils se trouvent un être naturel. En ce sens, mais *a contrario*, le bois du lit est une cause naturelle mais par accident de la génération du lit, puisque ce n'est qu'en tant que le bois est la matière non-accidentelle du lit et que le bois est une matière naturelle que le lit est produit, mais par accident, à partir de la nature. La *phusis* est donc ce qui ne peut être séparé de ce qu'elle détermine elle-même comme être naturel, et qui trouve en elle la raison de son être, de sa production et de ses modifications. La *phusis* est toujours dans un sujet, qui est alors qualifié comme *phusei*, être par nature ou être naturel [1].

Mais ce qui est le plus intéressant dans ce chapitre, c'est le débat qui interroge l'identité propre de cette *phusis*, de ce principe : qu'est-ce qui, dans le composé naturel, fait de forme et de matière, répond à la simple description proposée ? Aristote envisage, on le sait, successivement, la matière et la forme comme candidats au titre de *phusis*.

Et de cela, l'on peut retenir pour le propos que nous poursuivons, et en un premier temps, que la légitimité de la prétention de la matière à ce titre tient à sa permanence [2]. En 193 a 11 *sq.*, Aristote la décrit comme *to prôton enuparkhon hekastô arruthmiston kath' heauto* [3]. Le premier immanent propre à chacun, c'est ainsi l'airain pour la statue, le bois pour le lit, le principe d'un être naturel, ou d'un être artificiel dans lequel la nature intervient par accident. Cela sert le programme d'extension à tous les types de réalité d'une définition que l'on pourrait s'attendre à voir réduite à une sphère délimitée d'étants. Ce

---

1. En 192b 32-34, on peut ainsi lire que ce qui a un principe (*arkhè*) de ce genre, a une *phusis*, et ce sont des *ousiai*, car la *phusis* est toujours *en hypokeimenô*. Cela achève la caractérisation, par Aristote, de *hè phusis*, d'une part, la nature elle-même, et de *ti to phusei kai kata phusin*, de ce qui est par nature ou conforme à la nature, d'autre part.

2. Il pourrait être intéressant de comparer ce passage avec son pendant métaphysique en Z, 3, qui s'interroge alors sur ce qui répond au concept d'*ousia*.

3. «<Constituant> interne premier de chaque chose, par soi dépourvu de structure, par exemple que d'un lit la matière c'est le bois.», dans la traduction de P. Pellegrin, toujours. Remarquons alors que la nature, c'est bien ce principe matériel et naturel essentiel d'un produit qui de lui-même n'est pas naturel, si ce n'est qu'il est *phusei* en raison de la naturalité de son constituant matériel. La naturalité s'adresse donc avant tout au principe du composé.

principe, pris en lui-même, est dépourvu de toute organisation ou arrangement, la preuve générale des considérations formulées étant donnée par la putréfaction d'un lit de bois enfoui sous la terre (Antiphon), qui retourne ultimement à la matière brute du bois, débarrassée de la forme du lit. C'est ainsi que, de la matière, il est dit qu'elle est pour la chose, sa substance (*ousia*), ce qui demeure en subissant continûment les différents *pathè*, affects ou modifications, tandis que la forme est désignée comme disposition conventionnelle et artificielle (*tèn kata nomon diathesin kai tèn tekhnèn*). À l'intérieur de cet argument précis, c'est ainsi la forme qui intervient accidentellement dans le subtrat matériel : *to kata sumbebèkos huparkhon*.

On doit donc différencier l'être artificiel, conventionnel, accidentel, rangé du côté de la forme, de ce qui est l'*ousia* de la chose, et qui demeure essentiellement sous ce qui est accidentellement revêtu. L'exemple du lit, artificiel, amène à situer la forme comme l'être artificiel des choses, hors de toute considération réduite à la *phusis*, et la matière comme l'être permanent et essentiel des choses. La permanence d'être semble être associée au principe matériel qu'elle privilégie tandis que la cause formelle est reléguée du côté de la disposition conventionnelle. La logique des physiologues, qui traverse ces permanences particulières vers le principe matériel universellement permanent, ce qui a pu faire d'eux, aux yeux mêmes d'Aristote, les précurseurs d'une ontologie embryonnaire (la matière permanente étant saisie comme principe de la permanence d'être, de l'être des choses, hors de toute réduction à la *phusis*), est ici retrouvée, Aristote rappelant le statut d'opinion de l'argumentation générale qui vient d'être parcourue (*dokei*, 193 a 10).

Mais Aristote envisage une autre façon de déterminer la *phusis*, qui semble aussi davantage lui convenir : *hè morphè kai to eidos to kata ton logon* (193 a 30-31), la forme séparable par abstraction logique, et par la pensée [1], s'offre à incarner la *phusis*.

Car de même que la conformité à l'art a son principe dans le pouvoir informateur de l'*eidos* qui informe la réalité en acte, de même la fonction causale entraîne la conformité à la nature de ce qui doit être déclaré naturel, *to phusikon*, et qui ne l'est que comme fruit de

---

1. On retrouve des formules comparables dans la *Métaphysique*, H, 1, 1042 a 28-29, Δ, 8, 1017 b 23-26.

l'exercice en acte de cette causalité. En ce sens, la nature désigne le principe de ce qui est naturel, soit *hè morphè kai to eidos, ou khôriston on all' è kata ton logon* (193 b 4-5). La forme n'existe pas séparément, et sa séparabilité se trouve limitée à la modalité logique de l'abstraction par la pensée. Simultanément, Aristote souligne le fait qu'en plus d'être ce principe de l'être naturel, qu'est la nature, la forme est aussi le principe, pour cet être-là, de son identité, puisqu'elle la dote d'une nature propre, *tèn heautou phusin* (193 b 1) qui est l'existence en acte de ce dont la forme est la cause, soit la possession en acte de la détermination formelle installée dans la matière. Or cela semble susceptible d'une application à tous les ordres, naturel et artificiel, des étants.

De même, le composé n'est pas nature mais *phusei*, par nature. Il l'est par l'élargissement de l'idée de nature à ce en quoi elle exerce sa causalité. Mais cet élargissement revêt une forme hiérarchisée qui permet d'inscrire la matière comme son plus bas degré. C'est ainsi que la forme est plus (*mallon*) [1] *phusis* que le composé qui l'est lui-même plus que la matière, chaque chose étant dite plutôt (*mallon*) par ce qu'elle est en acte que par ce qu'elle est en puissance (193 b 7-8). La permanence de la matière, n'étant que celle de la puissance de recevoir les formes et leur pouvoir de détermination, fait de l'être permanent de la matière (y compris dans les êtres artificiels) ce qui est le moins proche de la nature prise comme principe. La forme, comme acte et pouvoir causal, est apte à revêtir ce titre, et c'est donc au titre du partage de ces caractéristiques qu'elle est plus digne que la matière d'être la *phusis* comme *arkhè kinèseôs*. On peut dès lors noter que la forme n'est plus simplement l'un des contraires, l'opposé statique de la matière, mais ce qui meut sa permanence désirante, mais impuissante, ce qui place le composé dans sa nature en acte [2]. Elle est donc principe causal et identitaire.

---

1. On soulignera simplement l'importance méthodologique du principe du *mallon* chez Aristote, comme en témoigne par exemple la confirmation des opinions quant à la sagesse par la conception proprement aristotélicienne, dans la *Métaphysique* A, 2, principe qui assure d'ailleurs une véritable continuité argumentative des premiers livres (de A à Γ).

2. On mesure à nouveau l'importance et la pertinence à ce titre de la lecture proposée par A. Jaulin (la forme comme programme d'action, acte pur pris dans le contexte particulier d'un devenir singulier, et aspirant à lui l'ensemble des modifications de la matière), mais aussi, semble-t-il, la nécessité de dépasser ce langage plus propre à la physique.

À la faveur du privilège de la génération naturelle (l'homme engendre l'homme, modèle que l'on retrouve en Z, 7 pour souligner l'action causale de la forme, « schème directeur d'action » [1]), Aristote rompt le parallélisme avec la nature : le bois n'engendre pas le bois. La permanence de la matière n'est pas permanence de l'identité d'un être mais de l'être propre de la matière, soit de son ordre naturel spontané, hors de toute information par un principe extérieur. L'exercice du pouvoir causal de celui-ci nous permet d'assigner, dans l'ordre même de la *phusis*, ce qui détient, avec le pouvoir efficient, celui de produire l'être pris dans son identité. Dès lors, dans la *phusis* comme fonction causale de l'*eidos*, c'est d'abord un principe qui est visé, plus qu'un domaine corrélativement délimité ; l'*eidos* assume dans la *phusis* la causalité motrice, mais simplement située dans un être spécifique-ment identique et possesseur de la forme en acte. La forme du lit, bien qu'artificielle, désigne bien sa nature, mais du bois au lit, il n'y a pas de continuité naturelle possible, de dynamisation interne (ce qui fait que la forme est alors artificielle). La modalité d'information par l'*eidos* est donc ce qui décide, non pas de ce que la forme est *phusis*, mais de la répartition des êtres en êtres naturels (en vertu de l'imma-nence spécifique de l'*eidos*) et en êtres artificiels (immanence de l'*eidos* dans l'esprit de l'agent, non identique spécifiquement). La causalité efficiente s'ajoute à la causalité formelle de l'*eidos* et de la *phusis*.

« On appelle nature ce qui est comme un chemin générateur vers la nature (*hôs genesis hodos eis phusin*) » (193 b 12-13). Normalement, c'est ce qui est *phusei* qui s'oriente vers la possession en acte de sa forme *phusis*, ici, avec l'être composé, c'est le processus de la géné-ration vers l'acte qui est intégré à la *phusis*. Mais l'argument doit soutenir l'identité de la forme elle-même avec la *phusis*, et c'est parce que le processus de la génération est naturel, parce qu'il est conduit par la forme que celle-ci est nécessairement *phusis* proprement dite (telle est la conclusion de l'argument en 193 b 18). Il faut alors justifier l'aspect naturel de la *genesis*, ce qu'Aristote effectue par le biais du recours à l'exemple technique de la guérison. Il n'y a pas uniformité de

---

1. L'expression est de S. Mansion : « Sur la composition ontologique des substances sensibles chez Aristote (Z, 7-9) », *Études aristotéliciennes*, Louvain-la-Neuve, Peeters, 1984.

ce qui produit, de ce qui est produit, et de ce par quoi on produit, l'art de guérir ne conduit pas à lui-même, pas plus que la guérison ne nous achemine vers la guérison. La nature en revanche est aussi dans le processus par lequel sa nature est atteinte [1]. Ainsi, c'est en raison de ce que le processus naturel ne sort pas de lui-même, de sa parfaite homogénéité, que chacun des termes enveloppés par lui relève encore, même si à un degré différent (en vertu de la hiérarchie due au *mallon*) de la *phusis* [2]. La causalité de la forme se trouve enrichie d'un nouvel aspect. Après l'immanence du pouvoir causal producteur d'identité, l'objet définitionnel, et l'efficience, la causalité finale est ajoutée, puisqu'on étend la nature à ce qui est en voie vers la nature possédée en acte, strictement délimitée, soit la forme, qui dirige le processus d'ensemble, comme fin et acte final.

Ainsi, pour la *Physique*, on obtient que la matière est la figure première du sujet, et que c'est au titre de cette immanence et de cette permanence (antérieure et contemporaine), relativement au produit, qu'elle est principe de la génération, mais aussi, et bien qu'animée d'un désir de la forme, degré simplement inférieur de la réalité et dans la *phusis*.

D'un autre côté, la réduction à la considération des réalités naturelles transfère la source d'identité de la permanence de l'être de la matière à l'être séparable de la forme, et dont la séparabilité semblait aller de pair avec son application conventionnelle, extérieure, et donc artificielle et accidentelle, comme le soulignait l'exemple d'Antiphon. L'analyse de cette extériorité (par rapport à la permanence pour elle-même de la matière prise comme sujet premier [3]), parce qu'elle recouvre les déterminations de la cause

---

1. On ajoute ainsi aux extrêmes, eidétiquement, formellement, spécifiquement identiques que sont la cause motrice et son produit, le cheminement intermédiaire, qui ne fait pas sortir de l'identité formelle. On annexe à la causalité le domaine qu'elle recouvre.

2. En *Éthique à Nicomaque* VII, 12, 1152 b 12-15, Aristote rappelle qu'un devenir technique n'est jamais du même genre que sa fin, ainsi le processus de la construction n'est pas du même genre que la maison.

3. C. Freeland, « Aristotle on bodies, matter and potentiality », A. Kosman, « Animals and other beings in Aristotle » (tous deux dans *Philosophical issues in Aristotle's biology*), et F. A. Lewis, « Aristotle on the Relation between a Thing and its Matter » (*Unity, Identity, and Explanation in Aristotle's Metaphysics*) se sont intéressés à cette permanence de la matière. C'est le sang, pour C. Freeland, qui remplit ces conditions, ce qui n'empêche aucunement la différence radicale du statut de la matière lorsque l'on

formelle, de la cause efficiente, et de la cause finale, semble surmonter l'idée d'une permanence de la matière par celle de la forme comme source active de la permanence d'être du composé, ou du composé pris dans son identité foncière.

Hormis la référence au désir, la permanence de la matière qui a pu, pour certains, légitimer sa candidature au titre de *phusis*, semble la reléguer hors de la causalité déterminante, non seulement pour les êtres naturels, mais pour tous les êtres en général. Cela pourrait expliquer l'investissement sur l'idée de forme de ce qui fait la dernière positivité de la matière, la permanence, mais dont Aristote a montré qu'elle était une permanence de la matière dans son être, pour elle-même en quelque sorte, ou pour l'application de la forme, mais pas comme principe permanent de l'être du composé, dans son identité et son unité persistantes et perdurantes.

Le début de la *Métaphysique*, dans son historique des figures antérieures de l'ontologie, ancre l'ouverture vers l'idée d'une cause motrice dans la constatation de l'incapacité du sujet ou de la matière, à produire le changement, ou ses propres changements (A, 3, 984 a 21-22). Le sujet du devenir ne peut ainsi expliquer à lui seul la phéno-ménologie du devenir comme série de formes successivement revêtues par lui, ni dans sa continuité, ni dans aucun de ses moments parti-culiers. On retrouve les exemples du lit et de l'airain, et l'idée que ce n'est pas le bois qui fait le lit.

---

passe de la considération d'un objet artificiel à celle d'un objet naturel, pour Kosman. C'est ainsi que dans le vivant la matière *ex quo* n'est pas la même que la matière interne et prochaine, tandis que les questions formelles portant sur la forme (ou la fonction) et sur la matière comme condition de cette fonctionnalité en acte sont identiques, la matière devant alors être pensée comme puissance instrumentale. Pour Lewis, l'âme est interne à l'animal, mais pas au corps, parce qu'elle reste extérieure à la corporéité. Il en est de même pour le sang dont le chaleur tient au principe externe situé dans le cœur. Il souligne en revanche, p. 276, que si l'on veut trouver une notion de la matière qui intègre la perspective du changement, et donc la dimension dynamique du vivant, il faut se tourner vers l'embryologie, la variété successive des âmes (nutritive, locomotive, sensitive), introduisant dans l'embryon différentes étapes de la matière, prête à être transformée par le niveau suivant de la forme. À chaque niveau, la matière peut être ce qu'elle est, indépendamment de la forme qui va venir et qui lui est hiérarchiquement supérieure. Simplement la matière prochaine reste toujours différente de l'animal lui-même.

Le chapitre du lexique consacré à la définition de la *phusis*, Δ, 4[1], distingue quatre niveaux de signification. Le premier (1014 b 16-17, puis 20-26) désigne la génération de ce qui croit (y compris des végétaux), *hè tôn phuomenôn genesis*, Aristote précisant alors que *phuesthai* se dit des choses dont l'accroissement (*auxèsis*) vient d'un autre, par contact (*haptesthai*) et par union naturelle (*sumpephukenai*), ou par adhérence, adjonction naturelle (*prospephukenai*), comme dans les embryons (*hôsper ta embrua*). En un deuxième sens (1014 b 17-18, 26-35), c'est ce dont vient en premier lieu ce qui croit et qui lui est immanent, Aristote précisant alors que c'est ce d'où provient[2] ou naît l'un quelconque des êtres naturels (*ti tôn phusei ontôn*), et qui est à la fois privé d'ordre ou d'arrangement (*arruthmiston*), de capacité de changer (*ametablèton*) à partir de sa seule puissance propre (*ek tès dunameôs tès hautou*). Et cela vise la permanence de la matière et même de la matière première (*tès prôtès hulès*), comme le bois pour tout ce qui est en bois. Dans un troisième sens (1014 b 18-20), cela désigne ce d'où provient le mouvement premier dans chacun des êtres naturels auxquels il appartient par essence, tel le cœur, et enfin, en un quatrième et dernier sens (1014 b 35-1015 a 13), la *phusis* peut aussi signifier l'*ousia* des réalités naturelles. Ainsi, d'une réalité qui est par nature *phusei* ou qui devient, et qui possède naturellement le principe immanent de son être ou de son devenir, nous ne disons pas d'elle qu'elle a une nature tant qu'elle ne dispose pas de son *eidos* et d'une *morphè*. Un être naturel provient donc des deux composantes (*ex amphoterôn*), comme c'est le cas des animaux et de leurs parties. La *phusis* doit ainsi envelopper la *prôtè hulè* (prise absolument comme l'eau, ou relativement à la chose, comme l'airain, et que l'on retrouvera dans *De la génération des animaux*), mais aussi *kai to eidos kai è ousia. touto d'esti to telos tès geneseôs*, la forme et la substance, qui est la fin du devenir[3]. On en conclut sur la hiérarchie

---

1. On pourra consulter la lecture que propose A. Jaulin, dans *Métaphysique*, Δ, Presses du Mirail, 1991.

2. Ce deuxième niveau de signification peut décrire le principe moteur externe, comme la graine ou la semence, ou la matière, que les précisions apportées semblent privilégier. *De la génération des animaux* précise d'ailleurs que le *ex hou* s'applique aux deux principes, moteur et matériel, mais de préférence à ce dernier, 723 b 37.

3. On retrouve le dernier argument de *Physique* II, 1 sur la forme.

des déterminations, en affirmant que l'*ousia* est dite *phusis* d'après la forme, parce que la *phusis* est *ousia tis*, une certaine substance.

On retrouve ainsi les mêmes déterminations que celles de la *Physique*, la matière n'étant mentionnée qu'à titre de permanence pour elle-même de la matière, doublée de l'incapacité à produire les changements dont elle est la condition supposée.

Le résumé de la structure intelligible du chapitre et de la *phusis* (qui conserve d'ailleurs l'ordre qui est celui de la *Physique*), distingue la nature par excellence, ou son plus haut degré, *hè prôtè phusis kai kuriôs legomenè*), l'*ousia* des réalités qui ont en elles-mêmes leur propre principe de mouvement selon ce qu'elles sont par soi. Cela désigne alors la forme de réalités qui semblent devoir également à la forme ce principe immanent qui ne peut être dévolu à la matière (et la *prôtè hulè* ne peut en rien être confondue avec la *prôtè phusis*), et l'on est en droit de se demander quel est le principe qui fait l'immanence du pouvoir causal de la forme des êtres naturels par rapport à la forme des êtres artificiels, si ce n'est jamais du côté de la matière que l'on peut trouver le principe de distinction des modes de possession de l'*eidos* et de l'*ousia*.

Si la nature est tout entière localisée dans la forme, pourquoi cette forme qui est *phusis*, y compris pour les réalités artificielles, n'uniformise-t-elle pas les êtres sur lesquels son action s'exerce, en êtres uniformément naturels ? Qu'est-ce qui, finalement, décide, de ce qu'une forme est la *phusis* d'êtres par nature, ou d'êtres qui ne le sont pas, puisque ce n'est jamais du côté de la matière, semble-t-il, que l'on peut trancher la question de la différence des sphères d'étants ?

Aristote semble d'ailleurs averti de la difficulté puisqu'il écrit que la matière n'est dite nature qu'en raison de cette capacité à recevoir cette dernière, et à la recevoir, en conséquence, en tant que principe immanent du devenir. Une nouvelle question se profile désormais, de savoir si la réception de la forme comme principe immanent (et non externe) de devenir, présuppose une capacité de réception qui viendrait enrichir le concept de matière des réalités naturelles par rapport à celle des réalités simplement artificielles. Faudrait-il doubler la permanence de la nature matérielle comme matière, d'une détermination nouvelle et peut-être plus essentielle ?

Car le principe de mouvement, pour les êtres naturels, existe en eux, soit à l'état de puissance, soit en entéléchie : mais cela ouvre-t-il la voie de la résolution des questions précédemment posées ? Y a-t-il, dans la distinction des modalités du principe interne, soit en puissance, soit en acte, ou du côté du passage à l'acte de ce principe, quelque chose qui laisserait insuffisant le concept de matière élaboré jusqu'à présent, inachevé celui de la forme que la considération des seuls êtres naturels a jusqu'ici conduit ?

En Z, 17[1], Aristote pose une question nouvelle et déterminante, qui pourrait s'articuler au texte précédent, mais qui ne recevrait sa pertinence réelle, dans la relation textuelle ainsi mise en place, que lors du détour par H, où la distinction de la puissance et de l'acte se trouve effectivement thématisée. Mais l'on peut d'ores et déjà remarquer que, jusqu'à présent, et alors que des *Catégories* à la *Métaphysique*, et dès Δ, 8, la conception de la forme héritait de la permanence du sujet, de la séparabilité et de la détermination, il semble que, dans une trajectoire parallèle, de la *Physique* à Δ, 4, la conception de la matière soit restée profondément la même, dans l'incapacité à produire le changement, et dans la permanence de la matière prise pour elle-même, si ce n'est peut-être la référence au désir qui n'a néanmoins pas encore été reprise ni élaborée. Que faudrait-il en conclure, quant à la dissociation définitive des natures, et à la différenciation des points de vue de la *Physique* et de la *Métaphysique* ?

En Z, 17, Aristote adopte une nouvelle orientation dans son analyse de la substance, qui fait de la quiddité le principe causal de l'unification de la matière pour la production du composé. Ainsi cette matière (les planches et les briques) peut constituer une maison parce que lui appartient ce qui est l'être d'une maison. La recherche de la cause revient alors à rechercher la raison pour laquelle la matière est ce qu'elle est, et qui n'est autre que l'*eidos* ou l'*ousia*. Cela définit un programme de recherche qui n'est valable que pour les réalités composées, de forme et de matière, et qui interdit la réduction de la forme ou quiddité à l'un des composants. La quiddité comme principe d'union de la syllabe n'est réductible à aucune des lettres qui la composent et pas davantage à leur arrangement matériel, ce qui est également

---

1. Certes il faudrait également s'intéresser à Z, 3 et aux chapitres qui suivent.

valable pour une nature vivante comme la chair (*sarx*). Ce principe, *heteron ti* (1041 b 17), cette extériorité par rapport à la composante matérielle et à la composition même, c'est l'*ousia hekastou*, la sub-stance de chaque chose, et la cause première de son être (*touto gar aition prôton tou einai*)[1].

Seulement la quiddité ou la fonction causale de l'*ousia* reçoit un modèle ou une forme de réalisation exemplaire : la *phusis*, qui est une *ousia tis* (Δ, 8), est en même temps le paradigme de sa causalité (1041 b 28 *sq.*). Ainsi, certaines des réalités ne sont pas des *ousiai* mais celles qui sont des *ousiai* sont constituées *kata phusin* : il semble donc bien que cette *phusis* soit une *ousia*, qui n'est pas un élément (*stoikheion*) mais un principe (*arkhè*)[2], l'élément étant ce en quoi une chose se divise et qui est présent en elle comme une matière (*hôs hulèn*), comme le A ou le B, pour la syllabe. On ne peut mieux formuler l'extériorité de la causalité formelle par rapport à la matière composante, et souli-gner que la permanence de la matière ne rentre pas dans la causalité de l'*ousia*, de la forme. Elle n'est que l'objet et la condition du pouvoir de détermination de la quiddité. C'est donc du côté de la *phusis* que l'on est désormais invité à trouver le modèle de justification de ce pouvoir causal d'unification, alors que celui-ci devrait lui-même pouvoir rendre raison de la spécificité de la matière naturelle et de la causalité formelle propre à la *phusis*, par différenciation d'avec la sphère de la *tekhnè*.

Or, curieusement, le livre H ne s'ouvre pas réellement sur l'analyse des substances naturelles sensibles, mais plutôt sur celle des substances sensibles artificielles (maison) ou sur des réalités non substantielles (seuil, eau glacée, éclipse). En H, 4, on rencontre néanmoins un exemple d'autant plus précieux qu'il semble suivre une filiation métaphorique jusqu'ici respectée, et qui a référé le rôle de la matière à la mère (*Physique* I, 9, mais aussi déjà en I, 7, où le sperme

---

1. Voir également Z, 7, 1032 b 1-2, qui définit l'*eidos* comme la quiddité et la sub-stance première pour chaque chose (*to ti èn einai hekastou kai tèn prôtèn ousian*). De l'extériorité on devra donc pouvoir dériver l'intériorité possible pour les êtres *phusei*, comme la chair.

2. Et parce que la physiologie élémentaire n'a pu faire que préfigurer l'analyse ontologique des principes (voir la fin de *Métaphysique* Γ, 1).

était présenté comme le substrat de la génération prise absolument)[1], qui a relié la définition de la *phusis* à la vie végétale ou animale en mentionnant explicitement le cas des embryons (Δ, 4), et qui a associé le rôle de l'âme pour le vivant au second sens de l'*ousia* qui visait la cause immanente de l'être des choses qui ne sont pas *kath'hupo-keimenou* (Δ, 8), ce dont il est ici très précisément question.

On peut alors se demander si le détour par l'embryologie aristo-télicienne pourrait conduire au réaménagement des concepts opéra-toires de la forme et de la matière, et s'il pourrait y avoir contamination de l'idée de matière par le modèle du vivant, comme cela semble plus clairement être le cas en ce qui concerne l'idée de forme, laquelle n'est pas seulement séparable *kata ton logon*, mais aussi comprise comme sujet permanent déterminé, sous-jacent à l'unité et à la vie de l'ani-mal. C'est à partir de là, peut-être, que l'enrichissement de l'idée simplement physique ou métaphysique de la matière permettrait l'élaboration de l'idée de corps et de corps du vivant.

L'EMBRYOLOGIE ARISTOTÉLICIENNE

Le premier modèle de substance naturelle sensible évoqué ne fait pas l'objet d'une analyse approfondie, et nous sommes donc renvoyés à la théorie globale de la génération telle qu'elle est exposée dans *De la génération des animaux* (I, 18-II, 6, principalement) si nous voulons comprendre comment, avec la position d'exemplarité de la *phusis*, un gain théorique peut être obtenu touchant à la conception de la matière, et de la matière du vivant, *via* celle du corps, puisque tel semble être l'ordre du raisonnement constitutif.

En H, 4, Aristote indique seulement que la cause matérielle de l'homme, ce sont les menstrues (*katamènia*), que la cause motrice, c'est le sperme (*sperma*), que la cause formelle, c'est la quiddité de l'homme (*to ti en einai*), et que la cause finale, c'est le *telos*, les deux

---

1. Dans *De la génération des animaux*, le mâle est décrit comme meilleur, plus divin, et principe du mouvement tandis que la femelle est située du côté de l'apport matériel. Mais le mâle qui s'unit à la femelle s'unit à elle pour l'accomplissement de la génération (*pros tèn ergasian tès geneseôs*) qui est une œuvre commune (*hautè gar koinè amphoterois*).

dernières causes étant d'ailleurs objectivement identiques[1]. Or la conceptualisation possible de ces différentes causes est susceptible de revêtir plusieurs étapes qui marquent une progression dans la justification de la position paradigmatique de la *phusis*.

L'agent et le patient

En I, 1, 716 a 4-7, le mâle et la femelle peuvent être définis comme principes de la génération, le mâle (*arrèn*) désignant très précisément l'*arkhè tès kinesôs kai tès geneseôs*, tandis que la femelle (*thèlu*) s'offre originellement comme matière (*hôs hulès*). La femelle serait donc porteuse de la matière de la génération, quand le mâle possèderait le principe de mise en œuvre de la matière femelle pour la production d'un être vivant. Comprise à partir du modèle technique, de l'agent et du patient, ou cinétique, du moteur et du mobile, la matière est donc l'objet passif qui subit la modification inscrite en elle par le pouvoir actif du mâle. L'un, le mâle, est donc *to poiètikon kai kinoun*, l'agent et le moteur, l'autre, la femelle, *to pathètikon kai kinoumenon*, le patient et le mobile (I, 21, 729 b 16). Cela se fait en vertu d'une puissance, *dunamis*, et d'un mouvement, *kinèsis* inhérent à la liqueur séminale, au *sperma* du mâle, et dont l'action consiste en l'inscription d'une forme ou *morphè* dans la matière résiduelle de la femelle[2]. Cette description mécaniste de la génération qui, comme le dit Aristote explicitement en 729 b 14, prend les termes dans leur sens extrême, en faisant de la matière femelle un pur patient d'une action dont la puissance de modification lui est totalement extérieure, relègue la cause matérielle au statut de matière première. La nature des *katamènia* relève de la *prôtè hulè*, (I, 20, 729 a 32), est toujours caractérisée par l'impuissance que nous lui avons reconnue, l'incapacité à

---

1. Voir également dans la *Physique* I, 7, 190 b 1. Toutes les *ousiai* et les êtres qui sont *haplôs*, viennent d'un certain substrat (*ex hupokeimenou tinos ginetai*), substrat d'où provient l'engendré (*ex hou ginetai to gignomenon*) comme les plantes et les animaux à partir du sperme (*kai ta zôa ek spermatos*). Aristote examinant ensuite les modèles des générations absolues finit par conclure que toutes les générations se font évidemment à partir d'un sujet (*ex hupokeimenôn*), la semence pouvant donc désigner un substrat *ex quo*.

2. La *dunamis* a donc ici un sens actif qui ne la situe pas du côté de la matière. On retrouve le premier sens du terme exposé au livre θ de la *Métaphysique,* celui d'une puissance-pouvoir.

se mettre en mouvement soi-même, et qui ne peut que recevoir d'un principe extérieur la détermination qui en fait le composant d'un composé. Ainsi, en I, 22, 730 a 28-30, la femelle n'engendre pas d'elle-même, car elle a «besoin d'un principe, de quelque chose de mouvant et de déterminant» : voilà qui définit l'insuffisance, le manque double inscrit au cœur de la matière, alors que la forme a été caratérisée comme ce qui ne manquait de rien (*Physique*, I, 9).

La génération de l'embryon peut ainsi, pour l'instant, se couler dans la légitimité du modèle technique, et l'action du mâle sur la matière résiduelle de la femelle être comparée à celle du potier sur la glaise. L'art du potier imprime une *morphè* et un *eidos* sur la matière qu'il manipule, l'art et les mouvements mis en œuvre construisant toute une chaîne d'opérations qui réalisent le produit, mais demeure extérieure à la matière de celui-ci (I, 22). Le modèle démiurgique s'applique parfaitement à la génération naturelle, et la matière femelle ne semble pas plus active, plus vivante que la matière des productions artificielles. La matière est dans la femelle, dont est fait l'être qui est formé (*ex hès esti to dèmiourgoumenon*) (I, 22, 730 b 1-2). Dans ce modèle, la matière est une matière inerte, le sperme un simple instrument, *organon*, d'application de la forme par le biais d'un mouvement qu'il possède en acte, comme l'art du potier possède en acte le mouvement d'application de la forme ou figure. Tous deux répondent exactement à la question du principe *ex hou*, à partir duquel se forme ce qui est *kata phusin*, selon la nature (I, 18, 724 a 17-20). Car cela désigne *è gar hôs ex hulès autou è hôs ek prôtou kinèsantos*, le premier *ek* visant le principe interne qui a reçu une forme (724 a 24-26), le second désignant le principe externe (724 a 37-724 b 1)[1].

Mais il faut encore que puisse être justifiée l'efficacité de l'action spermatique : que fait-il de cette matière qui lui est apportée par la femelle, comme la matière est fournie à l'activité de l'artisan (I, 22, 730 b 26-27) ? Car il est le premier principe naturel de la génération, et

---

1. Aristote insiste sur la nécessité de cette dualité (I, 20, 729 a 24 *sq.*). Il est nécessaire qu'il existe un être qui engendre, et un être *ex hou*, revêtant des formes et des définitions distinctes, car là où les puissances sont différentes, il est nécessaire qu'il y ait des corps et des natures séparées, pour l'agent c'est le mâle, l'*hupokeimenon* primitif externe, pour le patient, c'est la femelle. Le mâle et la femelle désignent donc l'extériorité la plus radicale des principes de la génération.

en ce sens, ce dont dérive le caractère naturel de la production par application d'une forme à une matière : *kai hè phusis ex toutou ginetai*, c'est de lui que provient l'être en tant que naturel, c'est à partir de lui que se développe l'organisme naturel (I, 18, 724 b 32-33)[1]. Et il faut bien souligner que le sperme ne donne pas un composant de l'embryon, quelque chose qui s'y inscrirait à titre de partie, mais il produit la vie par la seule puissance qui réside dans la liqueur séminale : *zôopoiein*, tel est le verbe qui désigne son pouvoir de fabriquer un vivant (I, 21, 730 a 1-2). En ce sens il faut alors rendre raison de ce que, en tant que principe du mouvement à partir duquel un produit se forme, il dote le produit de son action d'un principe immanent de mouvement qui atteste de sa naturalité, de la vie, en l'occurrence, ici. Il faut engager une forme de dépassement du modèle techniciste[2].

Il est donc nécessaire que l'on puisse expliquer comment le sperme qui est principe à partir duquel mais hors duquel un embryon se forme, puisse offrir un principe de développement autonome qui explique sa participation à la vie. On ne peut en rester à la rationalité démiurgique de l'explication. Le sperme installe la forme dans la matière, seon un processus qui doit en faire la forme d'un être vivant. Et la nécessité d'expliquer l'inclusion de l'âme dans une matière donnée comme passive surgit également. Mais cela ne dispense d'aucune référence à la matière, même passivement délimitée. La puissance *dunamis* qui vient du mâle et de sa semence est ainsi

1. Cela fait écho au *phusei* de la *Physique*.
2. On peut lire, dans *Bulles*, Sphères I, de Peter Sloterdijk, Hachette, p. 36 *sq.*, de très belles pages sur l'« *anthropoiesis* » biblique, qui distinguent une première étape, dominée par le modèle démiurgique du potier, et une deuxième étape, marquée par le souci de justifier l'insufflation divine et pneumatique de la vie. Et cela modifie sérieusement les relations du créateur et de sa créature, dont l'intériorité bipolaire et l'unité dyadiques dépassent le clivage intrumental et statique du maître animé et de son outil inanimé. Dans la deuxième étape, et cette lecture de la genèse s'applique aussi bien, semble-t-il, à l'embryologie finale d'Aristote : « dès qu'est accompli le déversement du souffle vital dans l'autre forme, androïde, s'établit une relation réciproque, synchronisée et tendue de part et d'autre, entre les deux pôles de l'insufflation en fonction. Cela semble constituer la partie essentielle de l'artifice divin : lors de l'insufflation, on prend immédiatement en compte une contre-insufflation ». Cela recevra une résonance pleine lors de la description des mécanismes de l'hérédité, et de la réactivité de la matière femelle. Ce qui est important ici, c'est que dès que l'animation et sa modalité constitutive sont mises en place, les principes ontologiques se déplacent et leurs relations sont modifiées. Il faut introduire le couple de l'insufflant et de l'insufflé qui deviennent des « jumeaux ontologiques ».

marquée d'une double privation, puisqu'elle ne peut apporter ni la nourriture, ni la matière nécessaire à la formation du vivant (I, 19, 727 b 14-18).

Il faut donc procéder à un affinement de l'analyse, et concilier l'action mécanique du sperme sur la matière, qui tient à la validité partielle du modèle démiurgique avec la mise en œuvre de la matière pour la production d'un être vivant, capable de se développer, de se nourrir et de se reproduire.

La forme et la matière

Le sperme constitue un résidu de la nourriture parvenue à son dernier degré d'élaboration, puisque chez le mâle, la chaleur naturelle qui est la sienne, et qui est plus élevée que chez la femelle, a pu achever la coction du sang, dont la liqueur séminale ou le sperme résulte. Chez la femelle, l'insuffisance de chaleur interdit l'achèvement de la coction et la transformation en sperme. Le résidu sanguinolent qui fournit la matière des menstrues est celle-là même qui, soumise à l'action physiologique du sperme, va procurer la matière de l'embryon.

L'application de la forme à la matière, qui s'achève dans la constitution de l'embryon, est assurée par un processus physiologique quand on en reste au niveau mécanique de la description[1]. Ainsi, la chaleur du mâle achève la coction du résidu sanguinolent, et permet, par évaporation de l'humide (I, 19), le resserrement de l'élément terreux et la constitution d'une membrane qui sera celle de l'embryon (I, 20, II, 4, 739 b 20-26). Il y a coagulation de la matière femelle pour constituer une matière dotée d'une première forme qui est celle de l'embryon, dont Aristote affirme qu'il est un petit vivant (c'est le cas dans la génération de l'homme), puisqu'il est question de *zôotokein*, d'enfanter des petits vivants (II, 1, 732 a 33-34).

Mais cela ne s'arrête pas là, il n'y a pas de simple action mécanique de la chaleur, comme dans l'exemple de la présure du lait. L'action du sperme recouvre un spectre plus large : il est aussi ce qui

---

1. En IV, 4, 772 a 22*sq.*, Aristote formulera très clairement les limites du modèle mécanique, et des exemples de la présure du lait ou du suc de figuier, qui n'agissent que quantitativement, alors que la chaleur du sperme coagule quelque chose non seulement sous le point de vue de la quantité, mais aussi de la qualité (*hè men gar tou spermatos thermotès ou monon sunistèsi poson alla kai poion ti*).

est naturellement orienté vers toutes les parties du corps (I, 18, 725 a 22-23) et non pas seulement ce qui provient d'un corps. Car le sperme est en puissance ce que seront les parties en acte, c'est-à-dire qu'il contient les indications formelles quant à la nature, la grandeur et l'ordre d'apparition des parties. Le programme formel qui représente la modalité spermatique de l'existence en puissance des parties de l'embryon, est porté par le souffle (*pneuma*) qui est lui-même véhiculé par la chaleur du sperme[1]. La chaleur du mâle assure donc bien la coction du résidu sanguinolent, restée inachevée dans la femelle, la mise en mouvement de la matière femelle qui prend la forme de l'embryon, et la différenciation des parties, dans leur nature, mais aussi dans la chronologie de leur développement.

Pourtant, même en ce sens, la description reste incomplète, car le sperme demeure extérieur à l'embryon, il n'est que moteur et porteur de la forme, et sa matière s'évapore dès lors que la fécondation est achevée (I, 22, 730 b 11, II, 3, 737 a 11-12). On n'indique pas alors suffisamment la limite du modèle démiurgique, pas plus qu'on ne définit la production d'un organisme vivant, déterminé par l'immanence de son propre principe de mouvement et de repos. Or si le sperme est agent d'une génération naturelle et producteur du vivant, il doit aussi transmettre, avec la forme, une puissance de causalité de la forme. Il faut alors pouvoir comprendre comment l'intériorisation d'une *dunamis* assure la différenciation des parties et de leur développement, en prenant le relais du sperme extérieurement appliqué à l'embryon, ce qui revient à isoler, dans la conception de l'agent et du patient, et donc de la nature, la spécificité du vivant et de la *phusis*, ainsi qu'une causalité formelle active[2].

L'âme et le corps

Il faut, pour cela, commencer par enrichir le concept de matière qui détermine l'apport de la femelle. Déjà, la distinction formelle des

---

1. Aristote indique en II, 3, 735 b 37 – 736a 2 la nature gazeuse de la chaleur, le mélange d'eau et d'air chaud qui la constitue. Voir également I, 19, 726 b 17-18, II, 6, 743 a 26-29.

2. Ce qui revient à donner l'explication de l'apparition d'un corps en puissance de vivre, dont l'âme sera l'entéléchie première, selon les définitions aristotéliciennes classiquement connues du *De anima*.

principes de doit pas masquer -malgré la séparation de nature (*phusis*) et de corps revendiquée par Aristote, la proximité de nature des menstrues et du sperme, puisqu'il y a analogie de nature du liquide séminal et des menstrues, qui constituent tous deux des résidus de la nourriture parvenue à son degré dernier d'élaboration, sous la forme du sang (dont on sait qu'il offre la nourriture du vivant; I, 18, 725 a 11-13, I, 19), mais sous des formes résiduelles inégales étant donné l'inégalité d'achèvement de la coction du sang réalisée conformément au degré de chaleur inhérente à chacun des deux principes. Mais l'inégalité thermique des principes qui justifie l'impuissance relative de la femelle par rapport à la puissance motrice du mâle n'est qu'un mode physiologique de différenciation à l'intérieur d'une analogie de nature. Elle est cependant ce qui est à l'origine de la constitution biologique des principes formel et matériel (I, 19, 727 a 2 *sq.*)

Cependant, la communauté originelle de nature des principes permet d'ajouter à la caractérisation de la matière femelle un trait nouveau. Car elle n'est pas seulement ce qui est grévé d'une impuissance à opérer la coction (I, 20, 728 a 18-20), elle est aussi ce qui possède ce que l'animal sera par nature, une fois la coction réalisée : la matière résiduelle contient toutes les parties en puissance, même si aucune n'y est présente en acte (II, 3, 737 a 22-24, II, 4, 740 b 19-20). Or nous avons vu que la même chose était affirmée de la semence, aussi doit-on comprendre sans doute que dans le cas de la semence, il s'agissait d'indications formelles, dont la nature femelle ne contiendrait que la contrepartie matérielle [1].

L'apposition de la semence à la matière féminine assure donc la constitution de l'embryon, par coagulation du résidu sanguinolent, mais aussi la transmission du pouvoir causal de la forme sous la forme de l'inscription du principe interne formel de développement dont la matière résiduelle, femelle, fournit la contrepartie matérielle de différenciation. Le sperme, comme résidu de la nourriture et du sang est, dit Aristote, animé d'un mouvement identique à celui par lequel le corps s'accroît. Mais cela le rapproche davantage de la femelle qu'il

---

1. Ce qui justifie aussi que la semence ne persiste pas dans la composition matérielle de l'embryon, car ce n'est pas la substance du sperme (*kata ton onkon ton heautou*, I, 19, 726 b 18), mais une puissance qui est en lui, qui joue le rôle moteur déterminant (I, 21, 730 a 14-15). Cela répond à la question posée en I, 19, 726 b 17-19.

ne l'en sépare, puisque ce n'est qu'un degré de chaleur qui entraîne leur distinction. Le mâle peut donc coaguler la matière (niveau mécanique de la description) en lui imprimant le mouvement dont il est lui-même animé, et l'on atteint alors, ici même, le niveau biologique de la constitution.

Le modèle comprend dès lors le mode physiologique unique de coagulation (mécanique) et de transmission (biologique), par le biais de la chaleur qui assure l'ensemble des opérations, mais aussi la subordination de la chaleur, simplement instrumentale, à la causalité motrice qu'elle véhicule et qui s'offre comme une transmission de l'*eidos*. C'est ce dernier qui livre les indications formelles qui dirigent la constitution de l'embryon pris dans son identité spécifique, ainsi que le développement quantitativement et qualitativement programmé des parties (le *pneuma*)[1]. La puissance formelle de la semence rencontre ainsi la puissance matérielle de la femelle, et cela contribue encore à enrichir le modèle invoqué, car le sperme n'apporte pas n'importe quelle chaleur, mais une chaleur qui est également psychique (*thermotètos psukhikès* en II, 1, 732 a 18-19, *thermotèta zôtikèn* en II, 4, 739 b 23).

Cette chaleur psychique constitue le pouvoir physiologique du sperme et l'instrument de sa causalité formelle qui est la rationalité de sa présence motrice dans le modèle de la génération. Issu du générateur, ce sperme véhicule les indications formelles qui permettent au sang d'alimenter, à titre de principe nutritif et de croissance, mais saisi sous l'angle de la causalité formelle, la vie de l'organisme. Le sperme transmet, par le biais du souffle et de la chaleur, un principe qui commande la part formelle de son intervention matérielle dans la formation des parties de l'embryon, et réalise la mise en mouvement de la matière femelle (*to thermon kinètikon*, 732 a 20).

Aristote peut encore franchir une étape dans la modélisation. C'est ainsi que la femelle apporte le corps (déjà organisé par la puissance matérielle des parties), et que le mâle donne le principe moteur, soit l'âme et l'essence d'un corps particulier. Cela scelle un premier niveau de rapprochement des principes radicalement distingués jusqu'ici. Il ne faut d'ailleurs pas oublier que la matière féminine, c'est du sperme,

---

1. Voir à cet égard le modèle de l'épée, selon lequel c'est la chaleur qui rend le fer mou, alors qu'il revient à l'art d'orienter l'action de la chaleur.

mais privé de l'âme (en raison de la privation de chaleur) transmise par la semence. C'est du sperme mais non à l'état pur, et qui nécessite un degré supplémentaire d'élaboration (I, 20, 728 a 25-27).

L'intervention des principes de la génération fait l'objet d'une séparation qualifiée (I, 21, 730 a 21-23), le mâle apportant le principe du mouvement qui contribue à la formation du mouvement non pas selon la quantité (*ouk eis to poson*) mais sous l'angle de la qualité (*eis to poion*), tandis que la femelle apporte la matière et contribue à cette même formation *eis to poson*, dans l'ordre quantitatif du développement interne. C'est ainsi que le principe du mouvement détermine la matière, en lui donnant les indications formelles de ce dont elle possède la matière de développement. Le développement selon la qualité résulte de l'apport du *logos* et de l'*eidos*, soit de l'âme (II, 1, 732 a 4-6), le développement selon la quantité résulte de la façon dont la matière répond au programme qualitatif transmis, car la réponse semble être précisément une réponse quantitative qui permet de déterminer, à titre de condition descriptive du vivant, la part d'intervention de la matière femelle. Ainsi, en II, 1, 733 b 1-4, il est écrit que les animaux les plus parfaits produisent un petit qui est achevé quant à la qualité (*kata to poion*) tandis que pour ce qui est de la quantité (*kata to poson*), aucun des animaux n'est achevé, tout être produit se développant après sa naissance (littéralement : *lambanei auxèsin*).

L'intervention du mâle porte donc sur la constitution physiologique de l'embryon, et l'introduction du programme formel qui livre, avec les indications qui dirigent l'orientation de cette croissance, l'identité de l'animal. Quand le mâle s'introduit dans la femelle (733 b 20-21), *ta zôa sunistatai*, les animaux se constituent, *kai lambanei tèn oikeian morphèn*, et ils reçoivent la forme appropriée, celle qui définit leur appartenance à une espèce ou à un genre déterminés. Voilà donc qui situe plus précisément les raisons de la différence principielle, entre ce à partir de quoi (*ex hou*), la matière, localisée du côté de l'intervention quantitative et de la croissance, et ce sous l'action de quoi (*huph'hou ginetai ta moria*), les parties deviennent, grâce à la réception de la forme transmise par la semence qui a une âme, en possède une ou n'en détient qu'une partie (734 a 1).

Conduite par cette immanence d'un principe psychique, la constitution de l'embryon sous l'action d'une causalité formelle, devient constitution de parties animées, *ginesthai hekaston tôn moriôn kai empsukhon*, chacune des parties pouvant croître et devenir animée (II, 1, 734 b 24).

De cette façon, on justifie la spécificité de la production du vivant : le mouvement de la nature réside dans la chose même et lui advient d'une autre nature qui possède l'*eidos*, l'âme en acte. La matière est du côté de la puissance de développement matériel, selon les indications formelles transmises par l'âme, dont la causalité formelle est servie par la causalité motrice, physiologique, vitale, psychique, instrumentale de la chaleur. Cependant, si l'on a progressé, ce schéma lui-même demeure insuffisant, en ce qu'il ne rend pas justice à l'étendue de la causalité matérielle [1]. Il faut pour cela passer à un niveau supérieur de constitution du modèle aristotélicien de la génération.

Deux niveaux d'âmes

La semence, comme l'embryon, sont des êtres vivants, ou du moins ne le sont pas moins que les plantes. Ils sont donc vivants de la vie des plantes (II, 2, 736 a 32*sq.*), l'embryon ne pouvant être considéré comme absolument inanimé, et cela même s'il n'a que la puissance d'un être vivant. Aristote semble dès lors étager la vie de l'embryon selon la chronologie d'apparition des différentes âmes, végétative, nutritive, sensitive, intellective (l'intellect lui advenant du dehors, c'est la fameuse et épineuse thèse du *nous thurathen*, 736 b 27-28), et il faut alors concevoir l'entière animation de la matière par la semence comme l'intervention d'un programme formel qui est aussi celui d'un développement psychique de l'embryon. Ainsi, toutes les âmes sont possédées en puissance, puis s'actualisent selon un ordre déterminé (II, 3, 736 b 14-15). La semence se trouve désormais investie d'une part de principe psychique (737 a 8), tandis que la femelle est un mâle mutilé, et les règles sont une semence, mais qui n'est pas pure, puisqu'elles sont déterminées par la privation de l'âme. Une seule chose manque, *tèn tès psukhès arkhèn*, le principe de l'âme (737 a 29-30), ce même principe qui caractérise par ailleurs le pouvoir formel de

---

1. C'est ainsi que É. Bréhier, dans son ouvrage sur Chrysippe remarque qu'il n'y a pas chez les Stoïciens, comme chez Aristote, de collaboration active de la matière (*Chrysippe et l'ancien stoïcisme*, PUF, 1951, p. 128).

la semence. Quand le résidu de la femelle reçoit ce principe, il se forme un embryon (737 a 33-34). L'opposition de la forme et de la matière est encore celle de l'âme et de la privation d'âme.

Pourtant Aristote nuance cette opposition radicalisée, qui désanime en quelque sorte la matière résiduelle et ne rend pas justice à ce que la génération d'un vivant est une action commune aux deux (II, 1, 732 a 10-11). La communauté de participation à la production du vivant semble jusqu'à présent exclure la femelle de toute fonction principielle dans l'explication du vivant. Mais Aristote ne tient pas toujours des propos aussi extrêmes.

En ce qui concerne la semence et l'embryon, il faut ainsi nuancer. La semède (et l'embryon) ne possède l'âme nutritive qu'en puissance (II, 3, 736 b 8-12)[1]. Pour l'embryon, il faut attendre, pour affirmer sa présence en acte, qu'il soit capable de se nourrir tout seul. Mais pour la semence, que lui manque-t-il ? Car elle ne possèderait alors que la puissance de transmettre la puissance de vivre à l'embryon qu'elle est également capable de constituer, et l'on serait ici cantonné au second sens de la puissance-potentialité considéré au livre θ de la Métaphysique.

On peut expliquer les choses en rappelant que pour Aristote, l'âme est l'entéléchie première d'un corps en puissance de vivre, de sorte que, dans une certaine mesure, le corps séparé de son âme ne puisse se voir reconnaître la possession d'une telle puissance. Il n'y aurait alors – ce qui rend toute explication génétique extrêmement problématique – que l'union effective de l'âme et du corps qui puisse apporter avec l'entéléchie première et le principe d'animation, la puissance du corps comme condition de l'exercice de la causalité psychique. En ce sens, la puissance (contrairement en cela à l'être artificiel) ne pourrait précéder l'être vivant, comme puissance du corps, et ne pourrait que lui demeurer interne, en demeurant en lui[2]. La distinction de la puissance

---

1. Car les semences et les embryons (*ta spermata kai ta kuèmata*) ne vivent pas moins que les plantes, et ils sont féconds jusqu'à un certain point (*gonima mekhri tinos estin*), II, 3, 736 a 33-35. Seulement l'âme nutritive est possédée en puissance (736 b 8-10), ce qui concerne bien entendu les embryons non séparés.

2. C'est ainsi que pour C. Freeland, il n'y aurait que la communauté matérielle du sang (relativement au mâle et à la femelle), qui pourrait se définir comme matière première du vivant, *ex quo*, et matière-de, comme l'est le bronze pour la statue, le bronze y conservant ses capacités à servir l'acte de scier qui était déjà la sienne auparavant. De

et de l'acte, du corps et de l'âme, ne pourrait œuvrer qu'à l'intérieur de la simultanéité physique des existences du corps en acte, soit doté d'une âme, et du corps en puissance, qui recevrait de la même âme sa puissance de vivre et du même coup, la vie en acte. On ne pourrait se livrer qu'à une abstraction logique sans possibilité de dissociation ontologique des termes correspondants et visés par la pensée, ce qui vaut aussi bien pour la puissance animatrice, qui ne pourrait précéder la matière à animer.

Au chapitre II, 4 *De la génération des animaux*, Aristote énonce cette définition de l'âme : l'âme est l'*ousia* d'un certain corps (738 b 26-27), ce qui se traduit aussi par une formule précédente : le vivant est un corps animé (*sôma empsukhon*, b 19-20). La difficulté tient alors à la répartition des interventions du mâle, *to dèmiourgon*, et de la femelle, qui procure la matière (b 20-21), car à l'évidence, cette distribution des rôles ne rend pas compte du coefficient naturel de la génération. À cela, Aristote substitue le couple déjà considéré, de l'âme et du corps, pour désigner, respectivement, les fonctions du mâle et de la femelle (b 25), mais qu'en est-il de ce corps et de cette âme, comme réalisations, dans le paradigme du vivant, des causalités de la matière et de la forme, s'ils n'offrent pas de principe plus ouvert de leur différenciation, de leur conceptualisation ? Cela tient-il au vivant, ou à une difficulté métaphysique touchant à la spécificité de ces principes ? La conceptualitation des rapports de la forme et de la matière ne peut s'arrêter à leur corrélation mécanique, à leur distinction logique, car ce n'est pas la formation d'animaux de bois et de pierre qui doit être expliquée, d'animaux simplement par homonymie. Il faut justifier comment, à chacun des stades de la génération, c'est un vivant qui est produit, et un vivant d'une certaine sorte.

Il faut donc l'immanence transmise de la causalité motrice et formelle de la semence, d'un principe interne de développement, un principe d'où dérive dans la suite, pour les animaux, l'organisation de

même, le sang est ce qui permet au corps de préserver la capacité d'une personne à être telle personne. À partir du moment où le corps est capable de fonctionner de la façon propre aux êtres humains, il reste potentiellement vivant quand il est en acte fonctionnant. Voir également Peter Sloterdijk, *op.cit.*, p. 323 : le sang qui, comme sang de l'un, est toujours sang de l'autre, serait aussi « le premier "lien" médial entre les partenaires de la dyade ».

leur corps (*hè diakosmèsis tou somatos*, 740 a 7-9). L'embryon, n'est qu'un animal imparfait (*atelès*) et en puissance (*dunamei*) (a 24-25). L'application de la semence ne l'a pas constitué comme vivant et animal en acte. Il est encore nourri par la femelle, dans la vie intra-utérine, doit ensuite se développer quantitativement jusqu'à ce qu'il soit en puissance un animal susceptible de se mouvoir localement, et c'est alors que l'on pourra lui attribuer l'âme nutritive en acte, lorsqu'il pourra se déplacer et gagner lui-même les lieux de son alimentation. Seulement il est nécessaire d'expliquer ce développement qui permet de passer de la puissance nutritive à la puissance de la locomotion, laquelle précède l'apparition de l'âme sensitive. Pour ce faire, on dispose de deux textes fondamentaux, mais dont l'extrême ambiguïté soulève autant de questions qu'elle est censée en résoudre.

Le premier texte figure en II, 4, 740 b 18-741 a 5. La différenciation des parties se fait en effet, nous l'avons vu, en vertu de l'action du programme organisateur formel sur sa contrepartie matérielle, qui semble tout entière résider dans la matière fournie par la femelle. Mais il s'agit moins ici d'une différenciation mécanique, selon l'équivalent d'une création formelle continuée des parties, que d'une différenciation ordonnée dans le temps à partir d'un principe intériorisé. Et c'est alors dans la capacité détenue par la matière femelle d'intérioriser le principe organisateur et ses indications formelles, livrées une fois pour toutes par la semence appliquée en un point de contact qui n'a plus lieu, que se jouerait la spécificité de la génération du vivant. On retrouverait alors cette capacité de réception de la matière, dont il avait été question en *Métaphysique* Δ, 4, mais sans que celle-ci eût été justifiée. Et ce serait la capacité à réagir dans le temps, hors du moment de l'application de la cause motrice, de la matière femelle, qui fixerait la particularité de l'organisme.

Toutes les parties de l'organisme vivant (cela va jusqu'à la constitution des anoméomères et des organes) sont contenues en elle en puissance, bien qu'aucune n'y figure encore en acte, et la puissance de l'âme nutritive, *hè tès threptikès psukhès dunamis*, apportée par la semence, semble-t-il, meut en acte, et donc se meut elle-même, en passant de l'état de puissance où elle était dans la semence à sa mise en œuvre qui est son acte, dès lors qu'elle rencontre le patient approprié qui est aussi bien la condition que l'objet de son acte. Le modèle de la *tekhnè* sert une nouvelle fois, mais pour souligner l'identité en acte du patient et de l'agent, au sein d'un mouvement qui est l'acte de l'art, et production en acte de la forme véhiculée par le mouvement. La forme est réellement cause de ce dont le mouvement et les outils sont les instruments. L'âme nutritive joue le même rôle : mise en acte par la rencontre de la matière appropriée, elle meut celle-ci en acte, en l'informant de ce dont elle est elle-même la capacité. Cette âme ex *arkhès*, depuis le début, réalise la formation de l'être qui advient naturellement (740 b 33-34). L'âme-principe dirige l'action de la chaleur, du froid, qui sont ses intruments et accomplissent l'œuvre du nutritif (*to threptikon*), qui assure l'existence du corps entier comme de ses parties, et de l'accroissant (*to auxètikon*), qui assure leur développement, et dont la force active l'emporte sur la précédente (II, 6, 744 b 34-36)[1]. Cette double puissance nutritive et de l'accroissement, définit la capacité, *hè poiousa dunamis*, de l'âme nutritive, comme principe générateur de tous les vivants.

Cependant, cette âme qui est livrée par le *pneuma* et la semence, si l'on tient compte de l'analogie de nature entre la matière des menstrues et le sperme, doit appartenir aussi, en un sens, selon un degré de puissance moindre certes, mais tout de même, si la matière féminine possède tous les organes en puissance et les indications formelles de la différenciation, à la matière. La matière femelle n'est pas inerte et s'offre comme un complexe hiérarchisé de puissances[2]. Du sang de la mère, elle tient une chaleur animale, même si potentiellement, et moindre que celle du mâle ; en tant que dérivant du sang, elle doit posséder, même si en puissance à nouveau, un principe vital (nutritif et accroissant). Mais elle semble également susceptible d'être dotée de

1. La matière qui fournit l'accroissement est identique à celle qui sert à former l'être à son début, de telle sorte que la puissance productive est la même dès le départ (*hè poiousa dunamis tauto to ex arkhès*, 740 b 35-36). Voir II, 4, II, 6, IV, 1, 766 a 12-13, ainsi que les *Parva Naturalia*, 474 b 1 *sq.*, où se trouvent explicitement identifiées la matière qui nourrit et celle de la génération.

2. Pour Kosman, la matière d'un animal n'est pas seulement ce en quoi l'animal consiste mais aussi une structure complexe de puissances instrumentales par laquelle il peut accomplir sa vie et son être formel. C'est en cela que le corps animal peut s'offrir comme paradigme de la matière en général, matière prise comme lieu d'une puissance instrumentale qui habilite cette entité à manifester son être en acte, et son *energeia* complexe. L'animal est ainsi paradigme de la matière comme « powerful » et non comme « stuffy », simple matériau du vivant.

l'âme nutritive en puissance, puisqu'elle va offrir la matière susceptible de répondre aux indications formelles [1]. Elle doit pouvoir constituer comme un corps vivant, sa matière devant demeurer comme une matière de l'embryon, et ne constituant pas seulement le support instrumental d'une cause extérieure, schéma dont nous avons déjà dénoncé l'insuffisance. D'ailleurs, en II, 5, 741 a 6-7, il est dit de la femelle qu'elle a la même âme que le mâle. La matière possède en puissance tous les organes que l'animal possèdera en acte, mais à titre matériel, tandis que le sperme n'en détient que la raison formelle.

On voit mal, dès lors, ce qui pourrait empêcher la femelle d'engendrer seule : elle semble qualitativement plus riche que le principe moteur, puisqu'elle procure la matière de l'embryon (que n'a pas la semence I, 19, 727 b 14-18), ainsi que la puissance de l'âme nutritive qui en fait un corps vivant. Et Aristote mentionne à plusieurs reprises le cas des œufs clairs qui vivent un laps de temps, sont donc vivants, même s'ils ne subsistent pas (par exemple, en I, 22). La question est d'ailleurs envisagée, et même qualifiée de raisonnable, 741 a 16 : c'est ce qui ouvre le deuxième texte, II, 5, 741 a 6*sq.*

Si la femelle possède la même âme que le mâle, et si la matière de l'embryon est le résidu féminin, pourquoi celle-ci ne peut-elle engendrer toute seule ?

C'est que la semence est également porteuse de l'âme sensitive, qui différencie l'animal des êtres simplement vivants. La matière résiduelle en est quant à elle dépourvue, et ne peut expliquer seule la production d'un corps vivant qui fût celui d'un animal (les œufs clairs vivent, mais privés de toute identité d'être à produire, ils ne peuvent constituer la matière perdurante d'un vivant) : la permanence de la matière est ici suspendue à l'animation par le niveau d'âme nécessaire. La matière et le pouvoir nutritif qu'elle doit pouvoir détenir en puissance ne peuvent se mettre en œuvre que si les indications formelles touchant à l'identité finale de l'embryon et de ses parties organiques sont intériorisées pour diriger le développement interne. L'essence du mâle comme générateur ne réside donc pas dans l'apport

---

1. Ainsi, J. Cooper, dans son article « Metaphysics in Aristotle's embryology », *Logique, biologie et métaphysique*, P. Pellegrin et D. Devereux (éd.), Paris, C.N.R.S, 1990, p. 58, situe le fluide femelle comme quelque chose d'intermédiaire entre le pouvoir nutritif du sang et le pouvoir informateur de la semence.

de la causalité psychique simplement dite, mais dans le niveau formel qui est celui de l'âme sensitive, quand la matière résiduelle pourrait se hausser jusqu'à la condition matérielle de l'âme nutritive dès lors possédée en puissance[1].

La répartition est cautionnée par le modèle des œufs clairs. Ils participent en un sens à la vie (*hôs metekhontôn tropon tina zôès*, 741 a 22-23), et ils ont une certaine âme en puissance (*tina dunamei psukhèn*, a 23), la toute dernière, *hè threptikè*, la nutritive, (a 25). Mais ces œufs clairs qui offrent une forme première de vie, et prouvent que la femelle est jusqu'à un certain point capable d'engendrer[2], n'offrent pas une vie proprement dite, parce qu'ils ne sont pas la condition de la reproduction du niveau de vie qui détermine l'identité de leur générateur. À un niveau de vie plus élevé que la vie végétative simple des plantes, l'échelle des puissances et des âmes fait de chacune d'entre elles la condition connexe de l'actualisation des autres pour la production d'un être vivant complet, doté de la puissance de se nourrir, de se développer, de se reproduire, de la puissance de poursuivre la permanence de vie qui définit son identité d'animal[3].

La causalité motrice de la semence n'est plus alors que celle de l'achèvement de la génération (*to arren epitelei tèn génésin*, 741 b 5-6), parce qu'elle fournit le dernier niveau de détermination formelle qui permet à ceux qui se situent en-dessous dans la hiérarchie complexe des puissances de l'âme d'exercer leur activité, comme dans le modèle des automates dûment compris, qui ne doit pas être lu comme simple répercussion mécanique du mouvement, mais comme capacité immanente de réaction de chacun des maillons de la série dès qu'est apposée la source externe et devenue minime, même si ultime, c'est-à-dire l'origine du réveil de son propre pouvoir causal.

La matière femelle n'est pas simple matière, simple impuissance, mais corps doté d'une capacité d'agir et de réagir, même si celui-ci ne s'actualise que sous la présence du principe sensitif qui livre les dernières (ou premières) indications formelles que le principe nutritif de

---

1. Ross, dans son ouvrage sur Aristote, *Aristote,* 1971, note 2, p. 170, et déjà à propos de II, 5, et de ce texte donc, soulignait que l'élément femelle possède l'âme nutritive et le souffle.

2. *Hoti dunatai mekhri ge tinos to thèlu gennan*, II, 5, 741 a 18-19.

3. On retrouve la perspective de M. Frede.

la femelle vient alors, et quasiment, remplir. Le pouvoir de réponse de la femelle réside donc, dans un premier temps, dans cette possession du principe élémentaire de toute vie qui, contrairement au principe détenu par le sperme, s'ancre lui-même dans le support matériel de son pouvoir de détermination.

On trouve ici une réelle concrétisation du désir abstraitement mentionné dans la *Physique*. Et la condition de la permanence de l'identité se trouve bien transposée du côté de la forme, du niveau formel le plus élevé, tandis que le dynamisme matériel, l'immanence du principe du mouvement, semble devoir résider du côté de la matière de l'embryon, de telle sorte que l'on obtienne bien effectivement un croisement des déterminations comparable à celui que M. Frede observait au niveau du traitement de la forme. Ainsi, quand ce dernier écrit dans son article, page 26, que « les formes existent de leur plein droit, tandis que les propriétés sont simplement la façon dont certaines formes sont réalisées à un moment ou à un autre de leur existence », on peut soupçonner dans la matière un dynamisme souterrain qui s'élancerait au devant de ces propriétés[1], et l'on ne devrait plus pouvoir prétendre, comme l'a pourtant fait Aristote, que la nature femelle ne soit qu'une défectuosité naturelle (IV, 6, 775 a 16-17).

Le rapport de la femelle et du mâle n'est donc plus seulement celui de la cause matérielle et de la cause formelle, de la matière et de la forme, du corps et de l'âme, ou de l'absence d'âme et de la possession de l'âme manquante. La spécificité de la génération naturelle tient à ce que l'application de la forme à la matière ne vise pas à produire l'union de la forme et de la matière pris comme deux termes opposés, mais comme deux niveaux d'âmes, chacun étant puissance de l'autre. Dès lors le passage par le modèle du vivant donne sens à la corrélation de la forme et de la matière, telle qu'elle est conçue sous sa modalité la plus étroite par l'ontologie aristotélicienne[2]. La matière femelle s'est en

___

1. Ce que l'examen des mécanismes de l'hérédité va en un sens renforcer en donnant une nouvelle illustration de ce rapprochement par croisement assimilateur des déterminations.

2. Pour Kosman, les corps des animaux sont les paradigmes adéquats de ce qu'est la matière généralement comprise, car il s'agit de comprendre que la matière n'est pas seulement le constituant d'une entité, mais aussi le lieu d'une puissance instrumentale qui habilite cette entité à manifester son *energeia* complexe, son être en acte. C'est en ce sens que la conception instrumentale et biologique de la matière semble donner un compte

effet vue investir d'une matière analogue à la matière spermatique, d'une présence en puissance et matérielle des parties de l'organisme, d'un principe nutritif en puissance d'agir, et appelant l'âme sensitive comme la source de leur commune mise en œuvre [1]. Le pouvoir causal et formel de la semence est quant à lui caractérisé par une âme nutritive possédée en puissance, une âme sensitive présente de la même façon, et qui visent toutes deux, comme condition de leur commune actualisation, l'existence de la puissance active de l'âme nutritive (par rencontre du patient approprié), et celle de la matière du développement (lequel présente déjà un certain degré d'autonomie).

Le modèle embryologique de la causalité métaphysique de la forme et de la matière nous livre une hiérarchie organisée des actes et des puissances comprises dans l'union de l'âme et du corps et leur corrélation indissociable. La matière n'est plus seulement la permanence inerte. Elle est également inséparable, ou ne l'est que par abstraction *kata ton logon*, de la femelle d'abord, de l'embryon ensuite. Elle rend raison de ce désir de la forme qu'Aristote n'avait pas autrement thématisé, et qui se donne ici comme l'appel au niveau d'animation qui enclenche l'intégralité du dynamisme vital. Elle est traversée de cette aspiration à l'âme qui la requiert également comme lieu réagissant de son application.

rendu exact de la matière en général, écrit-il, distinguant la matière du corps vivant de celle de l'être artificiel qui ne dispose d'aucun principe efficient qui soit immanent.

1. B. Besnier, dans son article « L'âme végétative chez Aristote », *Kairos*, n°9, 1997, p. 53, a clairement établi que la chaleur vitale n'est que l'instrument de l'âme nutritive et ne peut donc se substituer à elle comme principe complet d'explication de l'embryon et de l'alimentation. Cela scinde l'aspect purement matériel du rôle formel de l'âme nutritive. Mais la distinction se complique ici de l'impossibilité d'expliquer ce développement par l'âme nutritive, instrumentalisant la chaleur, sans passer par la façon dont la matière implique une puissance de cette âme qui enveloppe un autre niveau d'âme comme sa nouvelle condition d'actualisation, non pas instrumentale, donc, mais hypothétique et conditionnelle. L'auteur de l'article pose d'ailleurs clairement une forme de la question : « Ce qui demeure mystérieux, il faut l'admettre, c'est que cette information de la mobilité de la chaleur vitale puisse se transmettre au cours de la procréation, et qu'elle demeure ainsi l'instrument de la perpétuation de l'espèce ». Le mystère reste le même pour la question du rapport de la matière à la forme (âme) ou de celui de l'âme nutritive en puissance et de l'âme sensitive en puissance.

Les mécanismes de l'hérédité

Ils sont complexes, aussi ne sera-t-il présenté ici que ce qui sert à Aristote pour doter la matière d'une véritable réactivité qui en fait, non la pure matière d'une causalité formelle, mais un principe de détermination indirect, à certains degrés, de l'identification formelle du produit vivant. De telle sorte qu'Aristote ne peut plus ensuite dissocier la matière et la forme que comme deux modalités, et non plus deux principes distincts, passifs et actifs, de la causalité unique et active de la *phusis*, et envisage la possibilité pour la nature selon la forme de ne pas l'emporter sur la nature selon la matière [1].

Le mécanisme général, tel qu'il est principalement présenté au chapitre IV, 4 [2], peut faire l'objet de la synthèse suivante. L'existence des mouvements présents dans le sang, et qui correspondent à la présence des puissances, est de l'ordre de l'indication formelle chez le mâle, et matérielle pour la femelle, mais incapable de prendre effet sans le mâle, et cela même si, à son tour, la semence elle-même peut demeurer impuissante sans l'apport de la matière résiduelle de la femelle. Il faut donc montrer comme celle-ci possède la capacité de répondre à cette causalité, y compris quand il s'agit de lui résister. Les mouvements dans le sang appartiennent à la matière et au sang de la femelle, pris comme matière, les mouvements dans le sang appartiennent à la semence comme source de la mise en forme de la matière.

Mais l'ensemble de ces mouvements n'est pas uniforme. Ils constituent un ensemble complexe de mouvements détenus en acte et de mouvements détenus en puissance, ceux possédés en acte concernent un emboîtement de traits qui vont du plus particulier (traits de ressemblance à Coriscos) au plus général (dans la lignée du mâle, de l'homme, de l'animal, de l'être vivant), et ceux qui sont simplement en puissance reprennent la même série de caractères mais le long de la généalogie du générateur, du père, ainsi que les mouvements correspondants qui sont ceux de la femelle (768 a 11-14) [3].

---

1. Ainsi, en IV, 4, 770 b 16-17 : *hotan mè kratèsè tèn kata tèn hulèn hè kata to eidos phusis*, quand la nature selon la forme ne domine pas celle qui est selon la matière.

2. On pourra aussi se référer à l'article remarquable et déjà cité de J. Cooper.

3. L'explication de ce passage permet à Cooper d'introduire dans la semence la double linéarité des mouvements en puissance, celle de la lignée paternelle, et celle de la lignée maternelle que la semence contiendrait dès lors en puissance (comme elle possède

Lors de l'introduction de la semence dans la matière résiduelle de la femelle, la rencontre de la forme portée par la semence et de la matière, ou la détermination et la mise en mouvement de la matière par la chaleur psychique contenue dans la semence, s'offre en réalité comme un rapport physiologique des forces respectives des mouvements contenus dans le sang[1]. Si le mouvement en acte du mâle domine, le produit sera un mâle, dans le cas contraire, ce sera une femelle. Voilà pour la détermination du sexe. Mais selon les autres mouvements dominateurs en acte, l'on obtiendra un produit mâle (ou femelle) ressemblant à Coriscos, ou à la mère (premier niveau de ressemblance), et selon les mouvements en puissance, à leurs ancêtres respectifs, selon le plus ou moins grand degré d'éloignement dans le relâchement de ces mouvements (*luein*). Si le mouvement qui vient de Coriscos ne l'emporte pas, mais que celui qui vient du mâle domine, on aura un mâle qui ressemblera à la mère ; si le mouvement qui vient de Coriscos l'emporte, et non celui qui vient du mâle, on aura une femelle à la ressemblance du père.

Il y a donc deux éléments qui interviennent, et il s'agit de voir si le mouvement dominateur relève du mâle ou de la femelle et à quel degré

en puissance l'autre niveau d'âme), afin de justifier le fait que le mâle puisse assurer la transmission de traits formellement détenus par l'embryon, des traits de ressemblance à la lignée maternelle qui n'étaient que matériellement compris dans les menstrues. La semence possèderait ainsi en acte, les traits concernant le père, le fait d'être mâle, homme et animal, et en puissance, les traits concernant les ancêtres (puisque ce ne sont pas des traits actuellement revêtus par le père et donc susceptibles de figurer comme tels dans le sang), ainsi que les mouvements de la femelle (si le mâle doit bien être la seule source de détermination formelle de l'embryon, et s'il est alors nécessaire de construire une théorie qui implique cette possession potentielle comme condition du pouvoir causal de la semence quand il faut expliquer la ressemblance à la mère). Cooper le remarque clairement : « By assigning the mother's mouvements to the father at the level of potentiality he insists, as he thinks one must, on the male's exclusive rôle as source of the offspring's form. Accordingly, in his theory of inherital resemblances Aristotle carefully denies any formative, active, creative rôle on the part of the female in bringing this form into existence. », p. 75. Toutes ces remarques tiendraient donc, chez Aristote, à la volonté d'éviter de trouver une deuxième source indépendante de la détermination de l'embryon.

1. Mais il ne faut pas comprendre pour autant, remarque Cooper (p. 61), que ces mouvements du sang chez la femelle désignent une activité indépendante et générative. C'est en tant que résistance matérielle à la détermination par les traits formels véhiculés par les mouvements du sang qui sont ceux du mâle, que les mouvements de la femelle peuvent intervenir, non pas directement, mais relativement, dans la détermination du produit.

de puissance ou d'acte il faut situer ce mouvement chez le mâle dominant ou la femelle résistante. Car le mouvement du mâle peut l'emporter, mais celui de Coriscos peut s'être résolu en celui de son père ou de son grand-père, et l'on aura alors un mâle mais à la ressemblance du père ou du grand-père. La domination décide donc de la lignée femelle ou mâle (selon l'action des mouvements en acte, qui concernent le mâle et le père), tandis que le degré de relâchement (*lusis*) décide du niveau, dans chacune de ces lignées continues, de la ressemblance qui décidera du caractère hérité.

Mais cela s'adosse à un principe mécanique d'explication qui nous fait revenir à la théorie du moteur et du mobile. L'agent exerce en effet une action modificatrice sur le patient mais il peut, comme agent (*to poioun*)[1], subir une action de la part du patient (*paskhei hupo tou paskhontos*, 768 b 15-16), et c'est cette action en retour qui explique le relâchement des mouvements (*tou luesthai tas kinèseis*), et la production des traits de ressemblance aux ancêtres. Il y a donc une résistance de la matière qui ne se laisserait pas dominer, soit en raison de la faible puissance de l'agent, soit en raison de la quantité et de la froideur de ce qui devrait subir la coction et être par là même déterminé (*diorizomenou*), (768 b 25-27)[2]. Ce serait là le seul mode d'intervention de la femelle dans la détermination. C'est en raison de la résistance matérielle au pouvoir d'information par les mouvements du sang provenant du mâle, que l'embryon hériterait des traits de la femelle. La causalité formelle optimale ne peut aller jusqu'à son terme, et régresse vers les mouvements en acte plus éloignés, ou vers les mouvements en puissance.

Le cas extrême de l'échec dans la domination de la matière (*tès d'hulès ou kratoumenès*) résidant dans la production d'un embryon qui ne possèderait que le trait le plus général de l'humanité (769 b

---

1. La semence est aussi *to dèmiourgoun* (766 a 15, 767 a 19, 768 a 16).

2. Mais cette réactivité qui affaiblit la semence ne contredit pas le fait qu'il lui revient bien de transformer les mouvements de la matière (femelle) en mouvements formels dans la matière (de l'embryon), ce qui expliquerait que le relâchement se fasse dans les traits de la femelle détenus en puissance par la semence du mâle, dont le pouvoir d'information affaibli serait la cause de l'imposition de ces traits qu'on lui attribue à titre de mouvements formels potentiellement détenus, alors qu'ils sont matériellement présents dans la matière femelle.

11-13), mais qui pourrait être un bœuf avec une tête d'enfant, par exemple.

On obtient dès lors, dans cette tentative de cerner ce qui pourrait être la contamination de l'idée de matière par le modèle du vivant, et par le concept de corps du vivant, une animation de la matière, au sens où on la préserve de l'inertie en la dotant d'un complexe hiérarchisé de puissances, qui la place au plus haut degré de corporéité ou de préparation du corps vivant qui résultera de l'application de l'âme (II, 4-5), et en introduisant, avec celle-ci, une étroite corrélation de la matière et de la forme, chacun des principes passant par la référence à l'autre comme condition de sa propre actualisation, de telle sorte que l'être vivant ne semble pas pouvoir se résoudre dans l'analyse de ses composants. On aurait alors deux principes, séparables par la pensée, mais dont la conjonction dans le composé serait définissable comme seul principe d'être, d'identité et de permanence.

On obtient également un support mécanique et physiologique de cette corrélation, qui autonomise cependant la matière et la forme qui, s'ils ne peuvent plus être compris comme des principes indépendants, sont cependant maintenus dans leur distinction par l'idée polémique d'une résistance ou d'une réactivité à la mise en présence des mouvements sanguins respectifs, saisis sous l'aspect de leurs différentes déterminations, quantité de matière, degré de chaleur ou de froideur, puissance du mouvement, degré de puissance de chaque mouvement (par rapport à ceux qui lui sont contigus dans chaque lignée).

On a bien dès lors deux modalités de la *phusis* (c'est le fruit de l'unification et de la corrélation), mais qui restent deux ordres distincts de la causalité naturelle, *kata tèn hulèn*, *kata to eidos*, et dont il faudrait trouver un mode d'harmonisation possible, de *summetria*, dans l'union du mâle et de la femelle, comme le dit Aristote qui invoque le principe d'une médiété (*ton tou mesou logon*) pour assurer la composition réussie des déterminations apportées par chacun d'eux (IV, 2, 767 a 19-23).

LE PRINCIPE DE LA MATIÈRE

Un progrès a ainsi été marqué depuis l'idée de permanence passive et inerte de la matière pour elle-même. La matière intervient, même si réactivement, comme principe déterminant, au sens où des déterminations individuelles relèvent du principe matériel de la femelle en raison de son pouvoir de résistance à l'aspect physiologique de la causalité motrice du mâle et donc à son propre pouvoir de détermination. En ce sens, le désir de la matière reçoit une signification réalisante, dans la mesure où la matière joue un rôle dans l'identification finale de la forme du produit engendré[1]; et cela même si l'orientation positive du désir ne se réalise ici, semble-t-il, que sous la fome de l'orientation inverse du désir comme retrait hors de la causalité formelle, ou résistance opposée à son propre pouvoir de décision et d'information, et même si les indications formelles doivent être élevées de leur mode matériel de présence dans la matière à leur mode formel de présence dans l'embryon, par le sperme lui-même[2].

La matière comme la forme sont des principes indissociables, étroitement corrélés, selon la distinction et la jonction des niveaux d'âmes, selon la distinction et la corrélation de l'acte et de la puissance. Ils sont tous deux *kata ton logon*, deux principes de détermination (la matière est aussi, bien que sous une forme particulière, un substrat déterminant), deux principes de permanence, sujets ultimes de la vie de l'être vivant et animé. En ce sens, il y a eu moins échange des déterminations que resserrement des deux principes autour de déterminations communes, et qui les désignent comme deux modalités de la *phusis* prise comme immanence causale[3].

---

1. La matière du corps vivant est ainsi enrichie de la possession d'une âme en puissance et de la présence de traits matériels entrant dans l'identification formelle.

2. Coorper explique cela par analogie avec le travail du statuaire. Les mouvements potentiellement détenus par l'artisan, et attribuables à une résistance de la matière, sont la condition rétrospectivement établie du résultat formel dans la matière de la statue, obtenu par le rapport de l'action de l'intention de formation et de la résistance opposée par la matière et ses distinctions matérielles. Ce n'est qu'en ce sens que l'embryon hériterait de caractéristiques de la matière femelle, mais qui auront dû être traduits, de l'aspect matériel de leur causalité (résistance, masse, chaleur, etc.) en l'aspect formel des traits dont elles sont la traduction dans l'embryon.

3. M. Crubellier et P. Pellegrin, p. 284-285, n'abordent pas la difficulté de répartition des puissances du sperme et de la matière féminine comme principes génératifs, pas plus

Mais peut-on aller plus loin encore, et tirer de cette convergence, dans le détour par le paradigme du corps vivant, des caractéristiques de la forme et de la matière, un modèle explicatif de l'unité du composé, dont le principe réside prioritairement dans la quiddité, et dont la réalité naturelle devrait offrir une réalisation exemplaire (Z, 17)? La réponse, on le sait, se trouve en H, 6[1]. Il n'y a plus à chercher la raison et la différence de la puissance et de l'entéléchie, soit la raison de l'union de la forme et de la matière, qui sont une seule et même chose, l'un sous l'aspect de la puissance, l'autre sous l'aspect de l'acte. Il n'y a pas à chercher d'autre cause de l'unité de la substance que ce qui produit le passage de la puissance à l'acte[2]. Perçu à la lumière de la théorie de la génération, nous pouvons faire de la forme, qui se produit en acte dans la matière en déterminant celle-ci et en l'actualisant, la cause de ce passage.

Dès lors, le passage par le vivant compromet bien, semble-t-il, la distinction claire des principes qu'offre en revanche le modèle technique. Il lui substitue une corrélation des principes dont la nature principielle ne s'exprime que dans leur composition (II, 5), et une indépendance, relative, sous la forme d'une réactivité, mais qui n'est encore que le fruit de la corrélation, qui ne porte pas atteinte à la distinction des pouvoirs formel et matériel, mais ne dissocie pas

que la distinction des mouvements en acte ou en puissance présents dans la semence pour rendre raison des traits héréditaires. Au contraire, D.M. Balme, « Aristotle's biology was not essentialist », *Philosophical issues in Aristotle's biology*, p. 292, retient cette idée d'une influence formelle secondaire de la matière femelle (I, 730 a 24 -b 32, IV, 768 a 10-20). Dès lors, la définition de l'essence ne peut jamais être une description formelle complète, puisqu'elle exclut toujours des accidents matériels (sexe, couleur) qui sont pourtant inscrits dans la forme transmise par le mâle.

1. Pour Cooper, p. 83-84, Aristote ne sortirait pas, dans *De la génération des animaux*, des formes spécifiques, et n'atteindrait pas l'individualisation de la *Métaphysique*.

2. Et il semble qu'à cet égard le détour par l'embryologie servirait mieux les intentions de A. Jaulin, que la seule dynamisation du langage physique des principes. Dans son article, déjà cité, p. 29, A. Jaulin écrit que : « La matière est donc proche de la forme et ne s'oppose pas à elle ; seul s'y oppose le contraire négatif » ; p. 30 : « Les analyses montrent que dans le devenir, la matière est certes l'élément neutre entre les contraires (*Mét.* H, 5), mais elles montrent aussi qu'il y a une nécessaire adaptation de la matière à la forme, ou un rapport fonctionnel entre elles : n'importe quelle forme ne peut se réaliser (ou être réalisée) en n'importe quelle matière » ; p. 31, enfin, l'hylémorphisme aristotélicien est l'affirmation de la convergence de la matière et de la forme. On voit comment le modèle de la génération donne un sens remplissant à la pertinence de ces remarques.

non plus l'identité du produit de cette corrélation. Et il donne sens à un certain nombre de thèses ontologiques, voire même physiques (concernant la tension désirante de la matière pour la forme), qui sans lui, pourraient être reléguées dans l'abstraction théorique alors que, réaménagées par lui, elles offrent la possibilité de donner à penser l'énigme du corps qui s'épanouit dans le corps vivant. Et c'est ainsi que l'on pourrait souscrire à la remarque formulée par W. Charlton[1] : l'identité, le même comme espèce de l'un, l'identité comme mode de l'unité et de l'identité à elle-même d'une substance ne serait jamais clairement expliqués, élucidés chez Aristote, et relèveraient de l'ordre d'un fait brut et inexplicable. On devrait alors se contenter de cette hiérarchie des degrés qui valorise sans justifier pleinement : la forme serait simplement plus l'être de la chose que le reste de ce qui intervient dans sa génération et dans sa composition, et l'on retrouverait un argument, formulé dans la *Métaphysique*, B, 2, où le *mallon* qui privilègie l'idée de la forme par rapport à toutes les autres causes (dont la matière), et à toutes les autres modalités de la substance, viendrait se substituer aux autres tentatives pour déterminer ce que n'indétermine qu'un moindre degré d'être. Le corps vivant, plus corps que tous les autres, offrirait l'illustration suprême des conditions de pensée de tout corps en général, comme il dénoncerait, en dehors de cette exemplarité spécifique, l'énigmaticité de la pensée des principes de tout étant, fût-il de corps inerte, ou de corps vivant.

Marie-Hélène GAUTHIER-MUZELLEC
Université d'Amiens

---

1. « Aristotle on Identity », in *Unity, Identity, and explanation in Aristotle's Métaphysics*, p. 50.

LE CORPS MYSTIQUE DANS LA THÉOLOGIE CATHOLIQUE

« Qu'on s'imagine, dit un fragment de Pascal, un corps plein de membres pensants » [1]. De cette imagination, le langage quotidien porte profusément témoignage : nous sommes « membres » d'associations, voire de « corporations », lesquelles ont quelqu'un à leur « tête », que son « bras droit » peut seconder ; nous pouvons être « incorporés » dans l'armée, et la police recherche avant tout le « cerveau » d'une organisation criminelle, néfaste pour le « corps social ». Par là, le corps humain (la personne humaine) qui forme en son ordre une totalité, est assimilé à un organe d'une plus vaste totalité et d'un organisme plus puissant, hors desquels il ne saurait ou ne devrait vivre. N'y va-t-il que d'une image sans fondement dans les choses mêmes, ou cette analogie peut-elle être rigoureuse ?

La philosophie politique antique l'a entendue avec force, encore que selon des directions de sens diverses. Outre la célèbre fable de Menenius Agrippa, lors de la sécession de la plèbe romaine, rapportée par Tite-Live et bien d'autres historiens, laquelle concerne plutôt les classes sociales que les individus, et n'est pas développée philosophiquement, cette analogie se présente dès les premières pages de la *Politique* d'Aristote : la cité est naturellement antérieure aux individus de la même façon que la totalité du corps est antérieure à ses membres. Séparée du corps, une main n'est plus une main, puisqu'elle n'en peut

---

1. *Pensées*, Brunschvicg (éd.), § 473.

plus accomplir les fonctions. Nous ne pouvons être proprement des hommes qu'en étant membres de la cité, où seulement se vit la vie humaine, opposée à la vie des bêtes comme à la vie des dieux. Ailleurs, Aristote inverse la comparaison, en assimilant la vie d'un organisme à celle d'une cité bien constituée et administrée [1]. Mais c'est surtout le stoïcisme, avec son admirable sens de la communauté humaine, qui donna de multiples expressions à cette analogie. Il l'élargit de la petite cité à laquelle nous appartenons politiquement à la grande cité et au grand corps qu'est le monde, et en thématise les fondements [2].

L'accent peut largement varier d'un terme à l'autre : de ce que nous soyons membres d'un tout plus grand que nous, faut-il en premier lieu déduire un devoir de sacrifice de l'individu pour la communauté, ou un devoir de sollicitude du grand corps pour chacun de ses membres, requis pour la perfection et l'intégrité de sa vie, fût-il le moindre et le plus faible ? De ce qu'il n'y a pas de corps sans tête, faut-il tirer comme Sénèque une idéologie impériale, où l'empereur, en l'occurrence Néron, est la tête et l'âme du grand corps social, ou comme Aristote la pensée que dans un corps bien constitué il n'est pas nécessaire que l'organe central veille à tout instant sur chaque opération de chaque membre particulier [3] ?

Au-delà des philosophies, voire des idéologies, très diverses à l'appui desquelles cette analogie peut venir, il demeure que son pouvoir éclairant et roboratif repose sur une fondamentale obscurité et une faiblesse constitutive. La comparaison d'une collectivité humaine à un unique vivant illustre fort bien notre nécessaire solidarité et notre indispensable collaboration pour une tâche commune. Mais la vie n'est pas une œuvre, et vivre n'est pas seulement, ni d'abord, œuvrer. De ce grand vivant, qu'est-ce qui constitue précisément la vie, et en quoi les actes de sa vie, comme telle, résident-ils ? Quel est le pain qui le nourrit, quel est le sang qui circule en lui, quel est son rapport à la

---

1. *Politique*, I, 2, 1253 a 20-29 ; *Du mouvement des animaux*, X, 703 a 28-703 b 2.

2. Cf. par exemple Epictète, *Entretiens*, II, 5, 24-27, et pour d'autres références, le bel article, aux conclusions toutefois discutables, de W. Nestle, « Die Fabel des Menenius Agrippa », *Klio*, XXI, 1926-1927, p. 350-360.

3. Sur les développements politiques de cette analogie, voir l'ouvrage de grande portée de E. Kantorowicz, *Les Deux Corps du roi*, trad. fr. Genet, Paris, Gallimard, 1989.

mort ? Le vivre de ce vivant supposé reste dans l'indétermination et dans l'ombre.

Cette ombre est propice aux monstruosités qui nous feraient devenir comme les feuilles d'un arbre, ou les fragments d'une immense barrière de corail dans l'océan de la vanité. À cette indétermination en répond une autre : si le droit a peu à peu forgé la notion de « personne morale », nul ne la confond avec une personne physique. Quelle est la personnalité, s'il en a une, de ce grand vivant auquel nous appartiendrions, quelle est précisément, pour parler en des termes moins anachroniques pour la pensée antique, l'âme de ce grand corps, et sur quel mode peut-elle être nommée telle ? A-t-il une parole, a-t-il une intelligence, peut-il dire je et répondre de soi ? Si le « corps plein de membres pensants » ne pense pas et ne vit pas, l'analogie sera ou bien fort ténue ou bien tout à fait tératologique. Mais s'il vit et pense, il faut mettre en lumière avec rigueur ce que sont cette vie, cette pensée, cette personnalité. La philosophie antique ne l'a pas vraiment fait.

C'est pourquoi, lorsque saint Paul désigne l'Église comme « Corps du Christ » et médite pour la première fois cette pensée fondatrice pour le christianisme, une rupture radicale, aussi neuve que la révélation chrétienne elle-même, a lieu. Il est vrai qu'il trouve largement répandue dans la culture de son époque l'analogie entre une communauté et un organisme, avec son histoire déjà longue, mais, contrairement à ce qu'affirment certains doxographes pour lesquels il n'y a jamais rien de nouveau sous le soleil, il renouvelle et transfigure cette analogie commune en la chargeant d'un sens et d'une portée inconnus de Tite-Live, d'Aristote ou des Stoïciens. Aux questions qu'elle soulève, il répond beaucoup plus fermement et nettement, et de façon tout autre qu'ils ne l'ont jamais fait, ni pu le faire.

L'intime appartenance de la communauté chrétienne au Christ se révèle à saint Paul alors qu'il est encore Saul et persécute les chrétiens. Lors de sa conversion sur le chemin de Damas, il s'entend dire par le Christ : « Pourquoi me persécutes-tu ? » et « Je suis Jésus que tu persécutes »[1]. Comment penser qu'en portant atteinte aux chrétiens on persécute le Christ lui-même ? De nombreuses pages des épîtres de saint Paul répondent à cette question, d'une réponse qui va au-delà de

---

1. *Actes des Apôtres*, IX, 4-5. Les citations bibliques sont faites dans la traduction de la Bible de Jérusalem.

cette seule question [1]. La *Première Épître aux Corinthiens* fait de notre corps un « membre du Christ » et un « temple du Saint-Esprit », et elle oppose notre union à la prostituée et notre union au Seigneur, comme deux possibilités adverses (VI, 12-20). Il ne s'agit encore que du corps individuel, en tant qu'il est le lieu même de notre être, comme de notre être avec l'autre, et donc le lieu où se décide notre perte ou notre salut. Plus loin, à propos de l'eucharistie, saint Paul écrit : « Parce qu'il n'y a qu'un pain (le corps du Christ), nous ne sommes qu'un corps, car tous nous participons à ce pain unique » (X, 16-17). Le corps collectif des chrétiens tient son unité de ce qui lui donne sa vie et l'entretient, sa nourriture. Le même et unique pain unifie plus que tout autre repas, où chacun ne mange que sa propre part, car en recevant un fragment du pain rompu, c'est le Christ entier que chacun reçoit.

L'unité du corps collectif se fonde dans les sacrements du baptême et de l'eucharistie. Par là, est arrachée à toutes ses significations antérieures l'assimilation de chacun à un membre, œil, oreille ou pied. Certes, chacun a sa vocation, sa fonction, sa mission propres, et cet aspect peut rappeler les apologues antiques, mais cette vocation est un appel du Verbe divin. Seule la grâce divine fait vivre les membres comme tels, et c'est elle qui, dans sa perpétuelle nouveauté et son constant surcroît par rapport à toute attente et à toute organisation humaines, se dispense en une diversité de dons où se donne le même Esprit. « Vous êtes, vous, le corps du Christ, et membres chacun pour sa part » (XII, 27) : en étant le corps du Christ, les membres sont unis par l'amour, et leur rapport dépasse celui de la collaboration à une œuvre commune. La joie ou la souffrance de chacun est aussi celle de tous, et les membres « que nous tenons pour les moins honorables du corps sont ceux-là mêmes que nous entourons de plus d'honneur » (XII, 22-26). Il est lourd de sens que ces considérations sur le corps et les membres précèdent immédiatement, dans cette épître, l'hymne célèbre à la charité. Le « corps » n'est pas seulement un schème, très général, pour l'unité dans la diversité. Jean Tauler, le grand mystique du XIVe siècle, dira à ce propos que « l'œil voit tout le corps et ne se voit

---

1. Cf. les remarquables études de P. Benoit, « Corps, tête et plérôme dans les Epîtres de la Captivité », *Exégèse et théologie*, Paris, 1961, t. II, p. 107-153 ; « L'Église corps du Christ », *Exégèse et théologie*, Paris, 1982, t. IV, p. 205-262 ; et L. Cerfaux, *La Théologie de l'Église suivant saint Paul*, Paris, 1965.

pas lui-même »[1]. Ce qu'il a de plus propre, voir, n'est pas et ne peut pas être tourné vers lui, le propre n'est là que pour s'exproprier de soi et s'approprier aux autres. La vocation ne m'appelle jamais qu'ailleurs.

L'*Epître aux Romains* affirme que nous sommes « membres les uns des autres » (XII, 5), et insiste sur notre unité avec le Christ produite par le baptême (VI) : cette unité est une participation à sa mort et à sa résurrection, à sa mort corporelle et à sa résurrection corporelle. L'unité spirituelle se dit par l'unité du corps, car elle se fonde sur un rapport effectif au corps du Christ, à son corps humain qui a souffert, a été crucifié, enseveli et ressuscité. Appartenir à l'Église n'est pas s'affilier à une association désincarnée qui n'aurait en commun que de partager les mêmes croyances, c'est entrer tout entier dans un corps à corps avec le Dieu incarné, qui change et renouvelle notre corps, c'est-à-dire nous-mêmes. L'exégète Pierre Benoit écrit justement : « Les chrétiens constituent ce corps du Christ parce qu'ils sont vitalement unis au corps glorieux du crucifié, dans leurs propres corps de sauvés, et cela avec le réalisme physique que comporte le salut complet de l'homme. » Le corps du chrétien est « rattaché d'une façon vitale » au corps personnel de Jésus par les sacrements[2].

L'*Epître aux Colossiens* et l'*Epître aux Ephésiens* approfondissent la méditation de l'Église comme corps du Christ en faisant du Christ la Tête de ce corps, « Tête dont le Corps tout entier reçoit nourriture et cohésion, par les jointures et ligaments, pour réaliser sa croissance en Dieu » (Col., II, 19). D'après Pierre Benoit, l'idée selon laquelle la tête est le principe d'autorité et de souveraineté est d'origine sémitique, tandis que sa conception de principe de vie pour le reste du corps est d'origine hellénique. Les deux se réunissent ici : on ne vit du Christ qu'en lui obéissant et en l'écoutant, on ne l'écoute et ne se conforme à lui qu'en vivant de lui. La distinction de la Tête et du Corps précise une unité sans séparation ni confusion, et leur distinction spatiale prend aussi un sens temporel. La Tête reste la même, mais le Corps s'accroît, se développe et mûrit; la Tête est dans la gloire, mais le Corps continue de souffrir de toutes les souffrances d'une histoire qui se poursuit. Le salut est déjà accompli, et il est

---

1. *Sermons*, 40, § 7, trad. fr. Hugueny et *alii*, Paris, 1991, p. 320.
2. P. Benoit, *op. cit.*, t. IV, p. 255 et p. 218.

encore à recevoir. L'incarnation de Dieu manifeste en pleine lumière qu'il n'y a pas de rapport à Dieu qui ne passe par un rapport avec les hommes, et qu'il n'y a pas de rapport avec les hommes qui ne passe par un rapport à Dieu, s'il les reconnaît et les aime selon tout leur être. La Tête n'a pas le même statut que le reste du corps, mais ils ne sauraient être séparés.

Au XIIᵉ siècle, Isaac de l'Etoile, l'un des premiers cisterciens, développe magnifiquement, selon une inspiration augustinienne, le thème du Christ total, *totus Christus*. « Le Christ n'existe nulle part tout entier sans l'Église, tout comme l'Église n'existe nulle part tout entière sans le Christ. En effet, le Christ tout entier et intégral, c'est la tête et le corps [1]. » N'aimer que Jésus, ce n'est pas aimer Jésus. On ne peut l'aimer seul, aimer tout seul lui seul, comme les platoniciens le premier principe : dès qu'il est là, je suis avec d'autres pour l'aimer, et avec d'autres à aimer, du même amour qu'il dispense. C'est la charité qui fait croître ce corps, nécessairement visible comme l'est tout vrai corps et comme le fut le corps de Jésus. Ce corps ne cesse de vivre de la Parole faite chair. À la différence des comparaisons païennes, le statut de sa vie est nettement précisé, et cette vie est d'essence surnaturelle, elle est grâce et don de Dieu, ce qui la distingue des communautés politiques naturelles.

Vivre de la grâce est pour ce corps vivre de la Parole de Dieu. Elle est l'air qu'il respire et sans lequel il suffoquerait. Le Corps du Christ n'est pas muet, c'est un Corps qui parle, qui chante, qui prie, qui murmure, qui crie. *Ekklèsia* en grec est de la racine de *kalein*, appeler, et de *klèsis*, l'appel. Dans la langue profane antique, il désigne l'assemblée du peuple, qui a été convoquée, par opposition à une réunion accidentelle. L'Église est donc d'abord le rassemblement de ceux qui ont reçu une convocation ou entendu un appel venant de Dieu, l'assemblée de ceux qui ont été appelés et qui ont répondu à cet appel en venant (car tous ont été appelés). Mais ce sens « passif » se double d'un sens « actif » : entendre l'appel en vérité, c'est lui répondre, on ne l'entend qu'en lui répondant, et lui répondre, c'est aussi en témoigner et le transmettre, c'est appeler à son tour. Aussi l'Église n'est appelée qu'en appelant elle-même, comme elle ne peut appeler que pour

---

1. *Sermons*, XI, 14, trad. fr. Salet, Paris, 1967, t. 1, p. 247.

autant qu'elle le soit elle-même : toute déficience à appeler est surdité à l'appel reçu. Elle est *convocata* et *convocans*, appelée et appelante, rassemblée et rassemblante[1]. Mais cela ne fait-il pas difficulté au regard de la pensée du Corps ? Si la seule et unique voix est celle de la tête, les membres ne seront-ils pas des instruments muets et non pas des personnes humaines ? Et s'ils ont une voix distincte, et qui leur soit propre, leur parole sera-t-elle encore parole de Dieu, et non pas une parole humaine, trop humaine ?

Pour la foi chrétienne, c'est mal poser la question, en séparant radicalement l'humain et le divin. En assumant la condition humaine, le Christ a pris une voix humaine qui était tout aussi bien la voix du Dieu vivant lui-même, et en faisant de nous son corps, il nous communique cette voix dans un véritable échange. Saint Augustin a souvent évoqué avec force la croisée de ces voix : « Si donc nous sommes morts en lui, et en lui ressuscités ; et si lui-même meurt en nous, et en nous ressuscite (car il est l'unité de la tête et du corps), ce n'est pas sans fondement que sa voix est aussi la nôtre, et notre voix aussi la sienne »[2]. Pour saint Augustin, l'Église est comme un seul homme présent sur toute la terre et à travers tous les temps, lequel ne cesse de prier : lorsqu'un membre se tait, un autre prend la parole[3]. À propos d'un psaume, il écrit : « Lorsque vous le prononcez un par un, parce que tous vous êtes un dans le Christ, c'est un seul homme qui le prononce »[4]. Il va jusqu'à la formule audacieuse que c'est « le Christ qui prêche le Christ » et qui l'annonce, puisque ce sont les membres de son corps qui en portent la bonne nouvelle. La prière la plus solitaire, où un homme s'adresse à Dieu dans la détresse et l'espérance, est encore et toujours prière communautaire et ecclésiale, si elle est une prière chrétienne. L'Église prie en chacun de ses membres. Même seul, on ne dit pas « Mon Père », mais « Notre Père ». Pour saint Augustin, le Christ « prie pour nous, comme notre prêtre ; il prie en nous, comme notre tête ; il est prié par nous, comme notre Dieu »[5].

---

1. Cf. H. de Lubac, *Méditation sur l'Église*, Paris, 1985, p. 87-88.
2. *Enarrationes in Psalmos*, 62, 2.
3. Cf. tous les textes rassemblés par É. Mersch, *Le Corps mystique du Christ*, Paris-Bruxelles, 1936, t. II.
4. *Enarrationes in Psalmos*, 122, 2.
5. *Enarrationes in Psalmos*, 85, 1.

Ni dans son origine ni dans sa fin, la prière ne peut être individuelle. Il n'y va jamais seulement de nous-mêmes, et c'est pourquoi elle nous fait devenir vraiment nous-mêmes. Une parole amoureuse ne saurait être amoureuse par son seul objet, il faut qu'elle le soit aussi comme acte de parole, et donc qu'elle se reçoive de l'autre et se donne à l'autre, n'existe qu'en étant hors d'elle-même.

Si rigoureuse soit-elle, aucune analogie ne suffit à tout manifester d'un mystère. Aussi « Corps du Christ » n'est-il pas le seul titre de l'Église : elle est également nommée l' « Épouse du Christ ». Les deux titres paraissent d'abord presque opposés : l'un met l'accent sur un libre engagement entre personnes, l'autre sur une interdépendance comme naturelle. « Comment l'Église, demande Bossuet dans une très belle lettre, est-elle son corps, et en même temps son épouse ? ». Et de montrer en quoi les deux titres se complètent, comme on le voit dans saint Paul. « Le mystère de l'élection par l'engagement des promesses paraît dans le nom d'épouse ; et le mystère de l'unité consommée par l'infusion de l'Esprit se voit dans le nom de corps… Le nom d'épouse distingue pour réunir, le nom de corps unit sans confondre »[1]. La vérité de chacun requiert l'autre, et ils ne s'opposent pas, puisque le but du mariage est aussi une unité intime, par laquelle deux êtres deviennent inséparables, et ne veulent pas vivre l'un sans l'autre. Mais l'analogie conjugale insiste sur le prononcé du oui qui scelle l'union. Par cette union, la personnalité est transformée et transfigurée, mais non point abolie et détruite, ce qui aboutirait à une exaltation et à un illuminisme où l'on se prendrait pour le Christ. L'harmonie de ces deux titres se manifeste au demeurant en cela que c'est collectivement que l'Église est dite l'Épouse du Christ, comme ne formant qu'une seule chair (*Ephésiens*, V, 30-32) : elle constitue donc un corps, et non un ensemble de corps.

Pourquoi ce corps qu'est l'Église est-il appelé *corps mystique* du Christ ? L'expression ne se trouve pas dans la Bible, et elle a son histoire, savamment étudiée par Henri de Lubac[2]. Elle ne s'appliquait pas d'abord à l'Église, mais à l'eucharistie : le corps mystique du Christ, c'était le Christ présent dans le pain consacré, son corps sacramentel. Le terme *mystique* se comprend, par le caractère mystérieux

1. *Correspondance*, Urbain et Levesque (éd.), Paris, 1909, t. I, p. 68-71.
2. *Corpus mysticum. L'eucharistie et l'Église au Moyen Âge*, Paris, 1949.

de cette présence, qui elle-même renvoie au mystère du sacrifice du Dieu incarné. Il ne signifie aucunement que cette présence ne serait pas réelle, ne serait pas le véritable corps du Christ. Par un glissement complexe de vocabulaire, le changement du sens d'un terme entraînant aussi celui des termes avec lesquels il est en rapport, l'expression «Corps mystique» a été transférée au XIIᵉ siècle de l'eucharistie à l'Église, du corps sacramentel au corps collectif, et ce sens est depuis demeuré, jusqu'à se vider parfois de l'essentiel de son sens, comme lorsque Kant l'emploie, en latin, dans la *Critique de la raison pure*, pour désigner la communauté de ceux qui sont soumis à la loi morale [1].

Distinguer par divers mots ces deux corps, eucharistique et ecclésial, n'est pas les séparer ni les opposer. Henri de Lubac insiste sur l'idée que l'eucharistie fait l'Église et l'Église l'eucharistie. La communion produit la vie et l'unité de l'Église. Et l'appellation de mystique, s'agissant de l'Église comme autrefois de l'eucharistie, ne vise pas un corps seulement métaphorique, opposé à un corps réel, mais manifeste que sa corporéité s'enracine dans le mystère du Christ et des sacrements par lui institués. L'Église comme Corps du Christ n'est visible que pour les yeux de la foi : pour l'incroyant, elle n'est qu'une collectivité parmi d'autres, qui n'est ni vraiment un corps, ni vraiment le corps du *Christ*. «Le réalisme ecclésial assure le réalisme eucharistique, et celui-ci à son tour confirme celui-là. La même unité du Verbe se reflète en l'un et en l'autre» [2]. Avec la vigueur de son langage, saint Léon le Grand, au Vᵉ siècle, montre bien le lien des deux : «La participation au corps et au sang du Christ, en effet, ne fait rien d'autre que nous faire passer dans ce que nous prenons et nous faire porter en tout, et par l'esprit et par la chair, celui en qui nous sommes morts, en qui nous avons été ensevelis, en qui nous sommes ressuscités» [3]. Et dans la tradition chrétienne orientale, Nicolas Cabasilas, au XIVᵉ siècle, distingue la nourriture qui «se transforme en celui qui la mange», par l'assimilation, de la nourriture eucharistique, où «c'est tout le contraire» : le Christ nous assimile à lui-même, fait de nous ses

---

1. *Canon de la raison pure*, deuxième section.
2. De Lubac, *Corpus mysticum*, p. 283.
3. *Sermons*, 50, 7, trad. fr. Dolle, Paris, 1976, t. III, p. 163.

membres, nous change et nous transforme en lui en nous faisant participer à sa vie [1].

Cette unité qu'ont corps et âme avec le Christ les membres de l'Église, fondée sur l'initiative de Dieu lui-même et sur son alliance, non sur un contrat social, distingue fortement ce corps du « corps moral et collectif, composé d'autant de membres que l'assemblée a de voix », du « corps politique » qui est aussi bien une « machine politique », dont parle Jean-Jacques Rousseau au cinquième livre de l'*Émile*. Les théologiens insistent, des origines jusqu'à l'encyclique *Mystici corporis* du pape Pie XII, sur la distinction de ces deux formes de corps collectif, et se refusent à reconduire cette pensée aux comparaisons aristotéliciennes ou stoïciennes, ce qui en dissoudrait le sens spécifiquement religieux. Ainsi Louis Chardon, l'un des grands mystiques français du XVIIe siècle, écrit que si Jésus-Christ est chef de l'Église, ce n'est point « à la manière qu'un souverain régit et commande un corps politique, mais aussi pour l'animer comme principe de vie surnaturelle ». « Par ainsi, poursuit-il, on voit que nous ne faisons point en la grâce, avec Jésus, un simple corps politique, ainsi que plusieurs citoyens d'une république légitimement gouvernée sous l'autorité d'un seul chef, avec lequel ils n'ont qu'une liaison externe, qui consiste en une correspondance mutuelle de jugement et de volonté à conspirer au bien public, mais nous faisons un corps sur le modèle d'un corps vivant naturel, parce que Jésus, comme Chef, nous vivifie en qualité de membres par les liaisons spirituelles et secrètes » [2].

De ce corps, et de sa vie, comment penser la temporalité ? Son lien à l'éternité divine et au corps glorieux de Jésus qui est éternellement « à la droite du Père » l'arrache-t-il à l'histoire ? Ce serait rendre ce corps irréel, et nier la foi chrétienne pour laquelle, si Dieu s'est révélé dans l'histoire jusqu'à y vivre lui-même en s'incarnant, ce n'est pas pour la détruire, mais pour la transfigurer. Mais si ce corps est dans l'histoire, n'est-il pas un « grand animal », voué à naître, croître, vieillir et mourir, comme tout vivant ? L'alternative est mal posée, qui sépare abstraitement l'éternel et le temporel, le Christ et ses membres, au lieu de les unir. La vie de ce corps est la vie du Christ en ses membres. Le temps lui aussi a été racheté. Le temps des membres

---

1. *La Vie en Christ*, IV, 37, trad. fr. Congourdeau, Paris, 1989, t. 1, p. 297-299.
2. *La Croix de Jésus*, I, 3, Paris, 1937, p. 37.

de ce corps est leur temps propre, et celui de telle époque, où les autres vivent aussi, avec ses grandeurs et ses effondrements, ses beautés et ses horreurs. Mais en lui ils vivent avec plus ou moins d'intensité de la vie du Christ, qui donne à ce temps sa charge et son poids d'éternité, c'est-à-dire d'amour définitif. Nous sommes contemporains du Christ, nous le voyons à l'œil nu quand nous voyons le pauvre, l'humilié, l'exilé, le malade, le prisonnier, le condamné et jusqu'au criminel. L'œil nu est l'œil de la foi, dessillé des préjugés et des jugements humains. La détresse de l'autre n'est pas un malheureux accident de l'histoire auquel il faudrait somme toute se résigner, mais ce que cette vie commune a à prendre en elle et à porter. L'admirable phrase de Pascal : « Jésus sera en agonie jusqu'à la fin du monde : il ne faut pas dormir pendant ce temps-là » [1] ne prend son sens rigoureux qu'au regard de la pensée du Corps mystique. Elle seule peut faire du temps de toute l'histoire « ce temps-là », le temps enduré par Jésus au Mont des Oliviers, qui cependant n'est dans l'histoire qu'un temps fort bref. Il suffit de sortir dans la rue d'une grande ville pour saisir que nous sommes en « ce temps-là ».

En s'incarnant, Dieu s'est fait homme pour toujours, et selon la vue profonde du Cardinal de Bérulle, au XVIIe siècle, il a sanctifié et « déifié » les divers « états » et les divers temps de la condition humaine. Le Christ est né une fois pour toutes, et il continue de naître, il a souffert une fois pour toutes, et il continue de souffrir. Les mystères de Dieu sont devenus aussi les mystères de l'homme. La diversité des membres du Corps mystique, grâce à laquelle ils forment un véritable organisme, correspond à leur façon singulière d'être incorporés à l'unique Christ. Celui-ci, écrit Bérulle, « en nous donnant une part universelle en lui, veut que nous ayons une part singulière en ses divers états, selon la diversité de son élection sur nous et de notre piété vers lui » [2]. « Il s'approprie à nous et nous approprie à lui, il se communique à nous et nous incorpore à lui », mais selon la joie ou l'angoisse, le secret ou la manifestation, l'enfance ou la maturité, qu'il a tous assumés. Il faut toute la diversité des hommes pour former ce corps, et pourtant chaque membre reçoit le Christ entier. La conformité à la vie du Christ ne relève pas de la nostalgie ni du passéisme. Bérulle écrit

1. *Pensées*, Brunschvicg (éd.), § 553.
2. *Opuscules de piété*, 46, Paris, 1944, p. 188.

fortement : « Prenons toujours vie récente et nouvelle en ce mystère qui est toujours récent et nouveau puisqu'il est tellement accompli qu'il s'accomplit toujours »[1]. Ce qui s'accomplit toujours n'efface ni ne volatilise le temps, mais lui donne, dans la tension de ses intérieurs déchirements, la plénitude de son avenir véritable. Le temps croît vers son assomption.

L'un des fondements scripturaires de cette pensée est la phrase de saint Paul : « Je complète en ma chair ce qui manque aux épreuves du Christ pour son corps qui est l'église » (*Col.*, I, 24). La rédemption est déjà accomplie, et encore à recevoir, dans la vie de chacun. Il ne manque rien à la Passion du Christ, et pourtant il manque le oui de chaque homme à sa propre liberté, lequel nous met tous en jeu. Aussi Benoît de Canfeld, au XVIIe siècle, dit-il audacieusement « qu'il faut pratiquer et contempler cette passion comme en nous-mêmes plutôt que celle qu'on s'imagine loin, comme en Jérusalem ou ailleurs »[2]. Dans le Corps du Christ, chacun porte en ses propres épreuves un intérieur crucifix où il contemple la Passion, précisément parce qu'elles ne sont plus seulement ses propres épreuves. Le Corps souffre la Passion jusqu'à la fin des temps[3]. C'est pourquoi Isaac de l'Étoile peut dire qu'il y a trois naissances du Christ : la première, éternelle, par laquelle le Fils naît du Père, la seconde, « temporelle et brève », dans l'Incarnation, la troisième, « temporelle et longue », celle de ses membres. « Cette nativité du Christ, et aussi bien sa vie, sa mort, sa résurrection ou son ascension, est commencée, à la vérité, mais pas encore achevée »[4]. Tel est le paradoxe de la vision chrétienne du temps.

Ce sont là, dit encore Isaac, des choses terrestres et spirituelles, que l'homme terrestre ne croit pas : on peut naître étant vieux, par le baptême, et tout en étant très jeune, on peut être très vieux, si on est encore le vieil homme, celui qui se refuse à l'absolue nouveauté proposée par Dieu. L'histoire n'est pas close tant qu'il reste un seul homme qui peut devenir jeune, d'une jeunesse qui n'est pas seulement pour soi, mais pour les autres, d'une jeunesse qui rend jeune. Réalités

1. *Ibid.*, 56, p. 209.
2. *La Règle de perfection*, Paris, Orcibal, 1982, p. 445 *sq.*
3. Cf. Saint Augustin, *Enarrationes in Psalmos*, 61, 4.
4. *Sermons*, 42, § 19-20, trad. fr. Salet et Raciti, Paris, 1987, p. 53-55.

spirituelles, mais aussi terrestres : il n'y va pas d'un esprit qui vivrait de nier le corps. Le « corps mystique du Christ » ne désigne pas une essence intemporelle : il s'étend à toute l'histoire comme histoire du salut, dans une tension eschatologique, laquelle arrache sa temporalité à une durée seulement biologique. Saint Thomas d'Aquin met l'accent sur cette historicité du corps : « Il y a cette différence entre le corps naturel de l'homme et le corps mystique de l'Église que les membres du corps naturel existent tous en même temps (*omnia simul*), tandis que les membres du corps mystique n'existent pas tous en même temps »[1]. La croissance temporelle de ce corps ne relève pas non plus du même ordre que la croissance d'un organisme biologique. De nouveaux membres n'apparaissent pas selon une loi interne, naturelle et spontanée de développement comme les ongles ou les cheveux. Chaque homme peut être printanier, il n'a pas à attendre que le temps passe, mais à accepter que cesse l'hiver de sa servitude. Pour être membre de ce corps, il faut la nouvelle naissance du baptême, il faut recevoir de l'Esprit divin une vie nouvelle, pour que nous naissions au Christ et que le Christ naisse en nous. Cet engendrement n'est pas une vocation seulement invisible : il est conféré par un autre être humain, usant visiblement de réalités visibles comme l'eau. La grâce dont l'Incarnation est la perpétuelle origine continue elle-même d'être incarnée.

Cette nouvelle naissance ne va pas sans la maternité : d'où le titre, constant dans la tradition, de l'*Ecclesia Mater*, de l'Église comme Mère, Mère des vivants, nouvelle Ève. La patristique met souvent en parallèle le récit de la formation d'Ève à partir de la côte d'Adam dans la *Genèse* et le coup de lance donné au flanc du Christ en croix par un soldat, flanc d'où sortent l'eau et le sang[2]. Entre cette maternité ecclésiale par laquelle naissent de nouveaux membres du corps du Christ et la maternité de Marie existent des liens intimes. L'Église aussi est Vierge et Mère, et les titres de Marie lui sont aussi bien conférés. Saint Léon le Grand écrit : « Pour tout homme qui naît de nouveau l'eau du baptême est comme le sein virginal : c'est le même Esprit qui a rempli

---

1. *Somme théologique*, III, 8, 3.
2. Cf. par exexemple Saint Ambroise de Milan, *Commentaire de l'Évangile selon saint Luc*, II, 86.

la Vierge, qui remplit maintenant la fontaine baptismale »[1]. La sainteté de l'Église peut nous être largement voilée dans l'histoire par ses membres pécheurs, avec leurs erreurs, leurs infidélités, leurs crimes. Mais elle a pris une figure parfaite et visible en Marie. Le *oui* qu'elle répond à Dieu est attendu et prononcé de la part de toute la nature humaine, comme le dit saint Thomas d'Aquin[2]. Le cistercien Guerric d'Igny, au XIIe siècle, dit qu'en donnant naissance à Jésus, « elle a donc, d'une certaine façon, donné la nouvelle naissance à tous ceux qui doivent vivre de cette Vie »[3]. Et saint Anselme, dont l'œuvre ne se limite pas à la preuve dite, problématiquement, « ontologique », affirme audacieusement : « Dieu est le père des choses créées, et Marie la mère des choses recréées »[4]. L'Église vit à jamais de son oui et le redit. La perfection de la réponse humaine à l'appel divin n'est pas un idéal vers lequel il faudrait toujours tendre en en étant toujours séparé, une pureté abstraite et utopique : elle est donnée en Marie, par la grâce de Dieu, comme une plénitude à laquelle chacun peut venir puiser.

Que les membres du Corps mystique soient en même temps des fils est essentiel. « En quoi serait-il admirable que nous fussions mus par Dieu comme des membres par une tête, sans posséder par nous-mêmes aucun mouvement ? », demande Nicolas Cabasilas[5]. Mais si les membres sont des fils, ils reçoivent pouvoir de consentir, de vouloir et d'aimer. C'est ce que Pascal veut dire par l'expression répétée de « membres pensants »[6]. Devenir membre de ce corps qui vit de l'Esprit n'est pas, en effet, renoncer à sa liberté pour se transformer en simple instrument d'une volonté collective, mais au contraire s'arracher à la servitude et à la solitude du péché pour entrer dans la vérité qui libère (*Jean*, VIII, 32 et 35-36). Si la vie la plus haute et la plus vivante est la charité elle-même, chacun devient d'autant plus lui-même selon la vérité et la liberté de l'Esprit qu'il appartient plus intimement à la communauté. Il se reçoit de l'Esprit en se donnant aux autres. Nous ne sommes libres qu'ensemble : l'autarcie des sages

1. *Sermons*, IV, 3, trad. fr. Dolle, Paris, 1964, p. 115.

2. *Somme théologique*, III, 30, 1. Cf. Ch. Journet, *Théologie de l'Église*, Paris, 1987, p. 117-118.

3. *Sermons*, trad. fr. Deseille, Paris, 1973, p. 419.

4. *Oratio*, 7, *Œuvres complètes*, Corbin (éd.), Paris, 1988, t. V, p. 293.

5. *La Vie en Christ*, IV, 40-41, t. 1, p. 301.

6. *Pensées*, § 473, 474, 480, 482, 483.

antiques s'oppose fondamentalement à la pensée chrétienne. Et s'il arrive qu'un membre ait, par amour, à se sacrifier et à donner sa vie, il n'en va pas comme d'un organisme naturel où le membre sacrifié est celui qu'on ampute et qui cesse d'appartenir au corps et de vivre, car le martyr ne fait que devenir un membre plus vigoureux et plus lumineux de l'Église du ciel, où il continue de vivre de cette même vie qu'il commença de vivre ici. Saint Augustin dit en effet : « Les âmes des justes à la mort ne sont pas séparées de l'Église qui dès maintenant est le royaume du Christ », et, à propos de la prière pour les défunts pendant la messe, demande : « Pourquoi en effet accomplir tout cela, sinon parce que les fidèles, même défunts, restent ses membres ? » [1]. L'appartenance au Corps mystique du Christ mort et ressuscité n'est pas interrompue par la mort, et si différentes qu'en soient les modalités, l'Église du ciel et l'Église de la terre vivent de la même vie par Dieu communiquée.

Sur cette vie se pose une question aussi difficile que capitale : comment l'Église peut-elle être sainte en étant composée de pécheurs ? Comment parler d'elle comme du corps du Christ alors que son histoire comporte tant de fautes ? Dans l'ordre naturel et juridique, nous distinguons aisément, s'agissant d'un membre d'une association, ce qui relève de ses fonctions de membre, se présentant ès qualité, et ce qui le met en cause comme individu privé : le corps professoral ne devient pas malsain quand un professeur est hospitalisé. Mais une telle distinction peut-elle s'appliquer à l'Église si celle-ci est plus qu'une « personne morale » au sens du droit, et si l'exigence qu'elle nous transmet met en jeu notre vie tout entière, et non pas un aspect particulier de nous-mêmes ? Faut-il, à l'opposé, se tourner, toujours dans l'ordre naturel, vers l'analogie organique, où ce qui se dit d'un membre peut se dire de tout le corps : si mes yeux cessent de voir, c'est bien moi qui suis aveugle ? En ce cas, ou bien l'Église elle-même sera pécheresse chaque fois que le sera un seul de ses membres, c'est-à-dire toujours, ou bien seuls les saints seront membres du Corps. La théologie catholique refuse cette alternative qui a conduit certains à opposer une Église invisible, formée des seuls justes, aux Églises visibles toujours défaillantes. Car une Église purement invisible peut-elle être

---

1. *La Cité de Dieu*, XX, IX, 2, trad. fr. Combès, Paris, 1960, p. 237.

celle du Verbe incarné ? En quoi serait-elle un Corps ? Pour les stoïciens, les sages, même s'ils ne se sont jamais vus et ne se connaissent pas, sont tous amis les uns des autres : il serait sophistique de prétendre qu'ils constituent une véritable communauté.

L'Église visible et l'Église invisible ne sauraient former deux Églises : l'invisibilité de l'Église est la face invisible de l'Église visible, et cette invisibilité n'est pas absolue, elle peut et doit transparaître dans le visible. Un saint laïc tient réellement une plus grande place dans l'Église qu'un évêque corrompu ou narcissique, et quelqu'un qui a désiré le baptême sans pouvoir le recevoir appartient à l'Église : si peut-être nul homme ne le sait, il demeure qu'un changement a pu se manifester dans sa vie. La vie des membres est la vie qui leur est communiquée par le Christ : c'est une vie de participation à la sainteté divine. Lorsque je pèche, je cesse de répondre à l'appel, et je blesse ou j'interromps cette communication, je rends cette vie en moi plus ou moins moribonde. Je porte donc atteinte à l'Église comme communication de vie en me dressant contre Dieu comme source de cette vie. Je deviens un membre malade ou mourant, mais auquel cette vie est toujours offerte, par le repentir qui peut non seulement me rendre ma vie plénière, mais me la rendre plus forte et plus haute. Et l'Église collectivement prie pour chacun de ses membres blessés. Sa frontière passe aussi en chacun de nous entre ce qui vit de cette vie et ce qui s'y dérobe, entre ce qui écoute et ce qui devient sourd, entre l'humilité et l'orgueil[1]. Mais ce qui est mourant en nous par nous, s'il se sépare du Corps, concerne encore le Corps, qui l'appelle et le rappelle à la vie, qui lui offre encore et toujours de s'incorporer de nouveau à la vie de grâce. Il y va d'autre chose que d'une distinction abstraite et juridique.

Nous sommes dans un perpétuel corps à corps de la vie et de la mort où l'invisible doit devenir visible selon une plus ou moins grande transparence. Le don de Dieu dans l'Église est aussi et d'abord son pardon : le Christ est venu et continue de venir pour les pécheurs. Vouloir exclure les pécheurs de l'Église, au lieu de les rappeler, serait confondre le temps et l'éternité, dans un continuel jugement dernier. L'Église se prendrait alors pour Dieu lui-même, et donc cesserait de

---

1. Cf. Ch. Journet, *op. cit.*, p. 236 *sq.*

lui appartenir. La seule considération chrétiennement vraie du péché dans l'Église est celle que chacun doit faire du sien propre, se sachant par l'Église appelé à s'en détourner. La responsabilité mutuelle des membres, au lieu de délivrer chacun de la sienne, ne la fait que plus aiguë : si tel de ses membres rend un contre-témoignage, à moi d'en donner un autre. Car la pureté de l'Église est lunaire, elle est celle d'une lumière réfléchie dont elle n'est pas elle-même la source, elle est la pureté de ce qu'elle transmet et communique : en chacun, cette transmission peut s'affaiblir, se troubler ou s'interrompre, de son fait propre. Mais l'Église est aussi le lieu où « Dieu est plus grand que notre cœur », et c'est par là qu'elle est sainte, en continuant de porter la parole de rédemption, et non en constituant la petite secte de ceux qui se croient justes.

S'agissant de cette pensée du Corps mystique, bien des questions se posent que les limites de cette étude ne permettent pas d'aborder : le rôle du Saint-Esprit dans l'Église, le rapport entre l'unité du corps et la diversité historique des églises, le lien de ce corps et de ceux qui ne sont pas visiblement ses membres, l'organisation hiérarchique… Il convient plutôt de s'arrêter, pour conclure, à ce qui fait la singularité de cette pensée, dont la richesse à travers les siècles est inépuisable, au regard des autres conceptions d'un « corps social » ou d'un « corps collectif ». Il y va d'une conception nouvelle de la communauté humaine, irréductible aux conceptions philosophiques ou politiques, et cette nouveauté est solidaire du rapport chrétien au corps, lequel est également tout à fait nouveau.

Le « corps mystique » n'a rien d'une image sans rigueur, car ce en quoi il est corps, ce qui lui donne sa vie, ce qui assure son organicité sont précisément médités et désignés. Ce corps communautaire n'est possible que parce que mon corps individuel est déjà le lieu de mon être avec Dieu et avec les autres, est déjà relation, et non un tout fermé sur soi. Et pourtant, avec ce corps ecclésial, il n'y va pas d'un biologisme qui, appliqué à une collectivité, comporte toujours des possibilités aussi terrifiantes qu'égarées : l'appartenance à ce corps ne repose sur rien de naturel, ni sur le sexe, ni sur l'ethnie, ni sur telle ou telle qualité humaine. Il y faut un acte libre, réponse à l'appel divin, acte posé par nous-mêmes ou par ceux qui répondent de nous, dans le cas du baptême des enfants. Et cette communauté ne se fonde pas elle-même, ne se constitue pas elle-même par elle-même, elle est fondée par Dieu dont l'élection précède toute initiative : elle n'est qu'auditrice et servante, sa parole est toujours en réponse et jamais n'est première. On croit l'Église, avec confiance, parce qu'elle enseigne, mais on ne croit pas en l'Église, comme on croit en Dieu : elle n'est pas objet de culte, elle est celle qui accomplit le culte. Qu'elle soit construite sur Pierre qui a trois fois renié le Christ manifeste clairement cela. Elle adore sans être adorable : par là, elle se distingue radicalement des conceptions du « corps social » où celui-ci finit par se diviniser lui-même en contemplant dans des miroirs idéologiques sa face de Moloch. Le corps collectif du Christ, comme le corps singulier de Jésus, n'est là que pour servir et pour se donner. Enfin et surtout, cette pensée refuse tout aussi bien l'individualisme abstrait et inhumain que la fusion et la confusion, qui ne le sont pas moins, des personnes en une totalité collective. Je ne suis jamais seul devant Dieu, je n'engage par ma vie jamais seulement moi-même, je suis toujours un membre, répondant des autres et dont les autres répondent, dans une communauté de souffrance et de joie, car il y aurait une insurmontable contradiction à ce qu'une religion de l'amour s'accomplît dans une intimité où il n'y aurait personne d'autre que moi. Même la solitude n'est pas solitaire. Mais l'être en communauté, l'appartenance au corps mystique comme membre me renvoie à ma vocation unique et insubstituable, à ce que moi seul ai dans ce corps à faire, à la fin de ma création même, car Dieu s'adresse à chacun en tant qu'il est lui-même, c'est-à-dire pour qu'il le devienne. Être membre n'est pas se sacrifier, avec résignation ou avec ivresse, à l'impersonnel et à la neutralité d'un idéal ou d'une cause, c'est au contraire s'accomplir comme personne avec d'autres personnes et pour d'autres personnes. La réalité du corps mystique n'existe qu'à travers la réalité des relations personnelles : le Christ n'unit que des personnes. Et entre des personnes, le plus humble des dons, s'il est vraiment un don, est déjà ce qu'on appelle la vie éternelle.

Jean-Louis CHRÉTIEN
Université de Paris IV-Sorbonne

SUR QUELQUES PROBLÈMES POSÉS
PAR LA CONCEPTION MÉCANISTE
DU CORPS HUMAIN AU XVIIe SIÈCLE

LE MÉCANISME

Vers la fin de la Méditation Seconde, Descartes fait remarquer que, penché à une fenêtre, on ne «voit» pas des hommes, bien qu'on «juge» qu'on en voie : «que vois-je de cette fenêtre», écrit-il en effet, «sinon des chapeaux et des manteaux, qui peuvent couvrir des spectres ou des hommes feints qui ne se remuent que par ressorts? Mais je juge que ce sont de vrais hommes, et ainsi je comprends, par la seule puissance de juger qui réside en mon esprit, ce que je croyais voir de mes yeux». À l'exemple du philosophe à la fenêtre, le XVIIe siècle nous semble avoir cherché à connaître le corps humain, plutôt qu'il ne l'a décrit, ou vu. Le corps humain y est en effet au centre des spéculations métaphysiques; il y est l'objet de multiples interrogations, de multiples découvertes, tant en physique qu'en médecine. Mais quelle absence! Quelle pudeur! À quelques exceptions près, quel froid est celui de ce corps! De nobles spéculations, des contes allusifs, équivoques, grivois, de grossières farces, mais une pauvreté désespérante dans l'évocation du corps désirable, ou du désir même – la philosophie, la science et le libertinage semblant s'accorder pour ne voir dans les corps humains que de fragiles, frénétiques et prévisibles mécaniques[1]. Et, de ce point de vue, le mécanisme, qui est la véritable nouveauté et la véritable originalité du XVIIe siècle, dans la mesure même où il fondait la possibilité d'une science universelle des corps en général, a peut-être rendu plus difficile aux hommes de se connaître en tant que tels, de se reconnaître – à la limite, de simplement s'apercevoir.

Pour l'essentiel, le mécanisme consiste dans l'explication des propriétés ou caractéristiques de tout objet, par référence non à une fin ou à une fonction (comme chez Aristote), mais à la seule disposition ou configuration de ses parties. L'opposition mécaniste à la philosophie d'Aristote s'exprime, par ailleurs, dans la tentative d'expliquer les phénomènes d'un point de vue quantitatif, et non plus qualitatif[2]. On comprend alors aisément que le mécanisme remporte tous ses succès dans le domaine des corps, dont les propriétés sont ramenées à celles de l'étendue («ce n'est pas la pesanteur, ni la dureté, ni la couleur, etc., qui constituent la nature du corps, mais l'extension

---

1. Il s'agit là d'une appréciation générale, qui trouverait sans doute quelques exceptions confirmantes, chez Madame de La Fayette, ou chez Racine. Mais les *Contes* de La Fontaine, par exemple, laissent le sentiment d'une spéculation mécanique, dans laquelle le but de l'auteur semble avoir été de produire les lois combinatoires universelles de la tromperie, sans que jamais, ou presque jamais, un véritable désir n'affleure. Les femmes ont toujours des «appas» consistant en «blancs objets». On évoque un pied, un bras, parfois un sein ; jamais la description ne va au-delà de l'érotisme très discret qu'on trouve dans un bref passage du *Diable en enfer*, où le jeune ermite Rustic regarde dormir non loin de lui la trop jolie Alibech, apprentie-sainte : «[...] Rustic roule en sa tête, / Tantôt les traits de la jeune beauté, / Tantôt sa grâce et sa naïveté, / Et ses façons, et sa manière douce, / L'âge, la taille et surtout l'embonpoint, / Et certain sein ne se reposant point, / Allant, venant ; sein qui pousse et qui repousse/ Certain corset en dépit d'Alibech / Qui tâche en vain de lui clore le bec, / Car toujours il parle ; il va, vient et respire : / C'est son patois ; Dieu sait ce qu'il veut dire ». Voilà pour les femmes. Quant aux hommes, silence absolu : toute désignation sera oblique : dans *Le Cas de conscience*, Anette regarde «un jeune garçon / se baigner nu », «[...] garçon au corps jeune et frais, / Blanc, poli, bien formé, de taille haute et drète, / Digne enfin des regards d'Anette » ; ou mythologique, dans *Le Tableau* : «Toute matrone sage, à ce que dit Catulle, / Regarde volontiers le gigantesque don / Fait au fruit de Vénus par la main de Junon » ; ou strictement mécanique enfin, dans *Les Lunettes*, où il est question d'un «reste de machine, / Bout de lacet aux hommes excédant », qui fonctionne dans certaines conditions : «secrets appas, embonpoint et peau fine, / Fermes tétons, et semblables ressorts, / Eurent bientôt fait jouer la machine ».

2. Voir notre article sur «Les philosophes et la nature au XVIIe siècle », paru dans *La Nature* (Paris, Vrin, 2002, p. 63-90), dans lequel nous analysons de façon plus détaillée la question du mécanisme au XVIIe siècle.

seule », écrit par exemple Descartes dans les *Principes de la Philosophie*, II, 4), par où s'engage au XVIIᵉ siècle la féconde mathématisation de la physique.

Surtout, le mécanisme a pour résultat de donner son autonomie à la sphère des corps. Il s'agira, dans tous les cas, d'expliquer un phénomène corporel par un autre phénomène corporel, d'expliquer donc le corps par le corps seul. Cette mise à part d'un domaine exclusivement corporel, assez comparable au fond à la mise à part, caractéristique des temps modernes, d'une sphère profane déliée du sacré[1], permet de comprendre que les esprits les plus différents aient pu être matérialistes dans l'étude des corps et de la nature, quand tout les séparait par ailleurs : l'atomiste Gassendi, ainsi, est mécaniste ; mais Descartes, qui nie les atomes et affirme l'existence (et l'immortalité) de l'âme, est mécaniste aussi ; Pascal lui-même, qui admet le vide tandis que Descartes le nie, et que sa foi éloigne évidemment de tout matérialisme, est mécaniste quand il traite de problèmes de physique. Tous divisent ainsi la réalité en domaines qualitativement distincts, « ordres » pascaliens, « attributs » spinozistes, « substances réellement séparées » de Descartes : si bien que, après avoir montré aussi clairement que possible la séparation, en l'homme, des domaines distincts du corps et de la pensée, les philosophes du XVIIᵉ siècle ne pourront que trouver leur union, en l'homme, fort obscure – tout progrès dans la connaissance du *corps* humain semblant devoir être payé d'un recul dans la connaissance du corps *humain*.

La séparation claire

Descartes

Comme l'indique leur sous-titre, les *Méditations* de Descartes démontrent, non seulement « l'existence de Dieu » mais aussi « la distinction réelle entre l'âme et corps de l'homme ». Il y a « distinction réelle » entre l'âme et le corps de l'homme, car ces deux « substances » ont des « attributs principaux » qui peuvent se concevoir clairement

---

1. Voir R. Guénon, *Le Règne de la Quantité et les signes des temps*, Paris, Gallimard, 1945, rééd. 1972.

l'un sans l'autre ; « [l'attribut principal] de l'âme est la pensée, comme l'extension est celui du corps »[1]. Il n'en faut pas plus pour saisir la différence radicale entre le corps et l'âme, et le caractère mystérieux de leur union : tout corps, en effet, est nécessairement étendu, mais toute pensée, inétendue. Descartes conclut alors, dans la *Méditation Sixième* :

> Et quoique peut-être (ou plutôt certainement, comme je le dirai tantôt) j'aie un corps auquel je suis très étroitement conjoint ; néanmoins, parce que d'un côté j'ai une claire et distincte idée de moi-même, en tant que je suis seulement une chose qui pense et non étendue, et que d'un autre j'ai une idée distincte du corps, en tant qu'il est seulement une chose inétendue qui ne pense point, il est certain que ce moi, c'est-à-dire mon âme, par laquelle je suis ce que je suis, est entièrement et véritablement distincte de mon corps, et qu'elle peut être ou exister sans lui[2].

La distinction réelle de l'âme et du corps de l'homme est telle, aux yeux de Descartes, qu'elle interdit en droit le moindre rapprochement, quand bien même nous sommes forcés de constater que Dieu a pu les unir en fait : « et quand Dieu même », écrit-il dans les *Principes*, « joindrait si étroitement un corps à une âme qu'il fût impossible de les unir davantage, et ferait un composé de ces deux substances ainsi unies, nous concevons aussi qu'elles demeureraient toutes deux réellement distinctes, nonobstant cette union, parce que, quelque liaison que Dieu ait mise entre elles, il n'a pu se défaire de la puissance qu'il avait de les séparer, ou bien de les conserver l'une sans l'autre, et que les choses que Dieu peut séparer ou conserver séparément les unes des autres sont réellement distinctes »[3].

Cette autonomie complète accordée au domaine des corps explique les efforts constants faits par Descartes pour rendre compte des actions animales, mais aussi humaines, d'un strict point de vue mécaniste, c'est-à-dire sans référence à autre chose qu'à des corps. Tout le monde connaît la théorie des « animaux-machines », exposée à la fin de la cinquième partie du *Discours de la Méthode*. Résumant, en 1636, son *Traité du Monde et de l'Homme* (rédigé en 1633, non publié alors en raison de la condamnation de Galilée survenue la même année,

---

1. *Principes* I, 53.
2. Pléiade, 323-324 ; Alquié II 488 ; AT IX 62.
3. *Principes* I, 60.

et publié finalement en 1662), Descartes insiste sur la différence qui demeure entre les hommes et les animaux, bien que tous deux puissent être conçus comme des machines :

> et je m'étais ici particulièrement arrêté à faire voir que, s'il y avait de telles machines qui eussent les organes et la figure extérieure d'un singe ou de quelque autre animal sans raison, nous n'aurions aucun moyen pour reconnaître qu'elles ne seraient pas en tout de même nature que ces animaux ; au lieu que, s'il y en avait qui eussent la ressemblance de nos corps, et imitassent autant nos actions que moralement il serait possible, nous aurions toujours deux moyens très certains pour reconnaître qu'elles ne seraient point pour cela de vrais hommes [1].

Ces deux moyens seront la capacité d'« user de paroles », et d'agir « par connaissance », en montrant, dans tous les cas, une faculté d'adaptation inaccessible aux machines qui n'agissent que par la « disposition de leurs organes » [2].

On ne trouve cependant pas, dans le *Traité du Monde et de l'homme*, le passage correspondant au « résumé » du *Discours de la Méthode* concernant la différence entre les hommes et les bêtes. Descartes y prend soin, sans doute, de préciser que la machinerie humaine dont il s'apprête à décrire et à expliquer le fonctionnement ne pourra expliquer qu'une partie seulement des actions humaines : « je suppose », écrit-il ainsi dès la première page de la partie du *Traité* consacrée à l'homme,

> que le corps n'est autre chose qu'une statue ou machine de terre, que Dieu forme tout exprès, pour la rendre la plus semblable à nous qu'il est possible : en sorte qu'il lui donne au-dehors la couleur et la figure de tous les membres, mais aussi qu'il met au dedans toutes les pièces qui sont requises pour faire qu'elle marche, qu'elle mange, qu'elle respire, et enfin qu'elle imite toutes celles de nos fonctions qui peuvent être imaginées procéder de la matière, et ne dépendre que de la disposition des organes [3].

On voit, par la fin de ce passage, que Descartes réserve une place pour des « fonctions » qui ne « procèderaient » pas « de la matière », et

---

1. Pléiade, 164 ; Alquié I 628 ; AT VI 56.
2. *Ibid.*
3. Pléiade, 807 ; Alquié I 379 ; AT XI 120.

ne « dépendraient » pas de « la disposition » de nos « organes » : la pensée, la volonté évidemment.

Et pourtant, cette machine humaine semble faite pour ne devoir manquer de rien d'humain. Dans le *Traité du Monde et de l'homme*, Descartes fournit en effet des explications mécanistes, non seulement des fonctions corporelles de la circulation, de la digestion, de la vue, etc., mais également de « fonctions » bien plus proches de la pensée, comme l'imagination, les songes, la mémoire, les appétits et les passions : « et enfin », conclut-il, « [je voudrais que vous considériez que] les mouvements extérieurs de tous les membres, qui suivent *si à propos* [nous soulignons], tant des actions des objets qui se présentent aux sens, que des passions, et des impressions qui se rencontrent dans la mémoire, *qu'ils imitent le plus parfaitement qu'il est possible ceux d'un vrai homme* [nous soulignons] : je désire, dis-je, que vous considériez que ces fonctions suivent toutes naturellement, en cette machine, de la seule disposition de ses organes, ne plus ne moins que font les mouvements d'une horloge, ou autre automate, de celle de ses contrepoids et de ses roues ; en sorte qu'il ne faut point à leur occasion concevoir en elle aucune autre âme végétative, ni sensitive, ni aucun autre principe de mouvement et de vie, que son sang et ses esprits, agités par la chaleur du feu qui brûle continuellement dans son cœur, et qui n'est point d'autre nature que tous les feux qui sont dans les corps inanimés » [1].

Nous avons souligné les expressions par lesquelles Descartes accorde ici explicitement, à une telle machine humaine, la capacité d'« agir à propos » qu'il lui déniera, comme nous l'avons vu plus haut, dans la cinquième partie du *Discours de la Méthode*. Et qui pourrait nier que les animaux agissent le plus souvent « à propos » ? Si bien qu'à la liste des âmes inutiles au fonctionnement correct de la machine humaine, on ne peut qu'être tenté d'ajouter l'âme proprement dite. Descartes lui-même nous en fournit l'occasion, dans un passage savoureux de ce *Traité du Monde et de l'homme*, où il montre d'abord comment le corps humain peut réagir à propos, par une mécanique semblable à celle de fontaines à artifices, aux sollicitations variées des objets extérieurs, qui sont alors « comme des étrangers qui, entrant

---

1. Pléiade, 873 ; Alquié I 479-480 ; AT XI 202.

dans quelques-unes des grottes de ces fontaines, causent eux-mêmes sans y penser les mouvements qui s'y font en leur présence; car ils n'y peuvent entrer», poursuit Descartes, «qu'en marchant sur certains carreaux tellement disposés, que, par exemple, s'ils approchent d'une Diane qui se baigne, ils la feront cacher dans des roseaux; et, s'ils passent plus outre pour la poursuivre, ils feront venir vers eux un Neptune qui les menacera de son trident; ou s'ils vont de quelque autre côté, ils en feront sortir un monstre marin qui leur vomira de l'eau contre la face; ou choses semblables, selon le caprice des ingénieurs qui les auront faites» [1]. Bon petit diable plutôt que Malin Génie, l'«ingénieur» a construit ici une machine à moquer le désir, qui, surtout, fonctionne toute seule; c'est pourquoi le personnage du «fontenier», assimilé dans la suite de ce texte, par Descartes, à l'«âme raisonnable», y est en droit superflu.

Une philosophie qui tend à voir en l'homme une machine associe tout naturellement médecine et mécanique, comme le fait Descartes dans la célèbre comparaison de la Lettre-Préface aux *Principes de la Philosophie* : « Ainsi toute la philosophie est comme un arbre, dont les racines sont la métaphysique, le tronc est la physique, et les branches qui sortent de ce tronc sont toutes les autres sciences, qui se réduisent à trois principales, à savoir la médecine, la mécanique et la morale; j'entends la plus parfaite morale, etc.» [2]. L'attitude de Descartes devant la maladie et la souffrance fut très différente de celle de Pascal [3]; leurs lots respectifs, à vrai dire, furent eux aussi très différents. Mais Descartes est préoccupé de soulager la souffrance, de guérir la maladie, plutôt que de leur donner du sens. Cela va même plus loin: dans la sixième partie du *Discours de la Méthode*, les réflexions sur la médecine font immédiatement suite à la déclaration selon laquelle nous «pourrions» [...] nous rendre comme «maîtres et possesseurs de la nature»: ce qui n'est pas seulement à désirer», poursuit Descartes, «pour l'invention d'une infinité d'artifices qui feraient qu'on jouirait sans aucune peine des fruits de la terre et de toutes les commodités qui s'y trouvent, mais principalement aussi

---

1. Pléiade, 814-815.
2. Pléiade, 566.
3. Voir l'opuscule de Pascal intitulé *Prière pour demander à Dieu le bon usage des maladies.*

pour la conservation de la santé, laquelle est sans doute le premier bien et le fondement de tous les autres biens de cette vie ; car même l'esprit dépend si fort du tempérament et de la disposition des organes du corps, que, s'il est possible de trouver quelque moyen qui rende communément les hommes plus sages et plus habiles qu'ils n'ont été jusqu'ici, je crois que c'est dans la médecine qu'on doit le chercher » [1]. On aura noté l'expression « en cette vie », par laquelle Descartes maintient présente la distinction obligée entre la vie brève du corps et l'immortalité de l'âme. Mais, dans les lignes qui suivent, soulevé par une inspiration quasi prophétique, Descartes se met à rêver tout haut « qu'on se pourrait exempter d'une infinité de maladies tant du corps que de l'esprit, et même aussi peut-être de l'affaiblissement de la vieillesse, si on avait assez de connaissances de leurs causes et de tous les remèdes dont la nature nous a pourvus » [2]. L'espoir moderne en l'immortalité du corps, si magnifiquement repris par Bergson dans les dernières lignes de *L'Évolution Créatrice*, est déjà présent, sans aucun doute, dans ce texte de Descartes. Comment pourrions-nous nous en étonner ? La machine en effet, toujours réparable, a vocation à l'immortalité précisément parce qu'elle n'est pas vivante.

Spinoza, Leibniz, Pascal

Descartes, tout en affirmant la « distinction réelle » de l'âme et du corps de l'homme, ne remet cependant jamais en question la réalité de leur union : « nous savons », écrit-il par exemple dans les *Principes*, « que notre âme est jointe à un corps, [...] parce que nous apercevons clairement que la douleur et plusieurs autres sentiments nous arrivent sans que nous les ayons prévus, et que notre âme, par une connaissance qui lui est naturelle, juge que ces sentiments ne procèdent point d'elle seule, en tant qu'elle est une chose qui pense, mais en tant qu'elle est unie à une chose étendue qui se meut par la disposition de ses organes, qu'on nomme proprement le corps d'un homme » [3]. Il y a là évidemment un illogisme : car on voit mal comment pourraient « s'unir » la pensée inétendue et le corps étendu. Descartes rencontrera d'ailleurs

1. Pléiade, 168-169.
2. Pléiade, 169.
3. *Principes* II, 2.

des difficultés invincibles, nous le verrons, dans ses tentatives pour
donner un contenu concret à cette « union ». Spinoza tirera au
contraire toutes les conséquences de la distinction réelle existant entre
le corps et l'âme en allant jusqu'à nier ce qui semble l'évidence même,
c'est-à-dire la possibilité, non seulement d'une « union » entre les
deux, mais même d'une simple interaction. De là la provocante Proposition 2 de la Deuxième Partie de l'*Éthique*, selon laquelle « ni le corps
ne peut déterminer l'âme à penser, ni l'âme le corps au mouvement ou
au repos ou à quelque autre manière d'être que ce soit (s'il en est
quelque autre) ». Nous nous permettons de recommander au lecteur la
lecture du *Scolie* qui suit cette proposition, et dans lequel Spinoza
combat les principaux arguments de bon sens qu'il semble facile
d'opposer à sa doctrine, et qui est trop long pour pouvoir être étudié,
ou même résumé, ici. Nous en évoquerons seulement l'argument
le plus fameux, par lequel Spinoza, se retournant contre d'éventuels
contradicteurs qui soutiendraient, par exemple, que certains actes
montrent avec évidence une obéissance du corps à l'âme, demande si
l'on sait bien ce que peut un corps laissé à lui-même, si la nature
corporelle, considérée en elle-même sans référence à une pensée organisatrice, n'est pas capable de bien plus qu'on ne le croit. « J'ai déjà
montré », répond alors Spinoza, « qu'on ne sait pas ce que peut le corps
ou ce qui se peut tirer de la seule considération de sa nature propre et
que, très souvent, l'expérience oblige à le reconnaître, les seules lois
de la nature peuvent faire ce qu'on n'eût jamais cru possible sans la
direction de l'âme ; telles sont les actions des somnambules pendant le
sommeil, qui les étonnent eux-mêmes quand ils sont réveillés. Je joins
à cet exemple la structure même du corps humain qui surpasse de bien
loin en artifice tout ce que l'art humain peut bâtir », etc. L'hétéro-
nomie du corps et de la pensée est alors complète : « aussi longtemps
que les choses sont considérées comme des modes du penser, nous
devons expliquer l'ordre de la nature entière [...] par le seul attribut de
la pensée ; et en tant qu'elles sont considérées comme des modes de
l'étendue, l'ordre de la nature entière doit être expliqué aussi par le
seul attribut de l'étendue », etc. [1]. Spinoza n'aura jamais de termes
assez sévères (par exemple dans la Préface de la Cinquième Partie de

---

1. *Éthique* II, Prop. 7, Scolie.

l'*Éthique*) à l'égard de la théorie cartésienne de l'union de l'âme et du corps, n'admettant pas que la logique recule devant une prétendue expérience. L'opposition entre Descartes et Spinoza, comme, des siècles auparavant, celle de Platon et des philosophes éléatiques, nous montre ainsi, finalement, à quel point les distinctions claires de la raison peuvent parfois sembler faire obstacle à la recherche de la vérité. Qui oserait nier, en effet, de bonne foi, qu'on ne peut commander par volonté à son corps? Et cependant, c'est logiquement impossible.

Chez Leibniz, la distinction réelle entre l'âme et le corps est au fond aussi nette que chez Descartes et chez Spinoza. « On est obligé de confesser », écrit ainsi Leibniz au § 17 de la *Monadologie* (ouvrage rédigé, en français, en 1714),

> que la perception et ce qui en dépend, est inexplicable par des raisons mécaniques, c'est-à-dire par les figures et les mouvements. Et feignant qu'il y ait une machine, dont la structure fasse penser, sentir, avoir perception ; on pourra la concevoir agrandie en conservant les mêmes proportions, en sorte qu'on y puisse entrer, comme dans un moulin. Et cela posé, on ne trouvera en la visitant au dedans, que des pièces, qui poussent les unes les autres, et jamais de quoi expliquer une perception.

Le corps est donc intégralement machine :

> Ainsi chaque corps organique d'un vivant est une espèce de machine divine, ou d'un automate naturel, qui surpasse infiniment tous les automates artificiels. Parce qu'une machine faite par l'art de l'homme n'est pas machine dans chacune de ses parties. Par exemple : la dent d'une roue de laiton a des parties ou fragments qui ne nous sont plus quelque chose d'artificiel et n'ont plus rien qui marque de la machine par rapport à l'usage où la roue était destinée. Mais les machines de la nature, c'est-à-dire les corps vivants, sont encore machines dans leurs moindres parties, jusqu'à l'infini. C'est ce qui fait la différence entre la nature et l'art, c'est-à-dire, entre l'art Divin et le nôtre [1].

Le résultat de cette autonomie absolue du domaine des corps est donc, encore une fois, de rendre en droit inutile une âme ou une pensée organisatrice : raison pour laquelle Leibniz en vient à des expressions extraordinairement contournées quand il lui faut exprimer la liaison

---

1. *Monadologie*, § 64.

des âmes et des corps : « Ce système », écrit-il, « fait que les corps agissent comme si (par impossible) il n'y avait point d'âmes ; et que les âmes agissent comme si il n'y avait point de corps ; et que tous deux agissent comme si l'un influait sur l'autre ». Comment comprendre cette « influence » qui n'en est pas une ? Leibniz a proposé une image célèbre : l'âme et le corps seraient comme deux horloges si exactement réglées qu'elles donneraient, indépendamment l'une de l'autre, exactement la même heure. Il s'agit là, bien entendu, d'une illustration de cette « harmonie préétablie par un artifice divin prévenant, lequel dès le commencement a formé chacune de ces substances [c'est-à-dire, l'âme et le corps] d'une manière si parfaite, et réglée avec tant d'exactitude, qu'en ne suivant que ses propres lois, qu'elle a reçues avec son être, elle s'accorde pourtant avec l'autre ; tout comme si il y avait une influence mutuelle », etc. On peut douter, cependant, qu'une résolution métaphorique donne véritablement les moyens de comprendre « l'influence » que peuvent avoir l'une sur l'autre deux entités aussi radicalement distinguées que le sont, chez Leibniz, les corps et les âmes.

Chez Pascal enfin, la distinction des « ordres », corps, esprit, et charité, est tranchée au point d'interdire absolument l'idée d'une causalité de l'un à l'autre : « De tous les corps ensemble, on ne saurait en faire réussir une petite pensée : cela est impossible, et d'un autre ordre. De tous les corps et esprits, on n'en saurait tirer un mouvement de vraie charité : cela est impossible, d'un autre ordre, surnaturel »[1]. Sans doute, comme l'a montré Pierre Magnard, Pascal, tout en accordant crédit à la doctrine cartésienne des « esprits animaux », aborde la question du corps humain « en réaction contre la biologie mécaniste de Descartes et les outrances de ses adeptes », à tel point qu'on a pu voir chez lui un « organicisme avant la lettre »[2] ; mais Pascal n'en tire jamais argument pour confondre les ordres : « nous sommes automates autant qu'esprit »[3].

---

1. L 308, Br 793, Ch 829.
2. P. Magnard, *Nature et Histoire dans l'apologétique de Pascal*. Paris, Les Belles Lettres, 1975, p. 116 et note. Nous donnons, pour les *Pensées*, les références aux éditions Lafuma (L), Brunschvicg (Br) et Chevalier (Ch).
3. L 821, Br 252, Ch 470.

L'UNION OBSCURE

L'autonomie reconnue au domaine des corps, qui allait permettre le magnifique développement des sciences de la matière, a cependant posé un problème insoluble aux philosophes du XVIIᵉ siècle : comment recomposer l'homme après l'avoir divisé en âme et corps ? Aucun ne s'est estimé capable d'une telle tâche. Elle semblait au-dessus de forces humaines : et l'on soutiendrait avec vraisemblance que les Dieux de Descartes, de Spinoza, de Leibniz, et même Celui de Pascal, sont autant de réponses à la question : comment l'homme est-il possible [1] ?

Union

Le premier des problèmes posés par la conception mécaniste du corps humain, ou, ce qui revient au même, par la distinction claire établie en l'homme entre un domaine autonome du corps et un domaine autonome de l'esprit ou de la pensée, est donc l'union elle-même : « Qui ne croirait », écrit ainsi Pascal, « à nous voir composer toutes choses d'esprit et de corps, que ce mélange-là nous serait bien compréhensible ? C'est néanmoins la chose qu'on comprend le moins ; l'homme est à lui-même le plus prodigieux objet de la nature, car il ne peut concevoir ce que c'est que corps et encore moins ce qu'est esprit, et moins qu'aucune autre chose comment un corps peut être uni avec un esprit. C'est là le comble de ses difficultés et cependant c'est son propre être » [2]. Aucun des philosophes que nous avons abordés ne s'est donné une véritable solution à cette question : Descartes admet sans doute l'union de l'âme et du corps comme un fait, mais sans céder en rien sur la permanence de leur réelle distinction, au sein même de l'union. Spinoza s'interdit de penser une telle union, ou une telle interaction : c'est pourquoi le terme de « paral-

---

1. On lira avec profit, sur cette question, le texte de J. Derrida, « *Cogito* et histoire de la folie », dans *L'Écriture et la différence*, Paris, Seuil, 1975, notamment note 1 p. 89 . À propos de la question de l'identité, de la personnalité, en rapport avec les altérations du corps (questions que nous évoquons un peu plus loin dans cet article), on pourra se reporter au texte intitulé « Circonfession », dans *Jacques Derrida*, Geoffrey Bennington et Jacques Derrida (éd.), Paris, Seuil, 1991.
2. L 199, Br 72, Ch 84.

lélisme» convient si bien à sa philosophie, bien qu'il ne fasse pas partie de son vocabulaire. Leibniz propose une image. Pascal enfin, «explique» la nature humaine, paradoxalement, par le mystère de la religion : toutes les dualités en l'homme, corps-esprit, ange-bête, misère-grandeur, sont à ses yeux inexplicables d'un point de vue rationnel, et s'expliquent seulement si l'on voit en l'homme une «nature déchue» par le péché originel, qui porte donc toujours en elle, et simultanément, des traces de sa grandeur passée et des marques de son indignité présente :

> Le péché originel est folie devant les hommes, mais on le donne pour tel. Vous ne devez donc pas reprocher le défaut de raison en cette doctrine, puisque je la donne pour être sans raison. Mais cette folie est plus sage que toute la sagesse des hommes […]. Car, sans cela, que dira-t-on qu'est l'homme ? Tout son état dépend de ce point imperceptible. Et comment s'en fût-il aperçu par sa raison, puisque c'est une chose contre la raison, et que sa raison, bien loin de l'inventer par ses voies, s'en éloigne quand on le lui présente ? » [1].

L'homme est donc incompréhensible sans l'incompréhensibilité du péché originel : on voit par là que Pascal inverse seulement les termes du problème, mettant, si l'on peut dire, l'incompréhensibilité de l'homme hors de l'homme quand les philosophes la voient en l'homme – la raison semblant incapable, dans tous les cas, de fournir une explication complète et satisfaisante de la possibilité même d'un être rationnel.

Le problème de l'union, difficile en général, est en outre tout particulièrement ardu dans le cas d'un « automate » aussi perfectionné que l'est le corps humain. Car, à mesure qu'on se donne, en perfectionnant la machine, les moyens d'expliquer les mouvements du corps par d'autres mouvements du corps, on réduit la nécessité d'une âme, jusqu'à lui ôter absolument, à la limite, toute légitimité dans le gouvernement du corps. Spinoza, nous l'avons vu, acceptait sans restriction une telle conséquence, si paradoxal qu'en fût l'énoncé. La position de Descartes, apparemment plus conforme à l'expérience commune, est en réalité tout aussi difficile : Descartes, en effet, considère, selon les justes mots de Ferdinand Alquié, que « la machine vivante [c'est-

---

1. L 695, Br 445, Ch 448.

à-dire, ici, le corps humain] a été fabriquée par Dieu», et qu'en elle, «tout est préparé pour recevoir l'âme qui, débarrassée des fonctions qu'elle n'a plus à assumer, sera purement consciente et intellectuelle»[1]. Gueroult s'exprime, dans le même sens, en termes plus figurés : «ainsi», écrit-il, «la nature physique réaliserait mécaniquement une machine très compliquée, ayant des dispositions telles que l'âme pourrait, en quelque sorte, la *chausser* [souligné par Gueroult] sans avoir été pour rien dans la fabrication et l'imbrication de ses parties»[2]. Par là s'expliquerait que, conformément à une déclaration explicite de Descartes, la première passion ressentie par l'âme en «s'insérant» dans cette machine ait été «une joie sensible qui témoigne de la convenance qu'offre avec elle cette machine que les lois mécaniques ont si parfaitement disposée à la recevoir»[3]. Descartes écrivait en effet à Chanut, en février 1647 : «Je juge que la première passion a été la joie, parce qu'il n'est pas possible que l'âme ait été mise dans le corps, sinon lorsqu'il a été bien disposé, et que, lorsqu'il est ainsi bien disposé, cela nous donne naturellement de la joie».

Le côté séduisant d'une telle conception ne peut cependant dissimuler le fait qu'elle rend presque intenable la théorie des animaux-machines : car le corps d'un animal n'est-il pas, autant qu'on puisse en juger, extrêmement «bien disposé»? D'où vient alors que Descartes lui refuse absolument l'âme, alors qu'il l'accorde totalement à l'homme? Ou bien, par conséquent, la «bonne disposition» des parties d'un corps-machine le rend apte à recevoir une âme, et dans ce cas il faut reconnaître, avec la tradition (et avec La Fontaine[4]), une, voire plusieurs âmes aux animaux; ou bien le corps de l'homme possède des «dispositions» secrètes, qui expliquent qu'il puisse seul recevoir l'esprit. On sait que Descartes s'est engagé dans cette deuxième voie, pensant voir dans la fameuse «glande pinéale» le «principal siège de l'âme»[5]; on sait aussi qu'il s'agissait d'une impasse, et les féroces railleries que valut à Descartes, de la part de

1. Descartes, *Œuvres philosophiques*, F. Alquié (éd.), I, note 1 p. 480.
2. M. Gueroult, *Descartes selon l'ordre des raisons*, Paris, Aubier-Montaigne, 1968, 2 tomes, vol. II, p. 181.
3. *Ibid.*, p. 181-182.
4. Voir le *Discours à Madame de la Sablière*.
5. *Passions de l'Âme*, I, 32.

Spinoza, cette héroïque tentative[1]. Tout le problème, nous le voyons maintenant de plus en plus clairement, est bien de donner sens à l'expression « corps humain », comme le voyait Pascal lorsqu'il accordait que « mon corps sans mon âme ne serait pas le corps d'un homme »[2] – l'âme apparaissant de plus en plus en position de « supplément », au fur et à mesure que s'étendent et se perfectionnent les fonctions du corps, sans jamais cependant pouvoir être totalement exclue, faute de quoi le « corps » en question ne serait plus un corps « humain ». Le mécanisme conduit ainsi, pour que soit simplement concevable la conjonction des termes « corps humain », à la notion paradoxale, mais nécessaire, d'une présence-absence de l'âme.

Identité

Dès que le corps humain est conçu comme une machine, l'identité de l'individu fait problème. Si on définit, en effet, l'identité d'un individu, conformément à l'esprit du mécanisme, par une certaine disposition de ses parties, toute autre disposition définira un autre individu. Mais comme il est manifeste que la disposition des parties de notre corps se modifie sans cesse dans le temps, une conception mécaniste de l'individualité conduira à un véritable éclatement, dans le temps, de l'individualité, contraire semble-t-il au plus élémentaire bon sens : car certaines modifications de notre corps peuvent sans doute, et dans certaines circonstances, être déterminantes (par exemple, une circoncision); mais la plupart sont au fond négligeables (par exemple, changer de coupe de cheveux). L'identité d'un individu, autrement dit ce par quoi il demeure le même malgré les modifications qui peuvent l'affecter, ne peut donc pas, par définition, être déterminée par référence à son corps sans cesse changeant. Le mécanisme est alors obligé de supposer une âme s'il veut pouvoir continuer à parler d'identité ou d'individualité. Avec l'âme pour principe d'unité, cependant, revient nécessairement la finalité (à laquelle s'oppose par principe le mécanisme), comme on le voit bien chez Descartes, pour qui l'union de l'âme et du corps a pour finalité la conservation de notre corps -par où

---

1. Spinoza, *Éthique* V, Préface.
2. L 957, Br 512, Ch 639. « Accordait », car Pascal vise ici Descartes. Voir Magnard, *op. cit.*, p. 120.

se montre la « puissance et la bonté de Dieu », puisque nous ressentons en général « le sentiment [...] qui est le plus propre et le plus ordinairement utile à la conservation du corps humain lorsqu'il est en pleine santé »[1]. Le lien entre principe d'identité et finalité apparaît ici clairement : car une machine inanimée n'a pas d'identité, et ne cherche en rien à se conserver, c'est-à-dire à préserver cette identité.

La difficulté vient alors, encore une fois, de la théorie des animaux-machines. Car, à la différence des automates, les animaux semblent doués du même appétit de conservation que les hommes – et, ajouterions-nous, l'identité d'un animal ne fait guère de doute en général. Mais, prise strictement, la conception du corps de l'animal comme machine conduirait à se demander, comme le fait Gueroult, si un cheval amputé ne se trouvera pas être « moins cheval qu'un autre ? »[2]. La difficulté, ici, ne vient pas de l'évidence supposée de la réponse (pourquoi, au fond, serait-il absolument impossible qu'elle soit positive ?) ; mais de la nouvelle fonction attribuée à l'âme : si en effet, on conçoit l'âme comme un principe intellectuel, pensant, la distinction entre les animaux et l'homme se comprend, s'accepte. Mais si l'âme est conçue du point de vue d'une finalité biologique, alors précisément la distinction entre l'homme et les animaux devient incompréhensible, et même inacceptable. Le problème est qu'une âme purement intellectuelle, comme nous l'avons montré plus haut, n'est en rien nécessaire au fonctionnement d'un corps-machine très perfectionné.

Pathologie

Il n'y a de pathologie que par rapport à une finalité : la maladie est une déficience par rapport à un état estimé, à tort ou à raison, sain. Une machine peut mal fonctionner pour nous, c'est-à-dire ne pas nous rendre le service que nous attendons d'elle, mais, en soi, une machine fonctionne toujours correctement, car elle obéit toujours, mécaniquement, aux lois de la nature. Comme Descartes le fait remarquer dans la sixième des *Méditations* : « [...] une horloge composée de roues et de contrepoids, n'observe pas moins exactement toutes les

---

1. *Méditation Sixième*, Pléiade, 332 ; Alquié II 501 ; AT IX 70.
2. Guéroult, *op. cit.*, II, p. 181.

lois de la nature, lorsqu'elle est mal faite, et qu'elle ne montre pas bien les heures, que lorsqu'elle satisfait entièrement au désir de l'ouvrier »[1].

Il ne peut donc y avoir, aux yeux de Descartes, d'animal malade ; et la présence d'une âme, source d'une finalité biologique de conservation, donc de santé, se révèle encore une fois indispensable pour donner sens à la notion de maladie, chez l'homme exclusivement.

La rigueur du point de vue mécaniste (donc anti-finaliste) de Spinoza permet ainsi de comprendre, *a contrario*, pourquoi il lui est arrivé de nier quasiment la réalité de la maladie, et même de la souffrance – du moins, de leur refuser le statut de déficiences. Pour illustrer la thèse selon laquelle « le mal n'est rien de positif », Spinoza examine par exemple, dans la Lettre 21 à Blyenbergh, le cas d'un aveugle : « quand donc », écrit-il, « nous considérons cet homme de la sorte, comparant sa nature avec celle d'autres individus ou avec sa nature antérieure, nous affirmons que la vision appartient à sa nature et, pour cette raison, nous disons qu'il en est privé. Mais si l'on a égard au décret de Dieu et à la nature. de ce décret, l'on ne peut pas plus dire que cet aveugle est privé de la vue qu'on ne peut le dire d'une pierre, car, *à ce moment-là* [nous soulignons], il serait aussi contradictoire que la vision lui appartînt qu'il le serait qu'elle appartînt à la pierre ». Nous avons souligné l'expression « à ce moment-là », où apparaît clairement la liaison entre le refus de la finalité et la dissolution temporelle de la personnalité : car il est vrai que toute maladie ou toute souffrance doit s'apprécier par rapport à un état antérieur. Mais une machine, comme la nature, est toujours au présent.

CONCLUSION

Une conception mécaniste du corps humain semble donc condamnée, dans un mouvement vertigineux, à s'affirmer, puis à se nier elle-même, puis à s'affirmer à nouveau, etc., à l'infini – car il semble également impossible d'y renoncer et de s'y maintenir. Un strict matérialisme, d'abord, est intenable en l'occurrence, car il est contradictoire de penser que l'homme n'est qu'un corps. On caracté-

---

1. Pléiade, 329 ; Alquié II 497 ; AT IX 67.

risera alors l'homme comme l'alliance d'un corps tout mécanique, et d'un autre principe, spirituel. Énoncera-t-on alors que nous « avons » un corps, que nous le possédons ? Ce serait cette fois introduire trop de distance entre « nous » et notre corps, comme le faisait remarquer Descartes dans la *Sixième Méditation*, lorsqu'il déclarait :

> la nature m'enseigne aussi par ces sentiments de douleur, de faim, de soif, etc., que je ne suis pas seulement logé dans mon corps, ainsi qu'un pilote en son navire, mais, outre cela, que je lui suis conjoint très étroitement et tellement confondu et mêlé, que je compose comme un seul tout avec lui. Car, si cela n'était, lorsque mon corps est blessé, je ne sentirais pas pour cela de la douleur, moi qui ne suis qu'une chose qui pense, mais j'apercevrais cette blessure par le seul entendement comme un pilote aperçoit par la vue si quelque chose se rompt dans son vaisseau [1].

Je ne possède, je ne dirige, je n'« ai » donc pas plus un corps que je ne « suis » un corps. Mais comment dire alors ce rapport de l'homme à son corps ? Tout le XVIIe siècle pensant brûle de cette question, et laissera les suivants comme intimidés par une exploration ardente, mais finalement vaine, comme si le problème ne pouvait recevoir de réponse tant que les termes n'en seraient pas modifiés. Car, tant que l'on reste dans le cadre des rapports d'une mécanique et d'une pensée, il n'y a de « corps humain » concevable que par l'union – pourtant inconcevable – des deux.

Charles RAMOND
Université de Bordeaux III

---

1. Pléiade, 326 ; Alquié II 492 ; AT IX 64.

UN SEUL ACCOMPLISSEMENT
(HYPOTHÈSES SUR SPINOZA, *ÉTHIQUE* V, 39)

Lorsque Spinoza déclare, en *Éthique* V 39 : «Qui a un corps apte à des choses très nombreuses, a aussi une âme dont la plus grande partie est éternelle» [1], il provoque inévitablement chez son lecteur (nous le savons d'expérience) une surprise, un étonnement, voire une véritable stupéfaction. Pour qui est familier de l'*Éthique*, en effet, la structure générale de la cinquième partie semble soudain bouleversée. Spinoza n'avait-il pas déclaré, en *Éthique* V 20 scolie, charnière de la cinquième partie, après avoir résumé les propositions précédentes, consacrées à l'ensemble des «remèdes aux affects» <*omnia affectuum remedia*>, qu'«il <était> [...] temps maintenant de passer à ce qui

---

1. *E* V 39 : «*Qui corpus ad plurima aptum habet, is mentem habet, cujus maxima pars est aeterna*» [Nous traduisons]. Autres traductions : Alquié, *Le rationalisme de Spinoza*, p. 310 : «Qui a un corps apte à un grand nombre de choses, celui-là a une âme dont la plus grande partie est éternelle»; Appuhn : «qui a un corps possédant un très grand nombre d'aptitudes, la plus grande partie de son âme est éternelle»; Caillois : «Qui a un corps apte au plus grand nombre d'actions, a un esprit dont la plus grande partie est éternelle»; Guérinot : «Celui qui a un corps apte au plus grand nombre de choses, a un esprit dont la plus grande partie est éternelle»; Macherey, *Les Voies de la Libération*, p. 182 : «qui a un corps apte au plus grand nombre de choses, celui-là a une âme dont la plus grande partie est éternelle»; Misrahi : «Celui dont le Corps est doué d'aptitudes nombreuses possède un Esprit dont la plus grande part est éternelle»; Pautrat : «Qui a un corps apte à un très grand nombre de choses, a un esprit dont la plus grande part est éternelle».

touche à la durée de l'âme *sans relation avec l'existence du corps* »[1]?
Ne s'apprêtait-il pas à confirmer ce point de vue immédiatement après
V 39, c'est-à-dire en V 40 scolie, en écrivant : « voilà ce que je m'étais
proposé de montrer au sujet de l'âme dans la mesure où elle est considérée sans relation à l'existence du corps »[2]? N'avait-il d'ailleurs pas
respecté, tout au long de *Éthique* V, cette exigence d'une considération de l'âme « sans relation avec l'existence du corps » – les propositions V 21, V 29, V 30 et V 34, traitant du corps sans doute, n'étant en
réalité qu'autant de façons de rappeler que l'éternité de l'âme ne
devait pas être associée à la considération du corps « actuel », mais
seulement du corps considéré « sous l'aspect de l'éternité »[3]? La
proposition V 39, associant l'éternité de l'âme, non pas à la considération du corps *sub specie aeternitatis*, mais à la considération des
« aptitudes » propres à ce corps présent qui est le nôtre ici et maintenant, semble donc véritablement déplacée dans le contexte général
de la fin de la cinquième partie, en ce qu'elle y réintroduit de façon
inattendue la perspective du premier groupe de propositions (auquel

---

1. *E* V 20 sc fin : « *Tempus igitur jam est, ut ad illa transeam, quae ad mentis dura-
tionem sine relatione ad corporis existentiam pertinent* ». [Nous soulignons dans tous les
cas].

2. *E* V 40 sc début : « *Haec sunt, quae de mente, quatenus sine relatione ad corporis
existentiam consideratur, ostendere constitueram* ».

3. *E* V 21 insiste sur la liaison de « l'imagination » et du « souvenir » avec la « durée
du corps » (« *mens nihil imaginari potest, neque rerum praeteritarum recordari, nisi
durante corpore* » : « l'âme ne peut rien imaginer, ni se souvenir des choses passées, hors
de la durée du corps ») ; V 34 insistera sur la même idée (« *mens non nisi durante corpore
obnoxia est affectibus, qui ad passiones referuntur* » : « l'âme, hors de la durée du corps,
n'est pas soumise aux affects qui se rapportent aux passions) ; V 29 insiste sur la différence entre « l'existence actuelle du corps » et le corps conçu « sous l'aspect de l'éternité » (« *quicquid mens sub specie aeternitatis intelligit, id ex eo non intelligit, quod
corporis praesentem actualem existentiam concipit, sed ex eo, quod corporis essentiam
concipit sub specie aeternitatis* » : « Tout ce que l'âme entend sous l'aspect de l'éternité,
elle l'entend, non de ce qu'elle conçoit l'existence présente actuelle du corps, mais de
ce qu'elle conçoit l'essence du corps sous l'aspect de l'éternité ») ; V 30 insiste à nouveau sur le fait que le « corps » dont il est ici question est le corps non pas « actuel », ni
« présent », ni « durant », mais conçu « sous l'aspect de l'éternité » (« *mens nostra, quatenus se, et corpus sub aeternitatis specie cognoscit, eatenus Dei cognitionem necessario
habet, scitque se in Deo esse, et per Deum concipi* » : « notre âme, dans la mesure exacte
où elle se connaît, et le corps, sous l'aspect de l'éternité, a nécessairement la connaissance
de Dieu, et sait qu'elle est en Dieu et est conçue par Dieu »).

sa démonstration fait d'ailleurs presque exclusivement référence[1]).
De là cette sensation, à la lecture, d'une rupture dans l'enchaînement
des déductions; et de là sans doute, pour une part, l'aspect déroutant de
V 39.

Mais bien plus, considérée en elle même, la proposition V 39
donne directement le sentiment d'une grande violence, d'un choc, et
presque d'une provocation théoriques : «Qui a un corps apte à des
choses très nombreuses, a aussi une âme dont la plus grande partie est
éternelle »... Ferdinand Alquié faisait remarquer que, si la philosophie de Spinoza « fascine » depuis des siècles[2], c'est qu'elle offre,
à et par la raison, ce qui usuellement relève de la foi, c'est-à-dire
le salut[3]. Et c'est bien là en effet l'un des traits du «rationalisme
absolu »[4] de Spinoza, le plus «absolu» sans doute, comme le pense
Gueroult, de ceux de l'âge classique. Mais ici, en V 39, Spinoza ne
promet le salut («l'éternité de l'âme» n'étant bien évidemment qu'un
des noms du salut) ni par la raison, ni par la connaissance, fût-elle du
«troisième genre», ni par la «science intuitive», ni par «l'amour
envers Dieu», ni même par «l'amour intellectuel de Dieu» – thèmes
sans doute déjà paradoxaux, difficiles, obscurs, mais somme toute
classiques et ayant des répondants dans la tradition tant philosophique
que religieuse de l'occident; non : ici, Spinoza promet le salut à, ou
plutôt constate le salut de celui «dont le corps possède un très grand
nombre d'aptitudes». Déclaration absolument extraordinaire, sans

---

1. La démonstration de V 39 s'appuie en effet sur les propositions 10, 14, 15, 16 et 33
de la cinquième partie : soit 4 sur 5 antérieures à V 20 (en laissant de côté les réf à IV 38 et
à IV 30).

2. F. Alquié, *Le Rationalisme de Spinoza*, Paris, PUF, 1981, p. 350 : «Nul ne saurait
méconnaître le caractère fascinant d'une telle philosophie. L'entendement humain y voit
ses erreurs, ses inquiétudes et ses doutes se dissiper à la lumière de la vérité, et se trouve
installé au niveau même de l'entendement divin, dont il est une partie : il lui suffit
désormais d'enchaîner ses idées dans l'ordre dû pour se trouver accordé avec le réel tout
entier ».

3. *Ibid.*, 10-11 : Spinoza « affirme que l'on peut, en suivant sa doctrine, parvenir à la
vie éternelle et à la béatitude. C'est en ce sens qu'il se sépare de tous les philosophes
occidentaux de l'époque moderne. On n'a pas assez insisté sur cette différence », etc.
Voir aussi p. 21 : « Toute philosophie constituée est le fruit de diverses exigences, dont
certaines ne relèvent pas du pur souci d'un savoir théorique. Ainsi le spinozisme prétend
résoudre des problèmes que Descartes, par exemple, réservait à la foi. Il veut nous
conduire au salut ».

4. Pour reprendre l'expression sur laquelle s'ouvre le commentaire de Gueroult.

équivalent à notre connaissance dans toute la philosophie, et dont la résonance incontestablement orientale amenait Alexandre Matheron à évoquer, au sujet précisément de cette proposition, une « sorte de yoga »[1] – expression prudente, on en conviendra, mais par laquelle Matheron, au moins, essayait de donner quelque contenu à la déclaration de Spinoza. Nous essayerons ici à notre tour quelques hypothèses sur les référents possibles de cette proposition, dont l'aspect énigmatique dérobe le salut qu'elle semble mettre à portée de la main.

Un corps d'une complexité supérieure ?

Pour rendre compte de la liaison entre un corps « apte à de très nombreuses choses » et une âme « dont la plus grande partie est éternelle », on pourra d'abord considérer que l'âme de l'homme est l'idée d'un corps très complexe[2]. « Le corps humain », indique en effet Spinoza, « est composé d'un très grand nombre d'individus (de

1. A. Matheron : « La vie éternelle et le corps selon Spinoza », dans *Revue philosophique de la France et de l'étranger*, 1994-1, p. 27-40. On lit p. 39-40 : « Si bien qu'à la limite, on pourrait concevoir que nous arrivions à connaître notre essence dans sa singularité : nous y parviendrions si les affections de notre corps réussissaient à s'enchaîner selon un ordre pleinement conforme à cette essence dans ce qu'elle a de singulier – c'est-à-dire si notre corps réussissait à être vraiment lui-même, s'il devenait entièrement maître de soi par quelque chose qui pourrait bien ressembler à une sorte de yoga » (termes et passages soulignés par Matheron, qui renvoie en note à *Individu et Communauté chez Spinoza*, où effectivement le terme de « yoga » apparaissait, par exemple p. 586). Nous discutons un peu plus loin la possibilité d'appliquer une notion comme celle de « maîtrise de soi » à la sagesse spinoziste.

2. L'interprétation de la doctrine spinoziste des corps en termes de « degrés de complexité » se trouve chez de nombreux auteurs, comme par exemple Gueroult, II 177 : « progrès dans la complication » ; II 348 : « degré de complexité » ; II 349 : « complexité croissante » ; A. Matheron, *Individu et Communauté*, 30 : « totalités plus complexes », titre du chapitre 3, p. 37-61 : « l'unification externe : individualité complexe et univers organisé » ; 53 : « infinité de degrés de complexité » ; R. Bouveresse, « Remarques sur l'idée d'animisme universel chez Spinoza et chez Leibniz », *Colloque de Cerisy, 1982*, Paris, Vrin, 1988, 34 : « niveau de complexité supérieur », « l'individu le plus complexe » ; 43 : « hiérarchie du plus complexe au plus simple » ; et F. Tinland, « La notion d'individu et la hiérarchie des modes finis selon l'*Éthique*, *Colloque de Cerisy, op. cit.*, 23 : « niveaux » de « complexité » ; 24 : « complexité supérieure » ; 25 : « degré de complexité structurale ».

diverses natures) dont chacun est très composé »[1] ; et de ce fait, l'âme de l'homme « est apte à percevoir un très grand nombre de choses, et d'autant plus que son corps peut être disposé d'un plus grand nombre de manières »[2].

Cette façon de rendre compte de V 39 reposerait sur un certain nombre de thèses que l'on trouve en effet chez Spinoza; plus précisément, sur la combinaison de deux thèses fondamentales : la composition complète de l'univers des choses singulières[3], et le parallélisme[4]. Dans une telle perspective, plus un individu aurait un corps composé, plus son âme serait apte à percevoir un grand nombre de choses; accroissant ainsi son « aptitude » à établir des rapports nombreux entre les choses perçues, il augmenterait en cela sa connaissance, c'est-à-dire la partie éternelle de son âme.

Une telle voie d'explication, cependant, ne pourrait être entièrement satisfaisante. D'abord, parce que la tournure de V 39, manifestement quantitative (« qui a un corps apte à un *très grand nombre de choses* » <*plurima*>, dit bien Spinoza), supposerait (si le « nombre » des « choses » auxquelles nous sommes « aptes » dépendait de la « complexité » de notre corps) la possibilité de comparer de tels « degrés de complexité », ou, pour parler à la manière de Spinoza, des degrés de « composition ». Or, à l'examen, il se révèle impossible de comparer précisément des « degrés de composition », dont nous n'avons, malgré la finesse de nos perceptions usuelles, qu'une estime grossière : il nous est en effet non seulement impossible, tout autant que ce le fut pour Spinoza en son temps, de quantifier la supériorité de composition du corps humain par rapport à l'une de ses parties; nous ne pourrions pas même affirmer avec certitude une telle supériorité : le corps humain, en effet, ne semble pas évidemment « plus complexe » que tel ou tel de ses membres, déjà « très » complexes. Bien plus, si même on adoptait une telle théorie, il serait impossible de distinguer

---

1. *E* II 13 postulat 1 : « *corpus humanum componitur ex plurimis (diversae naturae) individuis, quorum unumquodque valde compositum est* ».

2. *E* II 14 : « *Mens humana apta est ad plurima percipiendum, et eo aptior, quo ejus corpus pluribus modis disponi potest* ». Nous avons souligné le lien entre cette proposition II 14 et les postulats qui suivent II 13 : de fait, la démonstration de II 14 s'appuie, entre autres, sur le troisième de ces postulats.

3. Voir *E* II 13 lemme 7 sc.

4. Voir *E* II 7.

les animaux des hommes : la plupart des animaux ont en effet un corps manifestement « très complexe », tout à fait comparable de composition (ou de complexité) avec le corps humain. Et si même on admettait une infériorité globale de composition entre les corps des animaux et ceux des hommes, le sens de V 39 demeurerait mystérieux : car, comment expliquer, si la complexité du corps fait l'éternité de l'âme, que seuls certains hommes accèdent à cette éternité, et pas tous ? Spinoza, en V 39, n'offre pas en effet le salut à tous les hommes, mais seulement à « ceux dont » le corps est apte à « de très nombreuses choses ». L'interprétation de la proposition en termes de « degrés de complexité » ou « de composition » obligerait donc à conclure que les corps des « sages » sont d'une complexité supérieure à ceux des « ignorants ». Mais rien de ce que nous pouvons connaître des sages, ou de ceux parmi les hommes qui ont approché la sagesse, comme des ignorants, ou de ceux qui ont approché l'ignorance, ne nous permet d'établir ou même simplement d'envisager une telle répartition.

Spinoza a d'ailleurs historiquement montré une réticence significative quant à la possibilité de comparer des « degrés de composition », ou de « complexité ». Dans les lettres échangées avec Oldenburg au sujet des *Tentamina* du physicien anglais Boyle, il avait en effet d'abord accepté de caractériser les diverses sortes de « bois », à l'invitation de son correspondant, comme des corps « beaucoup plus composés » *<multo magis composita>* que le salpêtre. Par la suite cependant, semblant se raviser, Spinoza allait laisser voir ses doutes sur la prétendue « simplicité » du salpêtre, en soulignant qu'il lui était impossible de comparer le degré de composition du salpêtre avec celui de l'ambre [1]. Mais ce qui vaut pour des corps chimiques assez élémentaires vaudrait *a fortiori* pour les corps des animaux, et pour les corps des hommes, dont les degrés de complexité sont de toute évidence impossibles à hiérarchiser : faute d'une telle possibilité, la très grande complexité du corps humain en général ne peut donc

---

1. Dans la Lettre 13, Spinoza commence par douter de la valeur explicative des degrés de composition : « Pour le bois, je reconnais que c'est un corps plus complexe que le salpêtre ; mais, aussi longtemps que j'ignore la nature tant de l'un que de l'autre et de quelle façon l'échauffement se produit dans l'un et dans l'autre, quel intérêt cela peut-il avoir, je le demande ? *<quid id quaeso ad rem facit ?* – G IV 67 23-24> » ; puis, quelques lignes plus loin, il renonce délibérément à la notion elle-même : « tels sont par exemple l'ambre et d'autres corps dont j'ignore s'ils sont plus complexes que le salpêtre ».

suffire à expliquer pourquoi la plus grande partie de l'âme de certains hommes est éternelle.

Un corps sain pour une âme sauve?

Le scolie qui fait immédiatement suite à V 39 évoque l'un des dictons les plus populaires sur la santé : « Qui d'enfant ou de jeune garçon passe à l'état de cadavre, est dit malheureux, et, au contraire, on tient pour bonheur d'avoir pu parcourir l'espace entier de la vie avec une âme saine dans un corps sain <*mente sana in corpore sano*> ». Sans doute Spinoza ne parle-t-il pas ici en son nom propre, mais rien n'indique, dans le contexte de ce scolie, qu'il prenne ses distances avec l'opinion qu'il rapporte. De là l'hypothèse parfaitement légitime selon laquelle l'accomplissement physique par la santé du corps pourrait répondre ou correspondre à l'accomplissement éthique, c'est-à-dire au salut [1].

Une telle idée aurait tout à fait à sa place dans la philosophie de Spinoza. La médecine comme « art de traiter le corps de façon qu'il puisse remplir convenablement sa fonction » est par exemple mise en parallèle, en V préface, avec la logique comme « art de porter l'entendement à sa perfection » [2]. D'autre part, la philosophie elle-même est montrée, dès le *Traité de la Réforme de l'Entendement*, comme ultime remède à une « maladie mortelle »; plus encore, dans les dernières propositions de *Éthique* IV, la recherche du salut est plusieurs fois éclairée de façon saisissante par l'opposition entre maladie et santé : voulant ainsi illustrer l'idée que « par un désir tirant son origine de la raison, nous poursuivons le bien directement et fuyons le mal

---

1. Voir l'article de J. Lagrée : « La santé et le salut : la pensée du corps dans l'*Éthique* de Spinoza », dans *Le Corps*, Paris, Vrin, 1992, p. 123-138.

2. *E* V préf. (G II 277 12-16) : « *quomodo autem et quâ viâ debeat intellectus perfici, et quâ deinde arte corpus sit curandum, ut possit suo officio recte fungi, huc non pertinet : hoc enim ad medicinam, illud autem at logicam spectat* » (« quant à la manière de porter l'entendement à sa perfection et à la voie y conduisant, ce sont choses qui n'appartiennent pas au présent ouvrage, non plus que l'art de traiter le corps de façon qu'il puisse remplir convenablement sa fonction ; cette dernière question est du ressort de la médecine, l'autre de la logique »).

indirectement »[1], Spinoza écrit (*ibid*, scolie) : « Ce corollaire s'explique par l'exemple du malade et du valide : le malade absorbe ce qu'il a en aversion par peur de la mort ; le valide tire satisfaction de la nourriture et jouit ainsi de la vie mieux que s'il avait peur de la mort », etc.[2] : l'idée de la santé illustre ici sans aucun doute l'immanence et l'immédiateté propres à la béatitude telle qu'elles s'expriment dans les deux dernières propositions de l'*Éthique*. De cette idée d'une jouissance directe de la vie dérive aussi la fameuse proposition IV 67, selon laquelle « un homme libre ne pense à aucune chose moins qu'à la mort, et sa sagesse est une méditation non de la mort mais de la vie »[3]. Nous devons sans doute faire un certain effort pour nous replonger dans le monde du XVIIe siècle, où la santé était un bien plus rare et plus périssable qu'aujourd'hui ; de ce point de vue, il n'est pas absurde de penser que celui qui jouissait d'une excellente santé pouvait penser avoir reçu quelque faveur quasi divine (ce qui, en langage spinoziste, se dit : avoir une âme dont la plus grande partie est éternelle).

Cependant, il serait sans doute insuffisant, selon nous, de caractériser essentiellement par la santé, chez Spinoza, l'accomplissement physique de l'homme (en tant qu'il répond, comme l'affirme V 39, à un accomplissement éthique) : car, sans aucun doute, les animaux peuvent être en parfaite santé, et aussi les enfants, et les ignorants (et même les plantes). S'engager dans cette voie, ce serait donc perdre à coup sûr toute possibilité de comprendre l'aspect essentiellement partitif de V 39. Il ne suffit pas d'avoir un corps développé et qui fonctionne bien pour que la plus grande partie de notre âme soit éternelle. Encore faut-il, de toute évidence, que ce corps accomplisse certaines actions plutôt que d'autres. Mais lesquelles ? à lire l'*Éthique*, il apparaît clairement, d'abord, que de telles actions devraient nécessairement accompagner les « affects nés de la raison »[4]. Or précisément,

---

1. *E* IV 63 cor : « *cupiditate, quae ex ratione oritur, bonum directe sequimur, et malum indirecte fugimus* ».

2. *E* IV 63 sc 2 : « *explicatur hoc corollarium exemplo aegri, et sani. Comedit aeger id, quod aversatur, timore mortis ; sanus autem cibo gaudet, et vitâ sic melius fruitur, quam si mortem timeret, eamque directe vitare cuperet* ».

3. *E* IV 67 : « *homo liber de nullâ re minus, quam de morte cogitat, et ejus sapientia non mortis, sed vitae meditatio est* ».

4. Pour reprendre l'expression qui figure au début de V 7 : « *Affectûs, qui ex ratione oriuntur, vel excitantur, etc.* ».

Spinoza caractérise dans une certaine mesure de telles actions : les « affects actifs »[1], en effet, consistent uniquement en l'ensemble des mouvements, des comportements, ou des conduites du corps que l'on peut « ordonner et enchaîner suivant un ordre valable pour l'entendement <*secundum ordinem ad intellectum*> ». Cette formule, qui apparaît en V 10, et sur laquelle s'appuie V 39, est sans doute énigmatique pour qui voudrait lui donner un référent concret ; mais elle est assez claire dans ce qu'elle exclut : à savoir, que la santé puisse être tenue dans le spinozisme pour le strict équivalent corporel du salut, ou qu'elle puisse y être à elle seule l'accomplissement physique qui répond à l'accomplissement éthique ; car ce dernier accomplissement suppose sans doute un corps sain (quoi que cela ne soit précisé nulle part), mais avant toute chose, un corps dont les affections soient « enchaînées selon un ordre valable pour l'entendement », pour que puissent triompher progressivement les affects actifs. Sans doute ce progrès dans la caractérisation de l'accomplissement physique chez Spinoza n'est-il encore que négatif (car nous ne savons toujours pas ce que peuvent être ces affections « enchaînées selon un ordre valable pour l'entendement »). Mais nous pouvons aussi nous sentir soulagés et rassurés dans une certaine mesure : car l'*Éthique* nous avait bien toujours semblé être autre chose que la doctrine un peu courte du *mens sana in corpore sano* – ne serait-ce que parce que justement, chez Spinoza, l'âme n'est pas, n'est jamais « dans » le corps.

Une maîtrise ascétique de soi ?

Si on essaie maintenant de donner un contenu à cette suite d'affections du corps « ordonnées et enchaînées selon un ordre valable pour l'entendement », la première idée qui peut venir à l'esprit est celle d'un « gouvernement » ou d'une « maîtrise » de soi, ou des passions par le sujet. Quelque forme que cela prenne, on pourrait songer à une manière d'ascétisme, de régulation du comportement

---

1. Voir *E* III 58 : « *praeter laetitiam, et cupiditatem, quae passiones sunt, alii laetitiae, et cupiditatis affectûs dantur, qui ad nos, quatenus agimus, referuntur* » (« Outre la joie et le désir qui sont des passions, il y a d'autres affects de joie et de désir, qui se rapportent à nous en tant que nous agissons »).

alimentaire, hygiénique, sportif, sexuel, affectif en général, voulue, imposée selon l'entendement à son corps par un sujet, et qui donnerait ainsi le signe corporel de l'accomplissement éthique – cette « sorte de yoga » évoquée par Alexandre Matheron.

Or, à la différence des hypothèses sur la « complexité » ou sur la « santé », qui trouvaient dans la doctrine de quoi s'étayer, on ne trouve pas trace, chez Spinoza, d'une pratique ou même d'une aspiration à la maîtrise ascétique de soi, pour deux raisons fondamentales. D'abord, en vertu du parallélisme, c'est-à-dire de l'absence totale d'inter-relation ou d'interaction entre l'âme et le corps, un tel programme de maîtrise ou de dressage de son propre corps ne pourrait aux yeux de Spinoza avoir aucune incidence sur l'âme. Comme il le déclare en effet sans ambiguïté en III 2 : « ni le corps ne peut déterminer l'âme à penser, ni l'âme le corps au mouvement ou au repos ou à quelque autre manière d'être que ce soit (s'il en est quelque autre) »[1]. D'autre part, l'entreprise même d'un dressage de son propre corps, ou de ses comportements, suppose l'interstice d'une distance entre le sujet et son corps ; et, bien plus, une telle entreprise suppose l'existence d'un sujet capable de volonté et de décision. Or précisément, les notions de dressage, de maîtrise, de volonté et de décision sont l'objet de la plus implacable critique dans la préface de *Éthique* V, dans laquelle Spinoza ne ménage ses coups et ses sarcasmes ni aux stoïciens, ni à Descartes, précisément pour avoir cru à cette sorte de gouvernement de soi.

Ce point engage d'ailleurs la compréhension du projet spinoziste dans ce qu'il a de plus original. La préface de la cinquième partie de l'*Éthique* est en effet toute entière consacrée, pourrait-on dire, à la rectification du préjugé encore présent dans le début du *Traité de la Réforme de l'Entendement*, selon lequel « l'institution d'une vie nouvelle »[2] dépendrait d'une résolution initiale, c'est-à-dire au fond, du sursaut d'une volonté. De ce point de vue, la préface de la cin-

---

1. *E* III 2 : « *nec corpus mentem ad cogitandum, nec mens corpus ad motum, neque ad quietem, nec ad aliquid (si quid est) aliud determinare potest* ».

2. *TRE* § 4 [nous reprenons ici la numérotation des *Opera Posthuma*, suivie par Appuhn] : « un seul point était clair : pendant le temps du moins que mon esprit était occupé de ces pensées, il se détournait des choses périssables et sérieusement pensait à l'institution d'une vie nouvelle < *hoc unum videbam, quod, quamdiu mens circa has cogitationes versabatur, tamdiu illa aversabatur et serio de novo cogitabat instituto* > ».

quième partie, et la cinquième partie elle-même, offrent un ton éton-
namment uni. L'angoisse présente dans le *Traité de la Réforme de
l'Entendement*[1], la lutte, le sursaut, le salut : tout cela a disparu.
Spinoza indique bien qu'on se dirige maintenant vers la béatitude,
mais les premiers mots de la préface (« je passe enfin à cette autre
partie de l'Éthique... ») n'ont pas les accents vibrants du début du
Traité de la Réforme. Dans l'*Éthique* en effet, on chercherait en vain le
moment d'une rupture décisive, œuvre de la volonté : précisément
parce que, comme va s'attacher Spinoza à le montrer dans la préface
de la cinquième partie, il est impossible et absurde de concevoir le
progrès éthique comme irruption d'une volonté libératrice dans le
monde des passions.

L'*Éthique*, d'ailleurs, malgré les apparences, ne se présente pas du
tout comme une libération faisant suite à une servitude : à la différence
de l'allégorie de la Caverne, ou des *Méditations*, le texte de Spinoza ne
retrace pas un itinéraire spirituel, avec l'obscurité initiale, la douleur
de l'entrée dans la réforme, l'illumination progressive, le retour de
l'esprit ou de l'âme éclairée dans la réalité commune. On serait en
effet bien en peine de distinguer de telles étapes dans l'*Éthique*.
Comme l'ont remarqué la plupart des commentateurs, les thèses de la
cinquième partie sont l'objets d'importantes anticipations dans les
parties précédentes : par exemple, la théorie de la connaissance, y
compris la connaissance du troisième genre, ou « science intuitive »,
est déjà longuement développée dans la seconde partie ; de même, la
troisième partie se termine par la déduction des affects non passion-
nels, donc déjà rationnels ; enfin, comme on sait, la quatrième partie
comporte, en décalage avec son propre titre, de longs passages consacrés déjà à la vie rationnelle et à la conduite du sage. Mais la lecture de
l'œuvre est guidée, comme c'est d'ailleurs normal, par la lecture des
titres des parties : et ainsi, nous sommes tout naturellement portés à
voir dans la cinquième partie, la libération attendue depuis le début ;

---

1. La décision de l'arrachement à la vie serve est présentée par Spinoza, en effet,
comme la dernière chance d'un malade à la dernière extrémité : « je me voyais en effet
dans un extrême péril <*in summo periculo*>, et contraint de chercher de toutes mes forces
un remède, fût-il incertain ; de même un malade atteint d'une affection mortelle <*veluti
aeger lethali morbo laborans*>, qui voit la mort imminente <*mortem certam*> s'il n'applique un remède, est contraint de le chercher, fût-il incertain, de toutes ses forces, puisque
tout son espoir est dans ce remède <*nempe in eo tota ejus spes est sita*> ».

autrement dit, nous sommes spontanément poussés (parfois par Spinoza lui-même, par exemple dans les premières lignes de la préface de *Éthique* V), à projeter sur l'*Éthique* le schéma d'une libération, schéma incontestablement présent dans un grand nombre de textes de la tradition, et jusque dans le *Traité de la Réforme de l'Entendement*; mais schéma, précisément, inapplicable à l'*Éthique*.

De ce point de vue, V 39 ne saurait indiquer un programme de maîtrise de soi, de ses comportements, ou de libération décidée, mais devrait être considéré comme un simple constat : « qui a un corps apte à des choses très nombreuses a aussi une âme dont la plus grande partie est éternelle ». On ne remarque aucun dynamisme : la phrase est parfaitement équilibrée, et constative. Considérer les progrès dans les aptitudes du corps comme un « moyen » en vue du salut comme « fin », ce serait aller à rebours de certaines des orientations les plus fonda-mentales (et les plus originales, comme nous venons de le rappeler) de l'*Éthique* : à savoir, outre le parallélisme, qui rend inconcevable toute interaction du corps sur l'âme, l'immanentisme, c'est-à-dire la néces-saire simultanéité de toutes les formes d'accomplissement, physique ou éthique, l'un n'étant pas plus le « prix » de l'autre que la béatitude, selon les tout derniers mots de l'*Éthique*, n'est le « prix » de la vertu.

DES PLAISIRS HARMONIEUSEMENT ÉQUILIBRÉS ?

Si ordonner et enchaîner les affections du corps « selon un ordre valable pour l'entendement » ne consiste pas à s'imposer une règle de vie conçue comme un dressage de soi, on se tournera peut-être vers l'hypothèse plus douce d'une vie agréable, facile, agrémentée de plaisirs mesurés mais variés, harmonieusement combinés et renou-velés, selon l'occasion, l'envie, etc. Perspective assez réjouissante, et qui est effectivement défendue par Spinoza en un passage célèbre (*Éthique* IV 45 scolie 2) :

> Seule assurément une farouche et triste superstition interdit de prendre des plaisirs. En quoi, en effet, convient-il mieux d'apaiser la faim et la soif que de chasser la mélancolie ? Telle est ma règle, telle ma convic-tion. Aucune divinité, nul autre qu'un envieux, ne prend plaisir à mon impuissance et à ma peine, nul autre ne tient pour vertu nos larmes, nos

sanglots, notre crainte et autres marques d'impuissance intérieure ; au contraire, plus grande est la joie dont nous sommes affectés, plus grande la perfection à laquelle nous passons, plus il est nécessaire que nous participions de la nature divine. Il est donc d'un homme sage d'user des choses et d'y prendre plaisir *<uti et delectari>* autant qu'on le peut (sans aller jusqu'au dégoût, ce qui n'est plus prendre plaisir *<non quidem ad nauseam usque, nam hoc delectari non est>*). Il est d'un homme sage, dis-je, de faire servir à sa réfection et à la réparation de ses forces des aliments et des boissons agréables pris en quantité modérée *<moderato et suavi cibo et potu se reficere et recreare>*, comme aussi les parfums, l'agrément des plantes verdoyantes, la parure, la musique, les jeux exerçant le corps, les spectacles et d'autres choses de même sorte dont chacun peut user sans aucun dommage pour autrui. Le corps humain en effet est composé d'un très grand nombre de parties de nature différente *<corpus humanum ex plurimis diversae naturae partibus componitur>* qui ont continuellement besoin d'une alimentation nouvelle et variée, pour que le corps entier soit également apte à tout ce qui peut suivre de sa nature et que l'âme soit également apte à comprendre à la fois plusieurs choses *<ut totum corpus ad omnia, quae ex ipsius natura sequi possunt, aeque aptum sit, et consequenter ut mens etiam aeque apta sit ad plura simul intelligendum>*. Cette façon d'ordonner la vie s'accorde ainsi très bien et avec nos principes et avec la pratique en usage ; nulle règle de vie *<vivendi ratio>* donc n'est meilleure et plus recommandable à tous égards et il n'est pas nécessaire de traiter ce point plus clairement ni plus amplement [1].

Le ton extrêmement affirmatif et personnel du passage pourrait donner à penser que l'on tient ici la clef de la compréhension de V 39, à plus forte raison si l'on prenait en considération, d'abord, que Spinoza y insiste beaucoup sur la multiplicité des soins à donner au corps : comme il l'indique souvent en effet, toute vie affective triste est fondamentalement une vie affective partielle (un peu à la manière dont une idée inadéquate est une idée mutilée). Dans le spinozisme, la diminution de puissance d'agir qui caractérise la tristesse ne vient pas tant, en effet, d'un « défaut » général de puissance, que de « l'excès » d'un affect partiel. Si par exemple la « gaité » est toujours bonne, c'est qu'elle « ne peut avoir d'excès », car elle est une « joie » dans laquelle

---

1. Traduction Appuhn.

« toutes les parties du corps sont pareillement affectées »[1]. Inversement, le « chatouillement » peut, comme un grand nombre d'autres affects (y compris l'amour et le désir), être « mauvais », car c'est une « joie », sans doute, mais qui, « relativement au corps, consiste en ce qu'une de ses parties ou quelques-unes sont affectées plus que les autres […] »[2]. Spinoza donne d'ailleurs la plus large extension à cette lecture des actions humaines, tristes et diminuées en tant précisément qu'elles se portent à l'excès sur telle ou telle partie du corps, si bien que le souci d'une répartition équilibrée et homogène des affects s'avère à ses yeux très rare, tandis que dominent les obsessions et les délires :

> La gaieté, que j'ai dit être bonne, se conçoit plus facilement qu'on ne l'observe. Car les affections qui nous dominent chaque jour <*affectus quibus quotidie conflictamur*> se rapportent la plupart du temps à quelque partie du corps qui est affectée plus que les autres ; les affections ont ainsi pour la plupart de l'excès, et retiennent l'âme de telle sorte dans la considération d'un seul objet qu'elle ne puisse penser à d'autres. Bien que les hommes soient soumis à plusieurs affections enfin, et qu'on en trouve rarement qui soient dominés par une seule, toujours la même, ils sont nombreux, ceux à qui une seule et même affection demeure obstinément attachée. Nous voyons en effet les hommes affectés parfois par un objet de telle sorte qu'en dépit de sa non-présence ils croient l'avoir devant eux, et quand cela arrive à une homme qui n'est pas endormi, nous disons qu'il délire ou qu'il est insensé <*eumdem delirare dicimus vel insanire*>. On ne croit pas moins insensés, parce qu'ils excitent d'ordinaire le rire, ceux qui brûlent d'amour et nuit et jour ne font que rêver de la femme aimée ou d'une courtisane. L'avare, au contraire, qui ne pense à rien d'autre qu'au gain et à l'argent, l'ambitieux uniquement préoccupé de gloire, etc., on ne croit pas qu'ils délirent, parce qu'ils sont d'ordinaire un sujet de peine pour autrui et sont tenus pour mériter la haine <*quia molesti solent esse,*

---

1. *E* IV 42 : « la gaieté ne peut avoir d'excès, mais est toujours bonne ; au contraire, la mélancolie est toujours mauvaise » <*hilaritas excessum habere nequit, sed semper bona est ; et contra melancholia semper mala*> ; et IV 42 dém : « la gaieté (cf III 11 sc) est une joie qui, relativement au corps, consiste en ce que toutes ses parties sont pareillement affectées » <*hilaritas […] est laetitia, quae quatenus ad corpus refertur, in hoc consistit, quod corporis omnes partes pariter sint affectae*> ».

2. *E* IV 43 dém : « *titillatio est laetitia, quae, quatenus ad corpus refertur, in hoc consistit quod una vel aliquot ejus partes prae reliquis afficiuntur* ».

et odio digni aestimantur>. En réalité, cependant, l'avarice, l'ambition, la lubricité sont des espèces de délire, bien qu'on ne les range pas au nombre des maladies *<sed revera avaritia, ambitio, libido, etc., delirii species sunt, quamvis inter morbos non numerentur>* [1].

Chez un philosophe qui pourtant fait du désir l'essence de l'homme, et n'hésite pas à parler de «jouissance de l'âme» [2], on cherchera donc vainement l'idée d'un accomplissement physique par la jouissance sensuelle, avec ce qu'elle implique de tension, de difficulté, mais aussi d'irrégularité et d'abattement. Tout au contraire : même si l'accomplissement éthique ne suppose pas la réduction des appétits sensuels, il leur est incontestablement antinomique : la béatitude entraîne de fait, chez Spinoza, la «réduction» des appétits sensuels. La «modération», on l'a vu, était une dimension centrale en IV 45 scolie – aller jusqu'au «dégoût» n'étant plus prendre plaisir. L'accomplissement physique correspondant ne pourra donc en aucune manière être la jouissance des sens, à la manière de ce que pouvait réclamer Calliclès dans le *Gorgias*, ou de ce que revendiqueront au siècle suivant les héros de Sade. Notre philosophe, homme adulte dans la puissance de l'âge (Spinoza y insiste souvent [3]), ne sera cependant ni

---

1. *E* IV 44 sc. Traduction Appuhn [nous avons conservé ici la traduction de *affectus* par « affection », car elle n'entraîne aucune ambiguïté dans le passage].

2. Voir *Traité Politique*, chap. I, §. 4, fin : « […] *et mens eorum verâ contemplatione aequè gaudet, ac earum rerum cognitione, quae sensibus gratae sunt* » (« et l'âme jouit à considérer ces choses en vérité, autant qu'à connaître celles qui sont agréables aux sens » – nous traduisons). Le verbe gaudere est bien celui qui intervient en *Éthique* V 42, et que rend Pautrat avec une particulière énergie : « la béatitude n'est pas la récompense de la vertu, mais la vertu même ; et ce n'est pas parce que nous contrarions les appétits lubriques *<libidines coërcemus>* que nous jouissons d'elle *<eâdem gaudemus>* ; mais au contraire, c'est parce que nous jouissons d'elle que nous pouvons contrarier les appétits lubriques ».

3. Voir par exemple V 39 sc : « Et réellement qui, comme un enfant ou un jeune garçon, a un corps possédant un très petit nombre d'aptitudes et dépendant au plus haut point des causes extérieures, a une âme qui, considérée en elle seule, n'a presque aucune conscience d'elle-même ni de Dieu ni des choses ; et au contraire, qui a un corps aux très nombreuses aptitudes, a une âme qui, considérée en elle seule, a grandement conscience d'elle-même, de Dieu et des choses. Dans cette vie donc nous faisons effort avant tout pour que le corps de l'enfance se change, autant que sa nature le souffre et qu'il lui convient, en un autre ayant un très grand nombre d'aptitudes et se rapportant à une âme consciente au plus haut point d'elle-même et de Dieu et des choses, et telle que tout ce qui se rapporte à sa mémoire ou à son imagination soit presque insignifiant relativement à l'entendement […] » (traduction Appuhn).

un Don Juan, ni un libertin, au sens que nous donnerions aujourd'hui à ce terme. Rien n'est sans doute plus étranger à la philosophie de Spinoza qu'une culture ou qu'une apologie de la jouissance libertine des corps : c'est même une direction dans laquelle le spinozisme n'a jamais pu être vraisemblablement tiré, bien qu'on en ait fait presque tout ce qu'il est possible d'imaginer, d'une philosophie de la kabbale à un matérialisme post-marxiste, en passant par l'athéisme, la philosophie chinoise ou bouddhiste, le stoïcisme, le naturalisme de la Renaissance, le rationalisme, le vitalisme et le nihilisme. L'*Éthique* abonde d'ailleurs en passages dépréciatifs sur les plaisirs sensuels : le jaloux, par exemple, qui « imagine la femme qu'il aime se livrant à un autre » « sera contristé, non seulement parce que son propre appétit est réduit, mais aussi parce qu'il est obligé de joindre l'image de la chose aimée aux parties honteuses et aux excrétions de l'autre » ; et c'est pourquoi « il a [cette femme] en aversion » [1]. On pourrait croire une telle description réservée à des cas particuliers, ou exceptionnels, de la jalousie ; mais Spinoza prend soin de préciser que ce phénomène de mélange de haine et d'amour « se trouve généralement dans l'amour qu'on a pour une femme » *<plerumque locum habet in amore erga foeminam>* [2].

Par opposition, les « très nombreuses choses » auxquelles tel ou tel corps humain pourrait être « apte », selon V 39, ne permettraient donc à « la plus grande partie de l'âme » d'un tel corps d'être « éternelle » qu'en tant que ces « aptitudes » corporelles seraient entendues comme autant de sollicitations multiples empêchant la vie affective de se fixer sur telle ou telle partie du corps, ou sur tel ou tel type d'activité ou de

---

1. *E* III 35 sc (traduction Appuhn) : « *qui enim imaginatur mulierem, quam amat, alteri sese prostituere, non solum ex eo, quod ipsius appetitus coercetur, contristabitur, sed etiam, quia rei amatae imaginem pudendis et excrementis alterius junge cogitur, eamdem aversatur* ». Voir également les remarques plutôt désabusées de la fin du *Traité Politique* (chap. XI, § 4) : « En outre, si nous considérons les affects humains, à savoir que la plupart du temps l'amour que portent les hommes aux femmes est un affect seulement libidineux *<viri plerumque ex solo libidinis affectu foeminas ament>*, qu'ils n'apprécient l'ingéniosité et la sagesse des femmes qu'autant qu'elles se distinguent par leur beauté, et en outre, que les hommes supportent très mal que les femmes qu'ils aiment accordent leurs faveurs en quelque façon à d'autres qu'eux, et autres faits du même genre, ce ne sera pas pour nous une grande affaire de voir qu'il ne peut arriver sans grand dommage pour la paix que hommes et femmes gouvernent à parité ».

2. *E* III 35 sc.

comportement, que nous dirions répétitif, compulsif, ou obsessionnel. En ce sens, la multiplication des plaisirs liés au corps ouvrirait effectivement la voie aux affects actifs, et donc à l'éternité de l'âme – la rareté de la « gaieté », soulignée par Spinoza dès la première ligne de IV 44 scolie préfigurant alors assez bien la « rareté » de l'accession au salut sur laquelle s'achève V 42 scolie. On note d'ailleurs, jusque dans l'emploi de l'adjectif *aptum*, que nous avons souligné dans le passage cité *supra*, la proximité des formulations de IV 45 scolie avec celles de V 39.

D'autre part, si on qualifie une telle façon de vivre (du point de vue corporel) comme tranquille, paisible, sereine, calme, si les termes de « quiétude », de « paix », d'« équilibre », lui conviennent, on trouvera une seconde justification théorique à une telle hypothèse en s'arrêtant sur le terme choisi de façon tout à fait originale par Spinoza pour caractériser l'accomplissement éthique : à savoir, l'*acquiescentia*. On a pu montrer en effet [1] que le terme *acquiescentia*, absent de tous les dictionnaires de latin jusqu'au XVIIe et XVIIIe siècle compris, avait été repris par Spinoza à une traduction en latin par Desmarets des *Passions de l'âme* de Descartes, traduction dans laquelle le latin *acquiescentia in se ipso* rendait le français « satisfaction de soi-même » [2]. Mais Spinoza a donné à cette notion, qui signifie à la fois le consentement et le contentement [3], la plus haute valeur éthique, puisqu'elle apparaît en position centrale, de manière particulièrement insistante, dans les dernières propositions de l'*Éthique*. L'*acquiescentia* est ainsi, en V 27, liée au troisième genre de connaissance (« de ce troisième genre de connaissance naît le contentement de l'âme le plus élevé qu'il puisse y avoir <*summa mentis acquiescentia*> ») ; en V 36 scolie, elle est directement associé à la « béatitude » et à la

1. Voir l'article de G. Totaro, « *Acquiescentia* dans la Cinquième Partie de l'*Éthique* de Spinoza », *Revue philosophique de la France et de l'étranger*, 1994-1, n° consacré à *E* V, p. 65-79.

2. Il s'agissait de la traduction de l'article II 63 des *Passions de l'âme*.

3. « *Mentis/animi acquiescentia* » : « satisfaction de l'esprit/de l'âme » (Guérinot, Caillois, Misrahi, Pautrat) ; « contentement de l'âme/contentement intérieur » (Appuhn, Alquié, *Le Rationalisme de Spinoza*, *op. cit.*, p. 335) ; « apaisement de l'esprit » (Macherey, dans *Introduction à l'Éthique de Spinoza, La cinquième partie...*, *op. cit.*, p. 81 ; voir aussi, *ibid* p. 139, la traduction de « *acquiescentia in se ipso* » [*E* IV app XXV] par « assurance en soi-même »).

« gloire » ; elle définit enfin, en V 42 scolie, c'est-à-dire dans les dernières lignes de l'*Éthique*, l'attitude intérieure du sage, qui « considéré en cette qualité, ne connaît guère le trouble intérieur, mais ayant, par une certaine nécessité éternelle conscience de lui-même, de Dieu et des choses, ne cesse jamais d'être et possède le vrai contentement <*nunquam esse desinit, sed semper vera animi acquiescentia potitur*> ». Spinoza est le premier et le seul à avoir donné une telle importance et une telle portée à ce terme. Peut-être faudrait-il rapprocher cette vision de la béatitude comme « apaisement », « accord », « harmonie », « consentement », « convenance », « juste mesure », et la vie corporelle que nous avons décrite plus haut en nous référant aux textes mêmes de Spinoza, comme « équilibre harmonieux des plaisirs », etc. : en ce cas, il y aurait jusque dans le choix des termes un remarquable écho entre la « proportion de mouvement et de repos » (*motus et quies*) qui définit l'essence du corps, et l'*acquiescentia* de l'âme parvenue à la plus haute connaissance et à la béatitude.

Cette théorie de l'accord, de la convenance, de la modération des plaisirs, etc., comme caractérisant l'accomplissement physique pourrait néanmoins se voir objecter un certain nombre de questions : d'abord, la plupart des « plaisirs » évoqués par Spinoza en IV 45 scolie (jeux, parures, etc.) ne sont pas seulement liés au corps, mais à l'ensemble de la société qui entoure l'individu : il y a donc ici, du fait même de la nature de ce type de plaisirs, le risque d'une dilution de l'individualité, problème classique d'ailleurs dans le spinozisme : on ne peut pas, en effet, rattacher des plaisirs comme la parure, le théâtre, etc., ni simplement au corps, ni à un individu précis (car ils dépendent étroitement du jugement des autres) : la possibilité même d'un salut véritablement individuel, et la liaison avec tel corps précis, s'en trouvent donc différées d'autant. De plus, il n'est pas certain que la recherche d'un plaisir honnête, modéré, discret, etc., puisse toujours se faire « sans dommage pour autrui », comme le demande Spinoza en IV 35 scolie : la satisfaction harmonieuse des besoins divers des diverses parties du corps suppose en effet une vie oisive et plutôt fortunée, et le « souci de soi » risque toujours d'être en réalité un luxe aristocratique assis sur des sorts plus laborieux. Il n'est pas assuré en effet, du moins pas *a priori*, que soient compatibles les accomplissements physiques ou sociaux des uns avec ceux des autres. Il existe, d'ailleurs, dans le spinozisme, en liaison directe avec ce type de questions, un certain nombre de problèmes réels dans la détermination des rapports entre ce qui est « utile » à un et ce qui est « utile » à tous, voire à la nature : au moment présent, par exemple, l'ordre général de la nature m'est bien plus nuisible qu'utile, puisque, conformément à *E* IV axiome, je ne manquerai pas d'y rencontrer un obstacle plus puissant que moi, et qui causera ma mort : dois-je par conséquent y « acquiescer », si je veux me sauver ? Ajoutons que, à la différence du passage cité de IV 45 scolie, l'idée d'une modération des plaisirs n'est pas présente en V 39 : « qui a un corps apte à un très grand nombre de choses » [<*ad plurima*>, dit bien Spinoza], a aussi une âme dont la plus grande partie est éternelle ». Vue sous cet angle, V 39 a d'ailleurs un caractère affirmatif, et, pourrait-on dire, conquérant, qui tranche assez nettement avec le ton plus modéré, sinon modeste, de IV 45 scolie. Enfin, de même que la « santé » avait pu nous paraître une vision un peu « courte » du salut, nous nous faisons, peut-être à tort d'ailleurs, une autre idée de la béatitude que celle d'une vie bien ordonnée, comportant une alternance de plaisirs bien dosés. Intuitivement, la « béatitude » nous semble quelque chose de plus grand et de plus fort, quelque chose qui semble, encore une fois, plus nettement perceptible en V 39 qu'en IV 45. De là sans doute les doutes d'Alquié sur la possibilité pour Spinoza d'avoir atteint la béatitude, tant sa vie était modeste, et, somme toute, ordinaire [1]. Bien des hommes peuvent avoir mené un tel type de vie : mais peut-on croire que, pour tous, et de ce fait seulement, « la plus grande partie de leur âme » fût « éternelle » ? L'erreur (ou la malice) d'Alquié est sans doute d'avoir cru pouvoir apprécier l'éventualité du salut de Spinoza sur la seule banalité apparente de sa vie quotidienne, en feignant d'omettre qu'elle était remplie, illuminée et illuminante, par la construction d'un système philosophique exceptionnel. De cette erreur pourrait cependant se déduire, croyons-nous, une idée vraie quant au problème qui nous occupe : à savoir, que la tranquillité, l'agrément, l'harmonie d'une vie

---

1. F. Alquié, *Le Rationalisme de Spinoza*, *op. cit.*, p. 13-14 : « Selon Colerus, Spinoza était "sobre et fort ménager", peu soucieux d'être élégamment habillé […] ; il était "fort affable et de commerce aisé" ; […] il "n'était pas l'ennemi des plaisirs honnêtes" », etc. On sent nettement la déception d'Alquié, aux yeux de qui, sans doute, comme pour beaucoup d'entre nous, la béatitude devrait avoir quelque chose d'un peu plus spectaculaire…

paisible, de même que les soins généraux apportés au corps, hygiène et plaisirs modérés des sens, en dehors de tout délire obsessionnel par fixation sur des plaisirs corporels seulement partiels, peuvent sans doute s'accompagner de l'éternisation de la « plus grande partie » d'une âme – mais qu'ils n'en sont pas cependant des signes ou des indices suffisants.

CORPUS CHRISTI?

Finalement, les indications les plus précises et les plus concrètes sur le type d'actions corporelles correspondant, en V 39, à l'éternité « de la plus grande partie de notre âme », se trouvent dans les évocation fréquente, par Spinoza, du Christ. Le Christ, aux yeux de Spinoza, était homme, et « le plus grand des philosophes ». Il n'était pas prophète, mais communiquait immédiatement avec Dieu, « d'âme à âme ». Véritable « bouche de Dieu », le Christ fut plus grand que Socrate ou que Salomon[1]. Mais, aux yeux de Spinoza, importe par dessus tout que cette sagesse se soit accompagnée d'une activité corporelle tout à fait extraordinaire : guérisons, miracles, etc., montrant chez le Christ une science incomparable du singulier et du corps humain[2]. Le Christ a donc pu donner une idée de ce qu'était un accomplissement physique (pas sur la croix, bien sûr, car il n'est de l'essence de personne de mourir sur la croix), sous la forme d'un accomplissement pratique, technique et thérapeutique. Il est vraisemblable, d'ailleurs (on possède à ce sujet un témoignage de Leibniz lui-même[3]), que Spinoza ait pu concevoir le salut des ignorants (que nous

---

1. A. Matheron, *Le Christ et le salut des ignorants chez Spinoza*, Paris, Aubier Montaigne, 1971. Le Christ « voix de Dieu » <*vox Dei*>, « voie du salut » <*viam salutis*>, communicant avec Dieu « d'âme à âme » <*Christus quidem de mente ad mentem cum Deo communicavit*> : *TTP* I, G III 21, respectivement 9, 12, 21-22. Le Christ « bouche de Dieu » : *TTP* IV, G III 64 19, *nam Christus non tam propheta, quam os Dei fuit*.

2. *Le Christ et le salut des ignorants* 88 : analyse et commentaire de certains miracles (guérison de l'aveugle, résurrection de Lazare).

3. Voir *Le Christ et le salut des ignorants*, chap. v, p. 226-248) ; Matheron met en évidence la compatibilité d'une réincarnation avec la doctrine spinozienne des essences individuelles, et accorde de ce fait une valeur probatoire au rapport conservé par Leibniz d'un entretien entre Spinoza et Tschirnhaus, dans lequel Tschirnhaus déclarait de Spinoza : « *credit quandam transmigrationis phythagoricae speciem [...] ; omnium*

avons tous commencé par être) sur le modèle de réincarnations successives, au cours desquelles l'humanité, progressivement, dans des régimes politiques de plus en plus rationnels, augmenterait sa puissance corporelle, c'est-à-dire technique et médicale, pour réaliser peu à peu, dans son ensemble comme dans les individus qui la composent, son essence, c'est-à-dire, ferait correspondre à l'entendement infini de Dieu (qui est composé selon Spinoza de l'ensemble des âmes humaines) la plus puissante des choses singulières, capable, « apte », peut être, d'aller jusqu'à l'immortalité, ou jusqu'à l'existence des corps à perpétuité – si bien que de tels corps seraient alors littéralement « aptes à un très grand nombre de choses », pendant que « la plus grande partie » des âmes correspondantes seraient effectivement « éternelles ».

De telles hypothèses pourraient d'ailleurs se réclamer de la permanence chez Spinoza, du *Traité de la Réforme de l'Entendement* à l'*Éthique*, du thème du « perfectionnement de la nature humaine ». Dans le *Traité de la Réforme de l'Entendement*, en effet, le « souverain bien », c'est-à-dire l'acquisition d'une autre nature, plus forte que la sienne, est décrit par le jeune Spinoza avec une sorte d'ivresse très frappante :

> [...] comme [l'homme] conçoit une nature humaine de beaucoup supérieure en force à la sienne <*naturam aliquam humanam suâ multo firmiorem*> et ne voit point d'empêchement à ce qu'il en acquière une pareille, il est poussé à chercher des intermédiaires le conduisant à cette perfection ; tout ce qui dès lors peut servir de moyen pour y parvenir est appelé bien véritable <*verum bonum*> ; le souverain bien <*summum bonum*> étant d'arriver à jouir, avec d'autres individus s'il se peut <*si fieri potest*>, d'une telle nature. Quelle est donc cette nature ? Nous l'exposerons en son temps et montrerons qu'elle est la connaissance de l'union qu'a l'âme pensante avec la nature entière. Telle est donc la fin à laquelle je tends : acquérir une telle nature <*talem scilicet naturam acquirere*> et faire de mon mieux pour que beaucoup l'acquièrent avec moi [...][1].

---

mentes ire de corpore in corpus », texte cité par G. Friedmann, *Leibniz et Spinoza*, Paris, Gallimard, 1946.

1. *TRE* § 5 ; traduction Appuhn légèrement modifiée.

Or, la même exigence d'une nature «plus forte», ou «plus parfaite» se retrouve explicitement en *Éthique* IV préface : «Désirant [...] former une idée de l'homme qui soit comme un modèle de la nature humaine <*naturae humanae exemplar*> placé devant nos yeux [...], nous dirons», écrit Spinoza, «[...] les hommes plus ou moins parfaits suivant qu'ils se rapprocheront plus ou moins de ce même modèle». Notre propos n'est pas de discuter ici les difficultés d'interprétation, parfois considérables, que posent ces deux textes[1] ; mais de mettre en évidence une dimension «conquérante» (pour reprendre un terme que nous avions employé plus haut à propos de V 39) dans la doctrine spinozienne du «souverain bien». Le plan de travaux[2] évoqué dans ce même § 5 du *Traité de la Réforme de l'Entendement*, en vue d'acquérir cette «suprême perfection humaine» <*summam humanam perfectionem*> dont parle Spinoza, ressemble d'ailleurs par bien des points à celui que projette Descartes dans la sixième partie du *Discours de la Méthode*, et qui le pousse, à quelques lignes d'intervalle, à voir de façon quasi prophétique les hommes de l'avenir, non seulement «comme maîtres et possesseurs de la nature», mais encore «exempts», grâce à la médecine, «d'une infinité de maladies, tant du corps que de l'esprit, et même aussi peut-être de l'affaiblissement de la vieillesse», façon à peine déguisée chez Descartes d'envisager le triomphe de l'humanité sur la mort elle-même – le Christ ayant sans doute, aux yeux de Spinoza, ouvert (ou montré) la voie sur ce point comme sur tant d'autres.

De telles indications, incontestables et répétitives chez Spinoza, éclaireraient assez bien, nous semble-t-il, les raisons souvent obscures

---

1. Difficultés dont la principale est sans doute de concilier l'équivalence posée en II déf 6 entre «réalité» et «perfection», et la thèse soutenue ici de «degrés de perfection» que l'on pourrait parcourir (ce qui suppose des réalités au départ imparfaites). Nous avons étudié toutes ces question en détail dans notre *Qualité et Quantité dans la philosophie de Spinoza*, Paris, PUF, 1995), auquel nous nous permettons de renvoyer le lecteur.

2. *TRE* § 5 : «pour parvenir à cette fin, il est nécessaire d'avoir de la nature une connaissance telle qu'elle suffise à l'acquisition d'une telle nature ; en second lieu, de former une société telle qu'il est à désirer pour que le plus d'hommes possible arrivent au but aussi facilement et sûrement qu'il se pourra. On devra s'appliquer ensuite à la philosophie morale <*danda est opera morali philosophiae*> de même qu'à la science de l'éducation <*ut et doctrinae de puerorum educatione*> ; comme la santé <*valetudo*> n'est pas un moyen de peu d'importance pour notre objet, un ajustement complet de la médecine sera nécessaire ; puis [...] de la mécanique [...] ».

par lesquelles l'humanité se donne pour modèle certains d'entre les siens. Un des gestes les plus constants chez les hommes est en effet de se donner de tels modèles, sous la figure de philosophes, d'artistes, de savants, etc., chez qui sans doute se laisse mieux apercevoir une « nature humaine plus parfaite ». Or, en V 39, Spinoza note simplement que l'accomplissement éthique s'accompagne nécessairement d'un accomplissement physique, ou corporel. Si forte est en nous, à vrai dire, la tendance spontanée à disjoindre, voire à opposer, l'accomplissement spirituel et l'accomplissement corporel, que l'idée d'un accomplissement simultané du corps et de l'âme garde toujours à nos yeux quelque chose d'improbable, d'exotique, d'oriental en un mot. Il y a là chez Spinoza une direction qu'on ne saurait exclure, mais qui rejoint au fond bien des modèles propres aussi à notre culture : qu'on pense à l'extrême longévité prêtée de façon légendaire à certains présocratiques, aux extraordinaires aptitudes physiques de Socrate, à celles du Christ, aux capacités de résistance physique exceptionnelles des stoïciens ; mais aussi, plus près de nous dans le temps, qu'on songe à l'énergie physique manifestée par Voltaire, Hugo, Balzac, Zola, ou encore aux prouesses physiques de Mozart, de Liszt, ou encore de Picasso, de Sartre, de Glenn Gould… on sera alors en mesure d'échapper à l'image du philosophe, du créateur, ou du sage, malingre et « phtisique », et de percevoir par l'expérience même, pour reprendre des mots de Spinoza[1], ce que nous nous y refusons le plus souvent à reconnaître, à savoir que la « conscience de soi, du monde et de Dieu », qui caractérise l'accomplissement éthique, prend toujours aussi la forme d'un accomplissement physique.

Charles RAMOND
Université de Bordeaux III

---

1. Voir *E* III 2 sc : « l'âme et le corps sont une seule et même chose qui est conçue tantôt sous l'attribut de la pensée, tantôt sous celui de l'étendue ; et conséquemment, l'ordre des actions et des passions de notre corps concorde par nature avec l'ordre des passions de l'âme. […] Bien que la nature des choses ne permette pas de doute à ce sujet, je crois cependant qu'à moins de leur donner de cette vérité une confirmation expérimentale <*nisi rem experientia comprobavero*>, les hommes se laisseront difficilement induire à examiner ce point d'un esprit non prévenu » […]. La fameuse formule « personne, il est vrai, n'a jusqu'à présent déterminé ce que peut un corps <*quid corpus possit, nemo hucusque determinavit*> », apparaît quelques lignes plus loin.

INCARNATION ET PHILOSOPHIE
DANS L'IDÉALISME ALLEMAND
(SCHELLING, HEGEL)

LE MYSTÈRE DE L'ÊTRE INCARNÉ

Il est une illusion tenace concernant le postkantisme. La révolution copernicienne accomplie par Kant aurait dégénéré en ce que Gabriel Marcel – dont la philosophie de la subjectivité incarnée inspira l'orientation de la phénoménologie française vers une phénoménologie du corps – appelait «un anthropocentrisme <...> où l'orgueil de la raison ne trouve pas son contrepoids dans l'affirmation théocentrique de la souveraineté divine»[1]. Le postkantisme revendiquerait pour le Moi cette aséité qui est l'apanage exclusif de l'Absolu : l'autofondation du *cogito* mimerait l'indépendance de Dieu, à son tour effectivement univoque à l'*ego* humain[2]. Par cette divinisation du Moi, cette autolâtrie, Dieu même serait perdu. Le postkantisme aurait ainsi cédé à la pente naturelle d'une réflexion sur le *cogito* qui est d'en saisir l'acte comme un acte pur d'auto-position en lequel la pensée fait cercle avec soi. En se posant le Moi se détacherait,

---

1. G. Marcel, *Essai de philosophie concrète, « L'être incarné, repère central de la réflexion métaphysique »*, Paris, Gallimard, 1967, p. 51.

2. Et romprait, ce faisant, la tension entre l'univocité et l'équivocité constitutive du lien analogique par lequel se comprend l'authentique relation du fini et de l'infini. Cf. J.-L. Marion, *Sur la théologie blanche de Descartes*, Paris, PUF, 1991, notamment p. 413-414, où J.-L. Marion rattache cette tendance de la métaphysique moderne à la pensée cartésienne de l'analogie.

s'arracherait au monde, pour s'exiler dans la sphéricité, le réduit intelligible de l'âme, l'enceinte qu'elle forme avec elle-même. Cette désincarnation idéale du Moi, par laquelle le corps propre se trouve expulsé du cercle de la subjectivité et rejeté dans le royaume des objets considérés à distance, pourrait être interprétée comme « la vengeance de la conscience blessée par la présence du monde »[1]. Le postkantisme – inauguré par l'affirmation chez Fichte du Moi comme ce premier principe en lequel la philosophie nous apprend à tout chercher – aurait assouvi, jusqu'à l'ivresse, cette soif de vengeance en célébrant la toute-puissance d'un sujet ponctuel, auto-fondateur, formateur et constitutif de l'objectivité. Que l'on songe aux déclarations de Schelling, qui passa un temps auprès de ses contemporains pour le « crieur public du Moi » (*Ich-Marktschreier*) : « le Moi renferme tout être, toute réalité »[2] et « <le> Non-Moi purement et simplement opposé <...> ne comporte comme tel absolument aucune réalité, fût-ce une simple réalité de pensée » (DM, 91) ; « le Moi est l'unique substance » (DM, 96), la « cause immanente de tout ce qui est » (DM, 99) ; « sa forme originaire est celle de l'être pur, éternel » (DM, 107). Ayant ainsi reconnu dans le Moi toutes les propriétés de l'Absolu déduites par Spinoza dans son *De Deo*, le jeune Schelling ne soutenait-il point qu'avec le Moi « la philosophie a trouvé son *hen kai pan*, sa suprême récompense, ce pour quoi elle a combattu jusqu'à présent » (DM, 97) ?

Si le postkantisme pouvait être ainsi ramené à cet égoïsme – ce pan-égoïsme – caricatural et fanatique, on aurait beau jeu de lui montrer combien son résultat est inadéquat à sa propre intention. Ainsi déliée de la présence, dédommagée de la blessure des choses, la raison ne saurait en effet atteindre l'unité absolue que lui fait espérer son orgueil. Bien au contraire : l'avénement de l'*ego* comme Sujet absolu diviserait l'existence, ruinerait la consonance intime du corporel et du subjectif qui caractérise l'expérience vive de la présence à soi. Aussi conviendrait-il d'opposer à ce *cogito* partiel, désincarné, qui brise l'intériorité en prétendant l'isoler, ce que Paul Ricœur désigne comme

---

1. P. Ricœur, *Philosophie de la volonté,* I, Paris, Aubier, 1949, p. 21.

2. Schelling, *Du Moi comme principe de la philosophie ou sur l'inconditionné dans le savoir humain,* trad. fr. par J.-F. Courtine dans *Premiers écrits,* Paris, PUF, 1987 (cité : DM), p. 89.

« une expérience intégrale du *cogito* » [1], enveloppant le « je désire »,
le « je peux », le « je vis » et, plus généralement, l'existence comme
corps. Expérience de mon corps, non comme corps-objet, comme
d'un corps parmi d'autres corps, seulement offert à la connaissance
empirique, mais comme « corps-sujet » [2], corps mien, réciproque
d'une affirmation de ma volonté, c'est-à-dire d'une intention, d'une
visée subjective. Expérience de mon inéluctable incarnation.

Cette extension du *cogito* au corps propre s'entendrait comme un
acte de dépouillement, de renoncement du Moi à son vœu d'indépendance, comme un acte d'abandon – qui est aussi une participation
active – au « mystère radical » [3] de mon existence incarnée, au mystère
de l'unité originelle de la conscience avec son corps et le monde,
qu'elle ne peut tenir à distance d'objet. Coïncider avec ce mystère de
l'incarnation serait coïncider avec le mystère de l'auto-affirmation
de mon existence, le mystère que je suis. Le « Je suis », en lequel se
formule l'intimité à soi-même, purgé de toute présomption, s'entendrait alors comme l'humble acquiescement à la présence.

Comment ne pas céder devant de telles objections ? Mais elles
frappent dans le vide. Ni Fichte, ni Schelling, ni Hegel n'ont professé
un tel orgueil de la raison désincarnée. Leurs systèmes, certes opposés
sur bien des points, s'accordent cependant sur une exigence fondamentale : le mystère de l'incarnation est l'objet et l'enjeu de toute la
philosophie. Le postkantisme est une leçon d'humilité. Tout d'abord
parce qu'il enseigne que l'homme est le corps, ou n'est pas. Ensuite
parce qu'il reconnaît dans ce corps de l'homme le corps de Dieu. Enfin
parce qu'il croit en un Dieu qui n'est pleinement Dieu qu'incarné.

---

1. P. Ricœur, *op. cit.*, p. 13.
2. G. Marcel, *op. cit.*, p. 44.
3. *Ibid.*, p. 40. Cf. également, P. Ricœur, *op. cit.*, p. 18.

INCARNATION ET DÉPOUILLEMENT

(SCHELLING)

La chair de Dieu

L'adoption par Schelling, dans ses *Weltalter*, du dicton du théologien piétiste F.-C. Oetinger : la corporéité est *finis viarum Dei* (« le terme des voies de Dieu »[1]), est révélateur de la position centrale du mystère de l'incarnation dans l'idéalisme allemand aprés Kant. Renouant avec la perspective dynamique de l'Ecriture sainte, Schelling – comme Fichte et Hegel – choisit le Dieu vivant et personnel de la révélation contre l'abstraction morte du Dieu lointain et muet, qui, parce qu'il est *erkenntnislos*, ouvre la possibilité du doute. Dieu vivant, le Dieu de Schelling cherche à se manifester, et s'incorpore à cette fin la réalité, le mouvement, la temporalité, par lesquels il devient effectif.

C'est cette exigence de réalité, de positivité, qui prédétermine, dans la dernière philosophie de Schelling, la réflexion christologique de la *Philosophie de la Révélation* : le fait indevançable, l'événement historique de l'Incarnation, doit être interprété comme la pleine réalisation de la devise d'Oetinger. Dans la réalité immédiate du Christ, dont le corps – contrairement à ce qu'ont prétendu les docètes – n'est nullement une apparence, le divin se révèle enfin comme tel, peut, sans déchoir, « être vu avec des yeux humains, être touché avec les mains »[2]. On se souvient ici de ce que disait Luther de la chair du Christ : « Ce n'est pas simplement de la chair, mais une chair *durchgöttert* (de part en part emplie de Dieu) et celui qui touche la chair touche Dieu »[3]. La *Leiblichkeit* de l'homme Jésus est l'*Erscheinung* complète de Dieu.

L'Incarnation est *Menschwerdung* (devenir-homme) : l'humanité du Christ n'est nullement un simple vêtement, qu'il pourrait quitter « comme maître Hans retire son habit et le dépose lorsqu'il veut aller

---

1. Cf. X. Tilliette, *Schelling, une philosophie en devenir*, I, Paris Vrin, 1970, p. 624.

2. *Schellings Werke*, Jubiläum-Ausgabe, M. Schröter (éd.), t. VI (cité : SW), p. 565-566.

3. *Wochenpredigten über Johannes 6-8,* Predigt 1158. *Luthers Werke* (cité : LW), Weimar, 1833, t. 33, p. 194.

dormir »[1], un moyen restant en quelque sorte extérieur par lequel se manifesterait un Dieu demeurant en réalité invisible, mais elle est ce que Dieu devient. Schelling fait sienne l'insistance de Luther sur la corporéité du Christ qu'implique l'affirmation du Dieu vivant réel. Pour le Réformateur, « la chair et le sang, la moelle et les jambes <...> sont vraiment là »[2], le Christ « a une barbe noire, des yeux bruns »[3], les coups qu'Il reçoit atteignent « le dos et l'échine »[4], Il a « mangé, bu, <...> a eu faim et soif, Il avait froid, <...> Il avait des faiblesses naturelles comme nous »[5]. Luther semble même faire allusion à la sexualité du Christ lorsqu'il écrit qu'« Il a ressenti tous les besoins corporels que nous ressentons », et « a <...> ri, comme nous »[6]. Car enfin Jésus n'était pas « un bloc de pierre comme se l'imaginaient les sophistes »[7].

C'est, on le sait, la célèbre controverse avec Zwingli sur la présence eucharistique qui fournit à Luther l'occasion de préciser sa propre christologie. L'interprétation par Zwingli de la proposition johannique : « le Verbe est devenu chair » comme simple *alleosis*[8], aboutissait selon Luther à remettre en question l'Incarnation elle-même. Comprise comme l'assomption de la nature humaine par une divinité en laquelle il n'y a en réalité ni commencement ni devenir, elle n'était plus cet engagement de Dieu dans la dimension de l'autre-que-lui-même, cette extra-position de Dieu en laquelle, et par laquelle, il demeure lui-même. Il était impossible à Zwingli d'envisager *realiter* que Dieu ait pu souffrir ou que l'homme Jésus ait pu créer le monde. Aussi réduisait-il la communication des idiomes à une simple figure de rhétorique. À ce Christ divisé, en lequel l'humain et le divin, la chair et l'esprit, sont comme deux personnes distinctes[9], Luther oppose l'unité, le tout concret, de la Personne du Christ dans l'Incarnation. La foi ne doit pas porter en dernière instance sur la divinité

---

1. *Vom Abendmahl Christi, Bekenntnis,* LW, t. 26, p. 333.
2. *Wochenpredigten über Johannes 6-8,* Pr. 1157, LW, t. 33, p. 184.
3. *Predigten über Matthäus 18-24,* Pr. 1860, LW, t. 47, p. 637.
4. *Dictata super Psalterium,* LW, t. 3, p. 217.
5. *Hauptpostille D. M. Luthers 1544,* Po. 310, LW, t. 52, p. 39.
6. *Predigten über das zweite Buch Moses,* Pr. 518, LW, t. 16, p. 220.
7. *Ein Sermon von der Beichte und dem Sacrament,* LW, t. 15, p. 451.
8. Figure de rhétorique consistant à parler d'une chose tout en pensant à une autre. Le Verbe ne serait pas, ici, devenu chair, mais la chair *signifierait* seulement le Verbe.
9. Cf. Luther, *Vom Abendmahl Christi,* LW, t. 26, p. 324.

seule du Christ, corporellement absent de la Cène, mais sur l'union *personaliter* de l'humain et du divin dans la « chair-esprit »[1] du Christ en laquelle s'est accomplie l'œuvre rédemptrice. La dimension corporelle est essentielle à la rencontre entre Dieu et l'homme. C'est à travers la manducation de la Cène que Dieu s'offre à présent corporellement à nous, et nous est aussi proche corporellement qu'il l'était, enfant, de Marie, de Siméon et des bergers[2]. La chair du Christ que nous recevons est la même que celle qui est née et a souffert. Cette chair pleine de divinité ne peut être divisée[3], elle est Une couchée dans la crèche, assise à la table lors de la Cène, suspendue à la croix, ensevelie et ressuscitée, absorbée avec la bouche et dans le ventre. La mort y a bien goûté un jour et a voulu la lacérer et la digérer, mais elle ne l'a pas pu : la chair du Christ « lui déchira le ventre et la gorge en plus de cent morceaux, de sorte que les dents de la mort se sont éparpillées et envolées en tous sens, et qu'elle même est restée vivante »[4].

Aprés Luther, Schelling rejette l'*alleosis* de Zwingli. À l'égard du divin, l'Incarnation n'est pas une altération, mais un « devenir-visible » (SW, 556-557) : l'humanité du Christ est l'épiphanie de Dieu. Nous avons insisté sur la totale *conversio in humanitatem* (SW, 579) du Verbe dans l'Incarnation pour Schelling comme pour Luther, qui semblent tous deux[5] vouloir préserver le dogme christologique de Chalcédoine – la subsistance du Christ en deux natures, présentes dans une unique personne sans confusion, inchangées, indivises et inséparables – en évitant le double écueil de l'eutychianisme[6] et du nestorianisme[7]. L'un comme l'autre manifeste par ailleurs une préférence pour l'homousie, c'est-à-dire l'affirmation de la consubstantialité du Fils avec le Père – définie par le concile de Nicée[8]. Sur un point cependant la théologie spéculative de Schelling affirme son origi-

---

1. *Dass diese Worte Christi (Das ist mein Leib) noch fest stehen wider die Schwarmgeister,* LW, t. 23, p. 243.

2. *Ibid.*, p. 193.

3. *Ibid.*, p. 251.

4. *Ibid.*, p. 243.

5. Cf. SW, p. 460 et Luther, *Von den Konziliis und Kirchen,* LW, t. 50, p. 591.

6. Pour Eutychès les deux natures se confondent dans le Christ au point de n'en faire plus qu'une (monophysisme strict).

7. Pour Nestorius il y a deux personnes dans le Christ.

8. Cf. SW, p. 460 et Luther, *Von den Konziliis und Kirchen*, LW, t. 50, p. 571.

nalité : le Fils ne posséde la vraie divinité du Père dans l'Incarnation, la chair du Christ n'est « chair-esprit », qu'à condition de renoncer à l'indépendance souveraine, à la gloire cosmique possible qui lui est offerte par son existence divine extra-divine. Schelling commente longuement[1] le texte difficile de *Philippiens* II, 6-8 : « Lui qui, se trouvant dans la forme de Dieu (*morphe theou*), ne se prévalut pas de son égalité avec Dieu, mais il s'anéantit lui-même, prenant forme d'esclave et devenant semblable aux hommes. Offrant ainsi tous les dehors d'un homme, il s'abaissa lui-même, se faisant obéissant jusqu'à la mort, et à la mort de la croix ». Il est un état intermédiaire du Fils, c'est-à-dire du *Logos*, en lequel, revêtant la « forme de Dieu » et se plaçant sur un pied d'égalité avec Lui, il n'est pas *homousios* avec le Père, c'est-à-dire n'est pas le Christ, qu'il devient seulement en se dépouillant de cette *morphe theou*, en renonçant à être l'égal de Dieu et en choisissant l'abaissement, l'aliénation de la chair. L'Incarnation consiste précisément dans la kénose, dans cette humiliation volontaire du *Logos* préexistant.

L'humilité de la chair

L'insistance de Schelling sur la figure kénotique de l'Incarnation, et le sens exact de la *morphe theou*, s'éclairent à partir de la dialectique des trois puissances, qui constitue l'armature rationnelle de la philosophie du christianisme. Cette dialectique, d'abord élaborée au plan ontologique, c'est-à-dire d'une pure réflexion sur les déterminations ou différences de l'être, fournit le concept articulé – organique – du Dieu trinitaire de la Révélation. Les *archai* – les véritables commencements – sont alors les manières d'être de la nature divine, conçue non pas sur le mode de l'Être parménidien, comme l'Un aveugle et monotone, mais, conformément à la traduction luthérienne d'*Exode* III, 14, comme « ce qui sera »[2], comportant ainsi négation et mobilité. En cette transfiguration théologique – théogonique – de l'approche ontologique, le premier principe, le pur pouvoir être, pur sujet, est le Père, ou plutôt sa puissance d'engendrer. Le second principe, le pur

---

1. SW, p. 431 *sq.*

2. Schelling, *Philosophie de la Révélation,* II, trad. fr. J.-F. Marquet et J.-F. Courtine (dir.) (cité : PR), Paris, PUF, 1991, p. 51.

être, le pur objet, ou encore le nécessairement étant, est le Fils – l'engendré du Père. Or le pouvoir-être, saisi unilatéralement, n'est qu'un passage précipité dans l'être aveugle, un vouloir enflammé, qui, ne pouvant se retenir de passer *a potentia ad actum*, se contredit comme puissance, n'est pas une authentique liberté. La vraie liberté étant aussi bien de pouvoir ne pas être. Le purement étant, considéré à son tour unilatéralement, n'est qu'une existence stérile, une positivité inerte, qui se contredit comme « étant *actu* », n'étant, en tant qu'elle est pur acte, l'acte d'aucune puissance. L'unilatéralité consiste ici précisément en ce que la puissance exclut l'acte, et l'acte la puissance. Aussi les principes ne doivent-ils pas être pensés séparément mais dans leur unité substantielle : le pouvoir être – la pure possibilité – ne doit pas renoncer à l'être pour rester pouvoir être, mais doit assumer l'être dans l'absolue liberté vis-à-vis de l'être, et le purement étant ne doit pas cesser au sein de l'être d'être puissance. En d'autres termes : le pouvoir-être doit être établi comme le sujet du purement étant et le purement étant n'être posé qu'en vue de maintenir le pouvoir être comme sujet, de remédier à sa véhémence. Ils doivent être reconnus dans leur unité-dualité – comme formant une unité dans la dualité et une dualité dans l'unité. Car, ils sont un seul et même être, les modalités d'un même Tout. Cette unité antithétique du Père et du Fils, qui reproduit trés exactement la relation établie par Luther entre Dieu et son Verbe[1], appelle un tiers en lequel elle se renforce, se synthétise : l'Esprit. Le pur sujet-objet, le « pouvoir être étant comme tel » (PR, 84) ; « ce qui est effectivement libre d'être et de ne pas être » (PR, 83). L'unité de l'existence et de la liberté ou la liberté réelle.

Avec cette idée de la Tri-unité de Dieu on n'atteint cependant pas encore la doctrine chrétienne de la Trinité (PR, 192). Nous n'avons fait jusqu'à présent que commenter *Jean* I, 1 – « le Verbe était auprès de Dieu, et le Verbe était Dieu » ; il nous faut encore nous élever jusqu'à Jean I, 14 – « le Verbe est devenu chair ». Schelling relève en effet (PR, 182) qu'en cette unité-dualité éternelle du Père et du Fils, qui est établie par le prologue de Jean au commencement et antérieurement à tout temps, l'essence du Fils, entièrement comprise dans la théogonie éternelle, engloutie dans la vie divine, ne peut s'affirmer

---

1. Cf. *Weihnachtspostille*, Po. 22, LW, t. 10 I 1, p. 190-192.

indépendamment du Père. C'est pourquoi, ici, au premier verset du quatrième évangile, attendu que l'engendré doit être par nature en dehors du générateur, « le concept de génération n'est pas applicable » (PR, 182), et « il manque <...> encore quelque chose à une compréhension complète de la relation où le Fils est pensé vis-à-vis du Père et donc aussi à une compréhension de l'idée de la Tri-unité dans son développement complet » (PR, 193). S'en tenir à cette unité éternelle du Père et du Fils, en laquelle le Fils n'est Dieu qu'avec et dans le Père, serait manquer que leur unité véritable n'est que dans et par l'Incarnation, qui est « un abaissement librement consenti du Fils » à manifester le Père, à être son Fils, le Fils de Dieu. Un abaissement « auquel il aurait pu par conséquent tout aussi bien se soustraire » (PR, 193), et qui suppose qu'il s'attribue, tout au moins à titre de possible, cette volonté propre indépendante du Père, qu'il n'a pas dans l'unité éternelle avec Lui.

Dans le beau livre qu'il a consacré au corps, Jean-Luc Nancy rappelle, à juste titre, que le *Logos* du commencement – celui de *Jean* I, 1 – ne peut être dit que par « l'ange, le messager sans corps, qui porte la nouvelle de l'incarnation »[1]. En tant qu'*arche*, le commencement n'est certes pas un corps, et l'unité substantielle du Père et du Fils dans le sein du Père – la tautousie – annonce bien leur réconciliation dans la chair – l'homousie de l'Incarnation. Toutefois, seul le corps du Christ sera la lumière du principe dans les ténèbres : le principe enfin élucidé et lumineux. Aussi est-ce dans le refus de la chair que s'obscurcit le plus le principe, que s'établit et s'aggrave la tension du Père et du Fils – l'hétérousie. L'Incarnation est l'unité-dualité concrète du Père et du Fils, par laquelle sont surmontées l'unité encore abstraite du commencement et la dualité non moins abstraite du déchirement. Seule elle accomplit l'exigence exprimée par la dialectique des puissances. Les trois moments de l'idée Trinitaire et du procès théogonique complet sont donc : 1) l'unité substantielle dans le règne exclusif du Père – s'en tenir à cette unité, revient à affirmer l'hérésie du sabellianisme[2]; 2) la distinction substantielle fondement du règne séparé du Père et du Fils

---

1. J.-L. Nancy, *Corpus,* Paris, Métailié, 1992, p. 59.
2. Qui nie la Trinité en la réduisant à des modes de manifestation d'un Dieu en soi unique.

– s'en tenir à ce moment, revient à adopter l'hérésie d'Arius [1]; 3) la réconciliation du Père et du Fils dans l'unité consubstantielle opérée par l'Incarnation, c'est-à-dire le devenir Christ du Fils – le canon de Nicée.

On l'aura compris : c'est dans cette vie séparée, extra-divine, du *Logos* divin – du Fils –, par laquelle est brisée dans le second moment du procès théogonique l'unité substantielle du commencement, que consiste la *morphe theou*, dont le Fils doit se dépouiller pour devenir Christ et réaliser son unité consubstantielle avec le Père. Reste à déterminer comment s'opère cette position extra-divine du *Logos*.

Le *Logos* est, nous l'avons dit, substantiellement uni au Père dans le commencement. Toutefois, au sein de cette unité, il doit être posé comme agissant différemment du Père, bien qu'inséparablement de Lui (PR, 195). «Par Lui tout a paru, et sans Lui rien n'a paru», dit l'évangile de Jean [2]. Schelling cite *Colossiens* I, 16 : «Tout a été créé par Lui et pour Lui». *Causa finalis* prochaine du Père, «qui produit tout pour que ce soit soumis au Fils» (PR, 197), le *Logos* est dans la Création la *causa formalis*, c'est-à-dire la cause proprement créatrice, agissante, qui «met <la> matière <fournie par le Père> en forme de créature» (PR, 195). Cette situation privilégiée du *Logos* s'éclaire de nouveau à partir de la dialectique des puissances. Dans la Création, le Créateur passe de son étant purement en soi – comme pure puissance, pouvoir être immédiat – à son étant hors de soi – comme existence nécessaire et stérile, non-puissance (PR, 201). Or, de même que le pouvoir être ne peut passer à l'être sans se contredire comme puissance et aspire, en conséquence, à se maintenir comme puissance jusque dans l'acte, le Créateur cherche à ramener en soi-même cet étant hors de soi, en lequel sa puissance se trouve niée. Il ne peut y parvenir qu'en «<rendant> à soi-même cet étant hors de soi, qui ne se possède pas soi-même», – qu'en «<produisant> en lui une puissance, <en le transformant> par là en quelque chose d'autonome face à son être-hors-de-soi». Cette élévation à la puissance de l'étant hors de soi de Dieu, l'évangile de Jean la désigne comme le don au Fils de la vie que le Père possède en soi-même [3]. Par elle, le Fils, en lequel le Père a

---

1. Selon laquelle le Fils n'est pas de la substance du Père.

2. *Jean* I, 3.

3. *Jean* 5, 26. Cf. PR, p. 178.

placé sa volonté, devient l'image du Dieu invisible, « l'éclat du Père » (PR, 180), sa volonté manifeste. Par elle, il est institué le seigneur de l'être, libre de l'étant hors de soi de Dieu, de cette existence infinie, illimitée et stérile, qui lui est certes encore fournie par le Père, mais qu'il reçoit comme le simple préliminaire (*Vor-Anfang*) de la Création, comme la matière à laquelle, en tant que puissance démiurgique, il donne forme, c'est-à-dire qu'il limite par la production d'une créature déterminée.

Or, ce procès théo-cosmogonique – qui interne la Création à l'auto-affirmation de Dieu – trouve son accomplissement en l'homme. En lui toute la force de la première puissance s'est consumée jusqu'au pur en soi (PR, 202) : l'étant hors de soi de Dieu s'est posé comme puissance, comme quelque chose d'autonome, comme un être libre à l'égard de l'être. Toute la force de la seconde cause, la *causa formalis* du Fils, qui s'actualise précisément dans cette consomption de la première, s'est donc actualisée en lui. La plus pure philosophie du *Logos* divin est un humanisme : l'*Urmensch* (l'homme originel), Adam, est le centre des puissances rassemblées, en lequel elles sont affranchies de leur unilatéralité. « Semblable à Dieu » (PR, 203), « comme Dieu dans la liberté » (PR, 202), l'homme « est ce qu'est originellement Dieu », « le Dieu devenu ». Mais ce privilège enveloppe l'éventualité de son malheur. Cédant à une illusion « presque inévitable » (PR, 204), lui qui était libre en et par Dieu voulut étendre la main jusqu'à l'arbre de vie, et tenta de s'approprier la puissance d'engendrer du Père. Il se crut capable d'être « non pas simplement Dieu », « mais en tant que Dieu », d'agir à son égal. Usurpant la majesté de Dieu, se substituant au Père, l'homme, qui était l'actualisation du Fils, sépara le Père et le Fils, brisa l'unité des puissances en Dieu par quoi l'être-hors-de-soi de Dieu était originellement ramené dans son être en soi, et posa le monde hors de Dieu. Il s'insurgea hors de la vie divine comme un Moi créateur de son monde. Mais son monde n'était plus le jardin, l'espace paisible et clos, ruisselant de divinité, de la Création intra-divine. « Ainsi il a certes réellement tiré le monde à soi », écrit Schelling, « mais ce monde qu'il a tiré à soi est le monde dépouillé de sa gloire, divisé avec soi-même, qui, une fois coupé de son véritable avenir, cherche en vain sa fin et, engendrant ce temps faux et de pure apparence, se répète toujours lui-même dans une triste uniformité »

(PR, 207). La forme de ce monde déserté par le divin ne fut plus que la forme inférieure de « l'être-en-dehors-et-à-côté-l'un-de-l'autre » (PR, 209), de l'étendue morne et inorganique.

Le Fils de Dieu, entraîné par l'homme dans la Faute, devint alors Fils de l'homme, parce que le Fils n'était plus posé dans son autonomie et son existence comme puissance cosmique que hors de Dieu et uniquement par l'homme, qui s'était approprié la puissance du Père. « Le Fils de l'Homme » est un autre nom pour la *morphe theou* à laquelle renonce le *Logos* dans son devenir-chair. De *Jean* I, 1 à *Jean* I, 14, il y a toute la distance du Mal. C'est dans la chair du Christ qu'est rétablie la mutuelle appartenance de Dieu et de l'homme indûment niée par la Faute. On mesurera à quel point la théologie de l'Incarnation constitue pour Schelling la véritable réponse à l'égarement des philosophies de l'égoïté désincarnée. À la présomption de l'égoïsme philosophique répond la folie rédemptrice de la Croix. La théologie de l'Incarnation appelle immédiatement une anthropologie théologique, dont la christologie constitue la réplique fondamentale. En cette anthropologie, l'homme se définit comme la possibilité d'être autre pour le Dieu qui s'extrapose, et d'être frère du Christ. Cette fraternité, l'homme la possède en sa chair, puisque c'est dans l'humilité de la chair que le Dieu qui s'extrapose peut s'actualiser sans se perdre, et manifester sa gloire. Être homme, ce n'est point s'exiler dans cette pure intériorité du Moi et désoler le corps et le monde qui ne comptent pour rien dans l'édification de cette forteresse intérieure, mais c'est participer de la Création, l'accomplir en sa propre réalité immédiate. Si la chair fait la gloire et l'avènement du Verbe, le Verbe fait aussi la vraie présence et le sens de la chair. Renier la chair, dissoudre la corporéité dans la suffisance du Soi singulier, revient autant à priver Dieu de son éclat, qu'à ternir la beauté du monde et à renier l'homme.

INCARNATION ET TRANSFIGURATION
(HEGEL)

Le « Principe du Nord »

Ce qui, chez Schelling, trouve son développement essentiel dans la dernière période, le jeune Hegel l'a placé d'emblée au seuil de sa philosophie. L'œuvre entière de Hegel ne fera, en effet, qu'approfondir et systématiser la perspective philosophique ouverte en 1802 par l'Introduction de *Foi et Savoir*. En ce texte de jeunesse, Hegel évoque « la grande forme de l'Esprit du monde »[1], qui s'est reconnue dans les philosophies de Kant, de Jacobi et de Fichte : le « Principe du Nord », qui est, religieusement considéré, le protestantisme. Ce principe commande d'abord un mouvement de retrait de la vérité et de la beauté dans l'intériorité subjective du sentiment et de l'intention. « La religion », écrit Hegel, « construit dans le cœur de l'individu ses temples et ses autels, et des soupirs et des prières cherchent le Dieu dont il ajourne lui-même l'intuition ». Chacun reconnaîtra en ce principe l'article fondamental de la doctrine luthérienne, le « *sola fide* », qui est « le soleil, le jour, la lumière de l'Église »[2], opposé par le Réformateur à la fausse religion de la bouche et de la justification par les œuvres. À ce retrait dans la conscience correspond une esthétique du sublime, dont Kant se fit le défenseur en reconnaissant, dans la *Critique de la faculté de juger*, le commandement iconoclaste d'*Exode* XX, 4, comme justifiant à lui seul l'enthousiasme du peuple juif pour sa religion[3]. Le Dieu révéré, vide pour la connaissance, insaisissable par l'imagination, n'est plus l'objet que d'une présentation négative ; il est l'au-delà majestueux, qui ne peut être abordé qu'à travers la représentation de son absence. Répliquant au désenchantement du monde par l'entendement, qui pourrait « reconnaître le bosquet sacré pour des arbres » (F, 93), la religion délaisse le monde objectif, s'élance par-delà le corps, pour s'affirmer exclusivement dans le pressentiment de l'inconditionné, dans la pure aspiration à l'éternité, le désir ardent et insatiable de l'Absolu. Le corps du Christ disparaît de la Croix. Le Tabernacle est vide.

Cette présentation pure, simplement négative de l'Absolu, en laquelle Kant voyait un remède à la Schwärmerei[4], passe au contraire aux yeux de Hegel – par la haine du fini qu'elle trahit – pour une dangereuse invitation au mysticisme. Mais il perçoit la sourde

1. Hegel, *Foi et Savoir*, trad. fr. A. Philonenko (cité : F), Paris, Vrin, 1988, p. 93.

2. Luther, *In quindecim psalmos graduum commentarii*, LW, t. 40 III, p335.

3. Kant, *Critique de la faculté de juger*, trad. fr. par A. Philonenko, Paris, Vrin, 1979, p. 110.

4. Kant, *ibid.*, p. 111.

dialectique qui œuvre au sein même du luthéranisme. « Oh que c'est une chose vivante, agissante, active, puissante que la foi », écrivait Luther[1], « et il est impossible qu'elle n'opère sans cesse le bien. Elle ne demande pas s'il y a de bonnes œuvres à faire, mais avant qu'on le lui ait demandé, elle les a déjà faites et est toujours en action ». Le « Principe du Nord » semble exiger à présent que l'intérieur, préalablement isolé, devienne extérieur, que l'intention s'effectue dans l'action, et que l'opposition unilatérale et stérile du subjectif et de l'objectif soit surmontée. Il faut arracher le monde à la domination de l'entendement réifiant, le vivifier par la foi. Cette exigence d'un dépassement de l'opposition entre l'intériorité ineffective et l'extériorité aveugle dans l'affirmation d'une subject-objectivité, nous l'avons déjà rencontrée chez Schelling. Héritée de Luther, elle constitue le cadre général du postkantisme, le ressort même de toute son entreprise.

« Je suis luthérien et par la philosophie justement bien consolidé dans le luthéranisme », écrivait Hegel à Tholuck, le 3 juillet 1826. Cette franche déclaration, aussi souvent citée que négligée, commande en réalité l'entrée dans l'hégélianisme. Car le protestantisme ne se laisse pas ramener à un pur principe de négativité. Nous avons évoqué l'influence d'Oetinger sur Schelling ; nous n'avons pas mentionné celle, tout aussi décisive, du *theosophus teutonicus* Jacob Boehme, le cordonnier théologien piétiste de Lusace, tant sur l'auteur des *Weltalter* que sur Hegel, qui lui consacre un long éloge en tête de ses *Leçons sur la philosophie moderne*[2]. Bien qu'elle s'expose d'une manière « barbare » (L, 1305), c'est-à-dire non spéculative, sans ordre ni méthode, la pensée de Boehme propose une approche exemplaire du problème de l'Absolu.

On le sait, l'exigence de la raison en toute doctrine métaphysique est d'atteindre l'inconditionné, le principe de l'explication totale de l'Univers et la source dernière dont découle le monde – *i.e.* l'ensemble des réalités finies. Or, la satisfaction de cette exigence suppose que soient réalisées deux conditions parfaitement contradictoires : d'une part, le principe inconditionné doit être hors de toute détermination

1. LW, t. 7, p. 10.

2. Hegel, *Leçons sur l'histoire de la philosophie*, trad. fr. P. Garniron, t. 6 (cité : L), Paris, Vrin, 1985, p. 1297 *sq.*

rationnelle – n'être rien de ce que le monde contient (on ne peut faire reposer le monde sur un éléphant); d'autre part, il lui faut contenir en soi l'explication de toute détermination concevable. Parce qu'il lui faut expliquer l'être, l'Absolu doit être en retrait de tout être, la néga- tion de l'être, l'être sans qualité, l'absolument indéterminé, et possé- der tout de même une similitude avec l'être à expliquer, ce qui peut entrer dans une relation d'analogie avec le monde. De là la distinction opérée par la mystique allemande entre l'Absolu en soi, la *Deitas* incrée et non créatrice, le Rien divin, le désert silencieux de la divinité, et Dieu proprement dit, c'est-à-dire le Dieu créateur, corrélatif au monde et à l'âme.

La question centrale de toute métaphysique, en laquelle se recon- naît la pensée de Boehme, est alors la suivante : comment atteindre Dieu en partant de la Déité indéterminée ? Comment l'Absolu peut-il sortir de lui-même ? En d'autres termes : comment et pourquoi la Parole de Dieu brise-t-elle au premier matin du monde le silence éter- nel et sans essence de l'Absolu ? À cette question Boehme répond que l'Absolu en soi, qui ne s'appelle d'aucun nom, n'est qu'une notion limite conçue par une abstraction négative. En le désignant comme un Absolu, on le transforme en réalité en objet de pensée, en un Absolu qui est en soi – qui est tout simplement. L'idée de l'Absolu ne saurait donc être celle du Rien, du Néant absolu, qui lui, à proprement parler, n'est pas. L'Absolu n'est pas non plus authentiquement *Ungrund* (abîme sans fond) – c'est-à-dire ce qui, n'étant pas à soi-même son propre fond, n'est fondement de rien –, mais il est le fond éternelle- ment fécond de la vie : le germe absolu en tant que nous faisons abstraction de son épanouissement futur. Comme germe, il est l'unité abstraite qui va se diviser pour devenir l'unité concrète, organique et vivante, d'une multiplicité réunie. On peut même dire qu'il aspire toujours déjà à cette division par quoi il pourra se réunir, qu'il se désire toujours lui-même et tend ainsi structurellement à se révéler. L'Absolu n'est jamais absolument en soi ; en soi, il est essentiellement désir de manifestation, c'est-à-dire de détermination – Dieu vivant. Il n'est point l'*ens nullo modo determinatum*, mais l'*ens determinatum omni- modo*. Aussi Boehme refuse-t-il la voie mystique de la fusion dans le

divin, celle de «l'homme pauvre» eckhartien[1] : ce n'est point par
l'absorption du moi dans l'Un sans distinction de la Déité que
l'homme réalise sa destination. C'est au contraire en accomplissant ce
qu'il a de plus personnel, de plus déterminé, qu'il remplit sa fonction
essentielle qui est d'incarner Dieu. La finitude et la détermination ne
sont pas des imperfections. À la thèse *omnis determinatio est negatio*
Boehme oppose un *omnis determinatio est positio*.

Cette critique de l'Ungrund inspire et confirme la doctrine hégélienne de l'Absolu déterminé. Elle semble par exemple motiver la
sévère critique de Spinoza. «La philosophie de Spinoza est seulement
substance rigide, elle n'est pas encore esprit», écrit Hegel dans ses
Leçons sur l'histoire de la philosophie, «<...> la substance demeure
dans la rigidité, dans la pétrification, elle est privée du jaillissement
boehmien» (L, 1456-1457)[2]. Et encore, dans l'*Encyclopédie* : «La
substance, comme elle est appréhendée par Spinoza <...> est en
quelque sorte seulement cet abîme sombre, informe, qui engloutit en
lui tout contenu déterminé»[3].

Il est vrai que Hegel attribue à Spinoza le mérite d'avoir surmonté
le dualisme de l'intériorité et de l'extériorité caractéristique des philosophies de la réflexion entées sur le «Principe du Nord» : la totalité
spinoziste, unité de l'essence et de l'existence, n'est en effet que sa
propre manifestation et ne postule aucune chose en soi comme fondement obscur des phénomènes. Elle correspond même, dans l'écono-
mie de la *Science de la logique* – qui est «la présentation de Dieu tel
qu'il est dans son essence éternelle» (SL, 19) –, au moment de la réfu-
tation de toute transcendance – de tout au-delà. Par elle sont dépassées
les deux abstractions unilatérales et opposées de l'essence pure prise à
part de sa manifestation et du phénomène pris à part de l'essence : elle

---

1. Cf. Maître Eckhart, *Sermons*, trad. fr. J. Ancelet-Hustache, t. II, Paris, 1978,
p. 145. A. de Libera a toutefois montré que, pour Maître Eckhart, cette union n'avait pas
de sens en dehors de l'Incarnation. Cf. A. de Libera, *Introduction à la mystique rhénane*,
O. E. I. L., 1984, p. 255.

2. Sur le jaillissement, cf. les remarques de Hegel (L, 1314) concernant la conception
boehmienne du Père comme *Qual* (tourment), *Quelle* (source), *Qualität* (qualité). Sur
l'importance de cette introduction de la négativité et de la déterminité dans l'être du Père
pour la Logique hégélienne de l'Être, cf. *Science de la Logique*, trad. fr. G. Jarczyk et
P.-J. Labarrière, t. I (cité : SL), Paris, Aubier, 1972, p. 104-105.

3. Hegel, *Encyclopédie des sciences philosophiques, La Science de la Logique*,
addition au § 151 ; trad. fr. B. Bourgeois, Paris, Vrin, 1986, p. 586.

inaugure le passage à l'effectivité, c'est-à-dire à la révélation, qui est l'incarnation concrète de l'essence dans l'être.

Mais la philosophie de Spinoza ne tient pas ses promesses. En sa démonstration de l'unité de l'acte et de la puissance, Spinoza retombe dans l'abstraction et sa substance n'est plus que l'*ens absolute indeterminatum*, dont Boehme a montré l'impossibilité. Il ne peut finalement parvenir à concilier l'identité qualitative indivisible de l'Absolu avec la distinction quantitative des êtres finis, et résoudre ainsi le problème de l'Absolu. L'individuation, jamais qualitative, mais toujours purement quantitative, est seulement apparente au regard de l'Universel, qui est le seul substantiel, le seul véritablement réel. Après avoir cité dans son intégralité la définition spinoziste de l'individu par la composition quantitative des corps en un corps singulier[1], Hegel écrit : « nous sommes ici à la limite du système spinoziste ; c'est ici que nous apparaît son défaut » (L, 1479). Ce défaut : l'inconsistance du fini. D'une part, en effet, l'individu, l'être déterminé, n'est pas « quelque chose qui serait en soi et pour soi » (L, 1454), il n'est pas conscience de soi, ipséité, mais un simple mode ineffectif de l'étendue envisagée comme quantité infinie : un composé. D'autre part, l'attribut étendue, relatif à l'entendement[2] – c'est-à-dire à un mode –, ne peut être une expression adéquate de « l'essence des essences » (L, 1480), qui demeure donc fondamentalement indifférenciée et inexprimable. L'Absolu spinoziste est sans corps. Ou plutôt : la seule détermination corporelle qu'il admette, en tant que détermination modale, n'est pas réelle, n'enveloppe pas l'affirmation en lui d'une véritable différence, ne signifie pas son extra-position dans un être pour soi, libre, distinct de lui, par quoi il deviendrait authentiquement sujet.

Défendre le dogme de l'Incarnation paraît donc, aux yeux de Spinoza, aussi absurde que de dire que « le cercle a pris la forme d'un carré »[3]. L'auteur de l'Éthique rejette, on le sait, « le Christ selon la

---

1. Définition que Spinoza fait figurer parmi les « prémisses au sujet de la nature du corps » qui suivent le scolie de la proposition XIII, d'*Éthique* II, trad. fr. Ch. Appuhn, t. I, Paris, Vrin, 1977, p. 151.

2. *Éthique* I, Définition IV : « J'entends par attribut ce que l'entendement perçoit d'une substance comme constituant son essence » ; trad. citée, p. 19.

3. *Lettre LXXIII à Oldenburg*, trad. fr. R. Misrahi, Spinoza, *Œuvres complètes*, Paris, Gallimard, 1967, p. 1283.

chair » pour ne conserver que « le Fils éternel de Dieu », c'est-à-dire la puissance de Dieu active en toutes choses, sa causalité immanente non transitive. Ce faisant, il voue sa théologie à ne pas dépasser *Jean* I, 1-3, c'est-à-dire à être une théologie de la Création intra-divine, insuffi-sante – nous l'avons vu avec Schelling – pour l'établissement d'une théologie chrétienne complète. De fait elle ne s'élève pas jusqu'à la compréhension de Jean I, 14, que Spinoza interprète comme une simple figure de rhétorique utilisée par l'évangéliste afin d'exprimer « avec plus d'efficacité »[1] l'immanence de Dieu, c'est-à-dire *Jean* I, 3 !

Afin d'échapper à cette théologie négative du Dieu replié sur son en soi – du Dieu absent, conçu par abstraction de toutes les déter-minités – par laquelle s'explique autant la transformation de la reli-gion en ferveur aveugle (Jacobi) que la transformation de la théologie en histoire des dogmes et en exégèse historique (Semler, Michaelis), Hegel oriente résolument la philosophie vers la théologie de l'Incar-nation, qui constitue, en dernier ressort, la réponse la plus satisfaisante à la question même de la métaphysique. En 1802, dans *Foi et Savoir*, anticipant le Golgotha final de la *Phénoménologie de l'Esprit*, il considère que l'aspiration religieuse du protestantisme à l'unité de la beauté intérieure et de l'existence extérieure, ne serait satisfaite que dans « la connaissance suprême <...> qui est ce corps en lequel l'indi-vidu ne serait pas une singularité <entendue comme finité abstraite unilatéralement opposée à l'infini> et en lequel l'aspiration parvien-drait à l'intuition parfaite et à la jouissance bienheureuse » (F, 94). En conclusion des cours qu'il dispensa à partir de 1808 aux lycéens du gymnase de Nuremberg, Hegel ébauche en quelques lignes toute sa christologie, et confirme l'orientation prise en 1802 :

> Le rapport substantiel de l'homme à Dieu *paraît* être en sa vérité un *au-delà*, mais l'amour de Dieu pour l'homme et de l'homme pour Dieu supprime la coupure entre l'ici-bas et ce qu'on se représente comme un au-delà, il est *la vie éternelle. Dans le Christ* nous avons l'intuition de cette identité. <...> Pour l'Homme-Dieu il n'y a aucun au-delà. Il ne vaut pas comme ce singulier-ci, mais comme universel, comme l'homme véritable. <...> Il a traversé la réalité effective, l'abaissement,

1. *Lettre LXXV à Oldenburg*, trad. citée, p. 1288.

l'outrage, il est mort. <...> Par le Christ, la réalité effective commune, cette *bassesse* qui n'a rien de méprisable, est *elle-même sanctifiée* [1].

En vérité, comme le remarque Xavier Tilliette, c'est le système dans toute son ampleur qui s'appuiera sur un schématisme christo-logique, «plus précisément qui s'écartèle<ra> sur la figure de la Croix» [2]. L'on peut dire avec Jean Wahl que le Concept, comme unité de la consistance intérieure et de la manifestation extérieure, est dans la philosophie de Hegel identique au Christ : une «généralité qui prend corps» [3].

La beauté de la Mort

Le Verbe incarné n'est nullement, pour Hegel, un cercle carré. Le chapitre de la Religion absolue [4] où s'expose la théologie hégélienne de l'Incarnation insiste sur l'importance de l'union hypostatique, non seulement «en ce qui concerne la détermination de la nature humaine, mais tout autant en ce qui concerne la nature divine» (R, 129). La conversion réconciliatrice accomplie par Dieu dans le monde au moyen de l'Incarnation est fondée dans la propre vie trinitaire de Dieu, qui est division et réunion à soi. «Dieu comme esprit contient <donc bien> le moment de la subjectivité» (R, 135), de l'ipséité. Hegel insiste longuement sur ce point : l'histoire du Christ ne relève pas du hasard capricieux, mais elle est la présentation de «l'histoire absolue de l'Idée divine» (R, 153), elle n'est pas accomplie par un individu – extérieur à la substance divine –, mais par Dieu (R, 154).

Cette appartenance de l'union hypostatique à la vie divine, est ce qui commande le rejet de toute interprétation idéaliste de l'Incar-nation. Si, en effet, Dieu contient le moment de la subjectivité, celle-ci ne saurait être une simple «forme accidentelle <...> un masque que revêt la substance et qu'elle change au hasard». L'individualité du Christ n'est pas l'«individualité idéale» (R, 131) des Dieux grecs,

1. Hegel, *Propédeutique philosophique*, trad. fr. M. de Gandillac, Paris, Denoël-Gonthier, 1977, p. 176.

2. X. Tilliette, *Le Christ de la philosophie*, Paris, Le Cerf, 1990, p. 109.

3. J. Wahl, *Le Malheur de la Conscience dans la Philosophie de Hegel*, Paris, PUF, 1929, p. 110.

4. Hegel, *Leçons sur la philosophie de la religion*, III, 1, *La Religion absolue*, trad. fr. J. Gibelin (cité : R), Paris, Vrin, 1975, chap. IV, p. 128 *sq.*

qui n'ont des mortels que le visage et conservent leur énigme au-delà de leur transposition esthétique dans le marbre. « Ce qui importe », écrit Hegel, « c'est la certitude et la présence immédiate de la divinité » (R, 129).

Toutefois si l'être divin doit apparaître sous la forme de l'immédiateté, de la finité, comme personne individuelle, c'est précisément afin que, dans l'unité des natures humaine et divine, « tout ce qui fait partie de la particularisation extérieure s'efface » (R, 132), que le fini disparaisse. « Ce qu'il y a de plus beau dans la religion chrétienne », écrit Hegel, « c'est la transfiguration absolue de la finité ». Si le visage sensible du Christ n'était qu'un masque, la forme de l'immédiateté demeurerait extérieure à la substantialité divine, et la réconciliation de l'essence et de l'existence ne s'accomplirait pas. Internée à la substance de Dieu, cette forme de la finité, vrai visage de Dieu, est un visage resplendissant comme le soleil, un vêtement éblouissant comme la lumière [1]. En cette finitude même s'abolit la vanité du fini. L'affirmation de la réalité de l'Incarnation et la croyance en la Transfiguration sont parfaitement solidaires et signifient une seule et même chose : l'unité de l'essence universelle et de l'existence dans le corps du Christ.

On pourrait objecter à la thèse hégélienne de l'immanence de l'union hypostatique à la vie divine, que, par la présupposition du Mal auquel elle vient remédier, l'intervention de Dieu dans le monde humain dépend d'une donnée extérieure à la nature divine. Ce serait se méprendre sur la nature du Mal. Comme Schelling, Hegel tient de Boehme l'idée d'une division interne au second moment du procès trinitaire. Le *Logos*, le Fils, qui est le commencement de tous les êtres comme révélation de Dieu (L, 1334-35), « l'agent pulsateur » (L, 1337), le créateur, dans le Père et l'éclat du Père, son image – le Fils, s'insurge hors du Père (L, 1349), affirme son égoïté, son être pour soi séparé et provoque la fureur dévastatrice du Père. Il est alors – pour dire vite – non plus *Logos* créateur, *Einbildungskraft* (imagination, entendue comme puissance formatrice objectivante) [2], mais « le moi

---

1. *Matthieu*, 17, 2.

2. Dans l'imagination entendue comme *Einbildungskraft*, c'est-à-dire en tant qu'imagination productrice, Hegel reconnaît la Raison même comme « identité originelle double » du sujet et de l'objet (cf. F, 108).

<...> qui s'imagine sur le mode introverti (*das Sichinsichhinen-bildende*)» (L, 1344). «Boehme», écrit Hegel, en déterminant le mal comme «le moi=moi», «a pénétré <...> dans toute la profondeur de l'essence divine» (L, 1347). La présomption du Soi singulier, l'orgueil de la nature humaine, en quoi consiste le Mal, désigne précisément l'insurrection du Fils hors du Père. La Faute que rachète l'Incarnation est donc une réalité incluse dans le devenir *Logos* de Dieu.

C'est, par suite, la nature et l'esprit humains qui se trouvent disposés selon la logique divine, tant dans le déchirement du malheur que dans l'attente et la réalisation de l'unité. L'analyse consacrée par Hegel au problème du Mal dans la Religion absolue montre, en effet, que la singularisation par laquelle l'esprit fini prétend se séparer de l'Universel, c'est-à-dire l'opposition à Dieu, se double d'une opposition au monde et au corps. Ayant renié le Père, l'homme ne sait plus reconnaître dans la nature un ordre universel divin. Il est malheureux dans le monde extérieur, qui lui semble devoir toujours décevoir son attente de rationalité, et il fuit la réalité pour chercher sa satisfaction en lui-même (R, 118). C'est en s'arrachant à la vie naturelle par le seul effort de la réflexion qu'il tente de conquérir cette spiritualité et cette universalité qui sont en réalité réservées à Dieu seul, et qu'il ne peut tenir que de Dieu. Cet acharnement à vouloir faire naître de soi ce qui ne peut naître que de Dieu, cette volonté d'être Dieu, qui est la volonté du mal, prend l'aspect d'une volonté de puissance. L'homme entreprend d'asservir la nature en lui et hors de lui dans l'intention de venger le Soi singulier de la douleur infinie suscitée par la présence du monde et sa propre dépendance au corps. Cette entreprise ne peut qu'être vouée à l'échec : cherchant à réaliser l'Universel en sa propre singularité par l'affirmation de son indépendance vis-à-vis de la nature et de Dieu, l'homme repousse en réalité l'Universel dans un au-delà inaccessible.

L'Incarnation (le Fils fait chair), en laquelle s'opère la réconciliation de la nature et de l'homme, répond donc à l'attente désespérée de l'homme privé de Dieu. En donnant à voir l'Universel dans le corps naturel du Christ, elle réalise cette unité du singulier et de l'Universel à quoi l'homme pré-chrétien aspirait contradictoirement. Toutefois, soulignons-le, cette unité ne procède nullement de l'homme mais de Dieu seul, qui tend à travers elle à se réapproprier la nature posée dans la Création, à replacer le fini dans l'infini, et à achever, ce faisant, son propre acte auto-constituant. La divinisation du sujet humain – qui ne doit plus combattre indéfiniment sa naturalité immédiate pour être esprit, étant « chair-esprit » – est la voie empruntée par la substance divine pour se libérer de son abstraction comme simple au-delà indéterminé et s'instituer sujet absolu.

Cette transfiguration en gloire divine du corps du Christ – la splendeur du visage et des vêtements – accomplie en ce monde dans le même temps où l'esprit personnel du Christ, purifié de toute volonté de puissance, est voué à la révélation de Dieu – de là la voix partie de la nuée : « Celui-ci est mon Fils, le bien-aimé <...> »[1] –, n'est cependant pas la transfiguration complète, qui ne peut avoir lieu avant la mort et la résurrection du Christ. La nature humaine, le Fils récalcitrant, ne peut être introduit dans la nature divine qu'à condition de la mort du Christ, qui, comme négation de la négation de l'Universalité abstraite déjà réalisée par l'intervention du divin en ce monde fini, constitue l'affirmation même du divin comme Universel concret.

À vrai dire, la mort du Christ peut être considérée sous deux aspects. Puisque « mourir est le sort réservé à la finité humaine » (R, 158), la mort du Christ est d'abord « le point extrême de la finité » (R, 151) atteint par l'Absolu dans le mouvement de se déterminer, de passer à la réalité. En ce sens, elle est « l'intuition de l'être-là temporel parfait de l'Idée divine dans le présent » (R, 152). Nous l'avons dit, en Dieu, la détermination de la subjectivité doit apparaître comme réelle et non comme seulement idéale : Dieu n'est « le vrai Dieu » (R, 158), qu'à condition de ne pas être seulement « concentré en lui-même (*ver-schlossen*) », mais de devenir « l'Autre », de réaliser son être universel dans la nature comme existence extérieure. Cette négation de soi, cette aliénation de l'Absolu est accomplie au plus haut point dans la souffrance amère de la mort sur la Croix – la mort la moins honorable –, qui n'est point apparente, mais bien la mort de Dieu, « un moment de la nature divine » (R, 158). Comme intuition de cette renonciation suprême de l'Absolu à soi pour l'Autre, la mort du Christ est l'intuition de l'amour absolu de Dieu, du don qu'il fait de soi au fini.

1. *Matthieu*, 17, 5.

Sous son second aspect la mort du Christ n'est plus seulement négation finitisante, abaissement de Dieu, mais, comme négation de cette première négation – « mort de la mort » (R, 156) –, elle est la réconciliation suprême de Dieu avec lui-même, l'accomplissement total de sa conversion réflexive, le retour de Dieu à la vie (R, 160) : Résurrection. Sous ce second aspect, l'amour absolu de Dieu, dont elle est l'intuition, n'est plus le don de soi dans l'aliénation, mais le don de soi dans l'accueil de l'Autre en soi, dans « la fête qu'est l'accueil de l'être humain dans l'Idée divine » (R, 157) : transfiguration, divinisation de la finité – Rédemption. La mort du Christ, est la véritable assomption de la nature – du corps – par l'Esprit, qui, affranchissant la finité, le Soi singulier humain, de son indépendance unilatérale et malheureuse, lui confère l'universalité dans la Personne divine du Fils élevé « à la droite du Père ». Elle porte à la perfection l'Acte divin qui accomplit l'Incarnation. C'est dans le corps glorieux du Christ ressuscité que l'unité de l'intériorité et de l'extériorité – « l'extérieur qui est aussi absolument intérieur » (R, 157) – apparaît à son plus haut degré. En ce corps divinisé la détermination de l'Absolu apparaît sous l'aspect d'une seule individualité, de l'individualité divine, universelle, qu'est le Christ, le « Dieu absolu » (R, 160). Chez Hegel, comme chez Luther, le « sola fide » trouve son vrai sens comme « *solus Christus* ».

Jean-Christophe GODDARD
Université de Poitiers

L'ENTENTE DE NOMBREUSES ÂMES MORTELLES
L'ANALYSE NIETZSCHÉENNE DU CORPS

« Sans le fil conducteur du corps,
je ne crois à la validité d'aucune recherche » [1].

Renverser la condamnation dont il fait l'objet dans la tradition philosophique, tel est l'aspect le plus visible, le mieux connu aussi, de la réflexion de Nietzsche sur le corps ; ce n'est toutefois pas l'unique direction de sa méditation, ni, sans doute, la plus spécifiquement nietzschéenne. Bien plus qu'un simple éloge du corps, qu'une intransigeante défense de principe, qu'un vibrant plaidoyer de réhabilitation, qui ne ferait finalement guère que mettre en scène avec brio une opinion, l'exigence à laquelle s'ordonne sur ce point la pensée de Nietzsche est d'abord la nécessité de reprendre de fond en comble l'examen de son statut : avant d'être défendu, le corps est à penser. Le

---

1. *FP X*, 26 [432]. Nous citons les textes de Nietzsche d'après la version française de l'édition Colli-Montinari : Friedrich Nietzsche, *Œuvres philosophiques complètes*, Paris, Gallimard, 1968-1997, à l'exception toutefois des textes suivants :

Ainsi parlait Zarathoustra, pour lequel nous utiliserons la traduction de G.-A. Goldschmidt, Paris, Librairie Générale Française, 1972 ;

Le gai savoir, *Par-delà bien et mal*, et les *Éléments pour la généalogie de la morale*, que nous citerons dans notre propre traduction, respectivement Paris, GF-Flammarion, 1997 ; Paris, GF-Flammarion, 2000 ; Paris, Librairie Générale Française, 2000.

Nous désignerons les *Fragments posthumes* par l'abréviation *FP*, suivie soit du numéro du tome dans l'édition Gallimard (de IX à XIV) s'il s'agit de volumes constitués exclusivement de posthumes, soit dans le cas contraire du titre de l'œuvre qu'ils accompagnent.

mépris ne va pas sans ignorance, en effet, et il y a tout lieu de soupçonner que la défiance généralisée à l'égard du corps a fourni en
réalité un prétexte commode pour éviter d'avoir à affronter un objet
d'une complexité décourageante – signe, peut-être de l'irrépressible
attirance de l'esprit pour le simple, voire pour le simplifié. Il faut donc
instruire à nouveaux frais le dossier du corps. La philosophie, si
prompte à l'accabler, s'est-elle donné les moyens de s'informer à
son sujet, d'enquêter avec acribie sur la nature des relations et des
échanges qui l'animent, bref, d'appuyer son réquisitoire sur une compréhension authentique de la logique de la vie corporelle ? « Savoir,
par exemple que l'on possède un système nerveux (– mais pas une
« âme ») reste encore le privilège des plus instruits » [1]. Faudrait-il aller,
dans ces conditions, jusqu'à envisager que le désaveu ait pu découler
de la difficulté de percer à jour la nature propre du corps, voire même
de la volonté sourde de ne pas la connaître, comme s'il fallait que la
condamnation prenne de vitesse l'élucidation ? Peut-être la philosophie ne fait-elle alors, sur ce point comme sur tant d'autres [2],
que traduire en termes théoriques un préjugé populaire au lieu de
s'efforcer de le dissiper. Cette ignorance que ne rachète pas la curiosité caractérise en effet de manière générale l'attitude de l'homme à
l'égard de son corps :

> […] de tout temps l'homme a vécu dans un rapport de profonde mécon-
> naissance à l'égard de son *corps* et s'est contenté de quelques formules
> pour s'exprimer sur ses états […] on s'en tient fermement, sur son
> propre compte, à quelques signes extérieurs et accessoires et on ne sent
> pas *à quel point* nous sommes profondément inconnus et étrangers à
> nous-mêmes [3].

---

1. *FP XIV*, 14 [179].

2. Nietzsche accuse fréquemment les philosophes de reprendre et d'amplifier des
préjugés populaires.

3. *FP XI*, 36 [8]. Voir également le fragment 38 [1] du même tome, par exemple, qui
explicite cette idée : « Que l'on songe pourtant aux besoins des entrailles qui pour nous
restent pour ainsi dire « inconscients », aux sautes de tension artérielle dans le bas-ventre,
aux états pathologiques du nerf sympathique – : et combien n'y a-t-il pas de choses à
propos desquelles le *sens commun** ne permet qu'une étincelle de conscience ! – Seul
celui qui a étudié l'anatomie discerne de quel genre sont en réalité les causes de ces indé-
finissables sentiments de déplaisir, et *en quelle région du corps* elles gisent ; mais tous les
autres, en somme presque tous les hommes, tant qu'il y aura des hommes, cherchent et

Mais il est justement intéressant de se pencher sur les voies suivies par l'élaboration intellectuelle par laquelle la position philosophique se distingue ici de celle du sens commun. Cette information fort superficielle a en effet fourni un terrain propice à l'implantation et au développement luxuriant de quelques présupposés théoriques que Nietzsche qualifie avec sévérité de « préjugés de philosophes », et dont les ramifications ont fini par couvrir un champ considérable.

Deux traits caractérisent en règle générale l'analyse philosophique de la corporéité : la partition exclusive de l'esprit et du corps tout d'abord, souvent traitée comme une donnée quasi-originaire, s'imposant, chez les philosophes, avec une puissance de conviction proche de l'évidence ; la valorisation de l'esprit au détriment du corps ensuite, justifiée notamment par la qualité différente de leurs performances dans la perspective de la recherche de la vérité. À les considérer froidement, ces positions font l'une et l'autre problème, les déficiences argumentatives révélant un véritable parti-pris que Nietzsche s'attache à isoler et à dissoudre.

Les raisons pour lesquelles le corps est méprisé et critiqué dans la philosophie sont tout à la fois ontologiques et épistémologiques. Mesuré à l'aune de la notion d'être, selon la première direction de l'enquête, le corps se révèle soumis à la génération et à la corruption, non-permanent, variable, sans identité réelle, et en constant décalage par rapport à lui-même. Seul lui convient le statut dégradé de phénomène, d'apparence inconsistante, voire, dans les versions les plus intransigeantes de l'ontologie métaphysique, d'illusion, particulièrement si on le compare à l'esprit, qui est lui conçu comme faculté d'atteindre l'intelligible. Le corps est cette pseudo-réalité dont l'être est l'évanescence.

La critique gnoséologique quant à elle se rattache à la critique du sensible en général et des sens en particulier en identifiant le corps à un appareil sensoriel : incapables de saisir l'essence, ballottés sans cesse entre des impressions contradictoires, les sens trompent – nous trompent, c'est-à-dire trompent l'esprit engagé dans son activité de construction de la connaissance.

---

chercheront à ce type de douleur une explication, non pas physique, mais psychique et morale ». Voir encore *Aurore*, § 86, « Les interprètes chrétiens du corps ».

La virulence de cette condamnation, et plus encore la curieuse unanimité, ou quasi-unanimité, à ce sujet, de penseurs que caractérise ordinairement le désaccord doctrinal ont d'ailleurs de quoi faire réfléchir, et l'expertise de leurs arguments s'avère riche en enseignements. Ces raisons, lieux communs de la tradition philosophique, sont soupçonnées par l'esprit libre de n'être que l'habillage tardif de motifs beaucoup plus profonds.

Que le corps ne soit pas être au sens plein, qu'il soit de fait en constant devenir et privé de toute identité à soi, cela prouve-t-il pour autant son irréalité? L'approche ontologique ne ferait-elle pas ici de la réalité une lecture par trop sélective? Car ce corps honni persiste malgré son statut illusoire: « [...] même les philosophes et les croyants qui dans leur logique ou dans leur piété avaient les raisons les plus convaincantes de tenir ce qui est corporel pour une illusion, et pour une illusion dépassée et révolue, n'ont pu s'empêcher de reconnaître le fait stupide que leur corps n'avait pas disparu »[1]. Il y aurait tout lieu de se demander si cette conclusion empressée ne témoigne pas, tout au contraire, de la confusion entre ce qui est premier et ce qui est dernier, l'origine et la conséquence, en quelque sorte – faute de raisonnement classique et constante des philosophes[2]. Loin d'être originaire, la notion d'être est une abstraction philosophique dont on peut décrire la genèse; il n'y a pas d'autre réalité que ce changeant à partir duquel on crée, pour la lui opposer, une illusoire immutabilité: « l'être est une fiction vide »[3]. Ajoutons au demeurant que la matière n'en est qu'une variante, interprétation tout aussi fictive et illégitime – le corps ne saurait être pensé sous la forme cartésienne de la *res extensa*[4].

La prétendue tromperie des sens ne conduit sans doute pas davantage à la conclusion escomptée. Ce sont bien plutôt les notions et les jugements élaborés à partir du témoignage de nos sens qui ont de quoi susciter la suspicion, de sorte que cette traditionnelle accusation porte sans doute plus, finalement, contre l'esprit et l'activité de pensée

---

1. *FP XI*, 36 [36].

2. Voir notamment *Crépuscule des idoles*, « Les quatre grandes erreurs ».

3. *Crépuscule des idoles*, « La "raison" en philosophie », § 2 [Nous traduisons].

4. Sur la critique de la matière, voir notamment *Par-delà bien et mal*, § 12, ou *FP X*, 26 [432].

théorique que contre le corps lui-même. Même Héraclite, dans son combat contre les illusions de la métaphysique ontologique, a succombé à la même erreur :

> Quand l'autre peuple de philosophes rejetait le témoignage des sens parce que ceux-ci montraient multiplicité et changement, lui rejeta leur témoignage parce qu'ils montraient les choses comme si elles possédaient durée et unité. Héraclite aussi commit une injustice envers les sens. Ceux-ci ne mentent ni comme le croient les Éléates, ni comme lui le crut, – ils ne mentent pas du tout. Ce que nous *faisons* de leur témoignage, voilà ce qui commence à introduire le mensonge, par exemple le mensonge de l'unité, le mensonge de la choséité, de la substance, de la durée… La « raison » est cause de notre falsification du témoignage des sens. Dans la mesure où les sens montrent le devenir, l'écoulement, le changement, ils ne mentent pas… [1].

L'attachement aveugle au dualisme nourrit constamment l'ensemble de ces critiques. La philosophie se soucie-t-elle pour autant de lui apporter une légitimation ? Comme les analyses précédentes viennent de l'indiquer, rien n'est moins assuré que l'autonomie de l'intellectuel et de l'intelligible : nulle part, la pensée prétendument pure n'a été rencontrée sans une origine sensible, et si abstraite et détachée de celui-ci qu'elle puisse paraître, elle dérive toujours du corps et d'un certain état du corps. Loin d'être *sui generis*, loin d'être transparente à elle-même, la pensée est pénétrée d'affectivité sourde, d'activité infra-consciente, de conditionnement physiologique : « Derrière tes pensées et tes sentiments, il y a ton corps, et ton soi dans le corps : la *terra incognita. Dans quel* but as-tu *telles* pensées et tels sentiments ? Ton soi, dans ton corps, *veut*, par ce biais, quelque chose » [2].

Autant que les critiques, c'est bien cette sorte de communion des philosophes dans le dénigrement du corps qui mérite d'être interrogé. Le consensus est pour Nietzsche le signe que c'est une question de

---

1. *Crépuscule des idoles*, « La "raison" en philosophie », § 2, [Nous traduisons]. Voir aussi sur ce point § 34 de *Par-delà bien et mal*.

2. *FP IX*, 5 [31]. Voir également *Ainsi parlait Zarathoustra*, « Des contempteurs du corps » : « Derrière tes pensées et tes sentiments, mon frère, se tient un maître impérieux, un sage inconnu – il s'appelle soi. Il habite ton corps, il est ton corps. » (p. 49, trad. modifiée).

valeurs qui est ici en jeu : en rencontrant le corps, la philosophie touche bel et bien, sans le savoir, aux préférences fondamentales, infra-conscientes, qui règlent intégralement notre rapport à la réalité, aux autorités régulatrices qui guident notre pratique en favorisant certains types d'actes, en en prohibant d'autres, et contrôlent par voie de conséquence les possibilités de pensée, d'interprétation de la réalité qui nous sont ouvertes. On touche donc ici à un domaine beaucoup plus profond que celui des simples préférences individuelles, au domaine des fixations de valeurs qui arrêtent, et imposent à l'ensemble d'une communauté, un type de vie et ses régulations essentielles – le domaine de ce que Nietzsche appelle la culture, donc.

L'approfondissement de l'examen permet en effet de mettre en évidence le caractère foncièrement moral de la condamnation du corps dans la culture héritée du platonisme qui est la nôtre, quand bien même cette condamnation est traduite au sein de l'univers philosophique dans la langue de l'ontologie ou de l'épistémologie. C'est qu'elle renvoie à une problématique de la connaissance entièrement dérivée de la morale, et qui plus est d'une compréhension ascétique et dualiste de la morale : la croyance fondamentale à l'opposition exclusive du bien et du mal, à l'existence d'un bien en soi et d'un mal en soi, et au caractère préférable du bien en soi. Vouloir connaître, vouloir le vrai à tout prix, se ramène donc ultimement à un choix : le refus de la tromperie, l'horreur de tromper en général – assimilée au mal –, et non pas seulement d'être victime de tromperie, c'est cette préférence fondamentale, ce choix inconscient radicalement ascétique et fondateur de nos possibilités de vie actuelles, que menacerait la générosité à l'égard du corps, et qui exige donc sa condamnation [1]. Ignorant cette répugnance primordiale à l'égard de la tromperie – n'en ayant pas fait une valeur –, d'autres cultures peuvent bien accepter d'identifier le réel au changeant, accueillir le sensible avec générosité et vénérer le corps avec reconnaissance [2] sans se heurter au blocage d'une prohi-

---

1. Sur la découverte des origines morales de la connaissance, voir *Le gai savoir*, § 344.

2. C'est le cas de la Grèce pré-platonicienne selon Nietzsche, ou encore de la Renaissance italienne.

bition inaugurale, tel n'est pas le cas de la culture européenne édifiée sur les valeurs platoniciennes [1].

La découverte de cette logique éclaire d'un jour entièrement neuf le statut de la réflexion philosophique, et de manière générale, des construction doctrinales prétendant élucider en leur vérité la réalité et l'activité humaine : inévitablement conditionnées par des séries de valeurs, elles révèlent leur statut interprétatif et deviennent dans ces conditions justiciables d'une élucidation généalogique, qui se proposera d'identifier les valeurs qu'elles traduisent et se donnera ainsi les moyens de diagnostiquer la valeur – bénéfique ou nuisible – de ces régulations vitales primordiales. À travers l'esprit, c'est donc toujours le corps qui parle, un type de corps, avec ses exigences spécifiques ; mais la langue dont il use n'est pas transparente, immédiatement intelligible – le langage du corps est figuré, comme crypté, et exige le travail d'un interprète :

> Le déguisement inconscient de besoins physiologiques sous le costume de l'objectif, de l'idéel, du purement spirituel atteint un degré terrifiant, – et assez souvent, je me suis demandé si, somme toute, la philosophie jusqu'à aujourd'hui n'a pas été seulement une interprétation du corps et une *mécompréhension du corps*. Derrière les jugements de valeur suprêmes qui ont jusqu'à présent guidé l'histoire de la pensée se cachent des mécompréhensions relatives à la constitution du corps, que ce soit de la part d'individus, de classes ou de races entières. On est en droit de considérer toutes les téméraires folies de la métaphysique, particulièrement ses réponses à la question de la valeur de la vie, d'abord et toujours comme symptômes de corps déterminés ; et si dans l'ensemble, ces sortes d'acquiescement au monde et de négation du monde ne contiennent, du point de vue scientifique, pas un grain de signification, elles fournissent néanmoins à l'historien et au psychologue des indications d'autant plus précieuses, en tant que symptômes, comme on l'a dit, du corps, de sa réussite et de son échec, de sa plénitude, de sa puissance, de sa souveraineté dans l'histoire, ou bien de ses coups d'arrêt, de ses coups de fatigue, de ses appauvrissements, de son pressentiment de la fin, de sa volonté d'en finir. J'attends toujours qu'un *médecin* philosophe au sens exceptionnel du mot – un homme qui aura à

---

1. Le christianisme ne fait à cet égard que prolonger l'axiologie platonicienne sous une forme popularisée. Voir la *Préface* de *Par-delà bien et mal* : « le christianisme est du platonisme pour le "peuple" ».

étudier le problème de la santé d'ensemble d'un peuple, d'une époque, d'une race, de l'humanité – ait un jour le courage de porter mon soupçon à son degré ultime et d'oser cette proposition : dans toute activité philosophique, il ne s'agissait absolument pas jusqu'à présent de « vérité », mais de quelque chose d'autre, disons de santé, d'avenir, de croissance, de puissance, de vie... [1].

À la lumière de cette investigation généalogique, la valorisation de l'esprit pur au détriment du corps laisse ainsi apparaître sa signification profonde – celle d'un moyen au service d'une hostilité militante, avide de nier activement ce corps qui contredit les préférences axiologiques de l'idéalisme ascétique :

Quel sens ont ces notions mensongères, ces notions *auxiliaires* de la morale : « âme », « esprit », « libre arbitre », « Dieu », si ce n'est celui de ruiner physiologiquement l'humanité ?... Lorsqu'on détourne le sérieux de la volonté de survivre et d'accroître ses forces physiques, *c'est-à-dire* lorsqu'on le détourne de *la vie*, lorsqu'on fait de l'anémie un idéal, du mépris du corps un chimérique « salut de l'âme », qu'est-ce donc sinon la *recette* même de la *décadence**? [2].

Dans la culture d'origine platonicienne, le corps méprise le corps et érige en principe sa propre condamnation. Cette étrange autonégation, protestation contre les conditions mêmes de la vie organique témoigne ainsi d'une forme maladive de cette dernière, que Nietzsche désigne de manière imagée du nom de décadence, et dans ses formes extrêmes, de nihilisme [3]. L'idée se fait alors jour que le corps est tout le contraire d'une réalité univoque, et qu'il n'existe jamais que sous forme différenciée, dans des états singuliers, plus ou moins forts ou faibles, plus ou moins sains ou malades. Les apories sur lesquelles butent aussi bien sa compréhension métaphysique que la conception

---

1. *Préface* à la seconde édition du *Gai savoir*, § 2. C'est dans cette perspective que Nietzsche ramène la morale à un discours crypté du corps : « les morales ne sont rien d'autre qu'un *langage figuré des affects* » (*Par-delà bien et mal*, § 187).

2. *Ecce Homo*, « Pourquoi j'écris de si bons livres », *Aurore*, § 2. Voir également le chapitre « Pourquoi je suis un destin », § 7 : « Que l'on ait enseigné à mépriser les instincts fondamentaux de la vie, que l'on ait *inventé* de toutes pièces une "âme", un "esprit" à seule fin de ruiner le corps [...] ». Voir aussi *Aurore*, § 39, « Le préjugé de l'"esprit pur" ».

3. « Malades et moribonds furent ceux qui méprisèrent le corps et la terre et qui inventèrent les choses célestes et les gouttes de sang rédemptrices » (*Ainsi parlait Zarathoustra*, « Des prêcheurs d'arrière-mondes », p. 46).

idéalisée d'un esprit pur autonome imposent dans ces conditions un total renversement de perspectives, celui que formule Zarathoustra : « celui qui est éveillé, celui qui sait, dit : "Je suis corps de part en part, et rien hors cela ; et l'âme ce n'est qu'un mot pour quelque chose qui appartient au corps" »[1].

S'il y a bien un primat génétique du corps sur l'esprit, il faut aussi reconnaître, s'agissant désormais de la réflexivité philosophique, un primat *méthodologique* du corps. Car ainsi qu'on l'a dit, Nietzsche ne s'en tient pas à une réhabilitation de principe ; il faut reprendre l'examen de la vie du corps et ne plus se satisfaire des quelques signes extérieurs, des quelques observations superficielles auxquels se réduit ordinairement notre « savoir » sur le corps. C'est pour le philosophe authentique une exigence que de penser le corps ; mais il y a plus : pour penser la réalité, toute la réalité, c'est de même une exigence que de commencer par penser le corps. C'est une tentation bien représentée en philosophie, particulièrement à l'âge moderne, que de privilégier au contraire la pensée ou l'esprit, en arguant notamment de leur plus grande proximité. Erreur méthodologique fatale aux yeux de Nietzsche : partir de la pensée, du dérivé, du plus récent, c'est partir aussi du plus composé et du plus compliqué : « Nous nous méfions du chemin consistant à partir de ce qui en nous est « pensant », « voulant », sentant. C'est une *fin* et en tout cas ce qu'il y a de plus compliqué et de plus difficile à comprendre »[2]. L'observation est malaisée, car à la complexité extrême du processus s'ajoute l'effacement de ses origines – ce qui transforme le signe en symptôme :

> Sous la forme où elle se présente, une pensée est un signe dont le sens est multiple, et qui réclame d'être interprété [...]. Le fait que toute pensée se présente d'abord comme polysémique et floue, et ne soit en elle-même que ce qui déclenche l'essai de l'interpréter ou d'en arrêter arbitrairement le sens. Le fait qu'à toute pensée une foule de personnes semble prendre part – : voilà ce qu'il n'est nullement aisé d'observer ; au fond, nous sommes éduqués à faire l'inverse ; c'est-à-dire que lorsqu'on pense, ce n'est pas à la pensée que l'on pense. L'origine d'une pensée reste cachée ; il est très vraisemblable que cette pensée ne soit que le symptôme d'une situation beaucoup plus vaste et complexe ;

---

1. *Ainsi parlait Zarathoustra*, « Des contempteurs du corps », p. 48.
2. *FP X*, 25 [326].

vraisemblance qui s'atteste en ceci que c'est précisément *cette* pensée
et non une autre qui se présente, et précisément avec cette netteté plus
ou moins grande, tantôt certaine et impérieuse, tantôt floue réclamant
d'être soutenue, mais dans l'ensemble toujours excitante, interrogative
– pour la conscience en effet, toute pensée agit comme un stimulant – :
tout ceci est, sous forme de signes, l'expression de quelque aspect de
notre état général [1].

Une fois dissipée la fiction d'un sujet-esprit atomique, se prêtant à
une saisie immédiate et intégrale, c'est le corps qui fournit la seule
voie d'accès possible à l'interprétation de la réalité : « le corps comme
fil conducteur » devient en quelque sorte le cri de ralliement du philosophe. Car non seulement la complexité de la pensée ne nous laisse
guère d'espoir de tirer au clair les facteurs qui s'y trouvent impliqués,
mais en outre, la nature de l'esprit pourrait bien être justement de
déformer, de falsifier, éventuellement avec finesse, ruse, efficacité...
Pourquoi ne pas envisager même qu'il soit conforme à la logique et à
l'intérêt du corps que l'esprit, ce « quelque chose qui appartient au
corps », ne puisse constituer qu'une image biaisée de la réalité, et pour
commencer, qu'il s'avère inapte à se saisir adéquatement lui-même ?
Un autre cheminement est donc nécessaire :

> Interroger directement le sujet sur le sujet et les reflets que l'esprit saisit
> de lui-même, ce procédé a ses dangers, il se pourrait qu'il fût utile et
> important pour l'activité du sujet de donner une fausse interprétation
> de lui-même. C'est pourquoi nous nous adresserons au corps et nous
> répudierons le témoignage des sens aiguisés : nous épierons, pourrait-
> on dire, si les subordonnés eux-mêmes ne voudraient pas entrer en
> relation avec nous [2].

Que nous apprend alors l'enquête attentive sur le corps, dont
Nietzsche ne cesse de rappeler qu'au sens strict, nous n'en avons pas
de connaissance [3] ? Plus accessible ne signifie pas simple, et Nietzsche
ne succombe pas à la fascination atomiste après l'avoir dénoncée
dans le cas de l'âme. L'extraordinaire richesse de l'univers corporel,
la diversité inouïe qu'il révèle sont au contraire le premier constat
auquel parvienne le philosophe : « Avec le corps pour fil conducteur,

1. *FP XI*, 38 [1].
2. *FP XI*, 40 [21].
3. Voir par exemple *Aurore*, § 119.

une prodigieuse *diversité* se révèle ; il est méthodologiquement permis d'utiliser un phénomène plus *riche* et plus facile à étudier comme fil conducteur pour comprendre un phénomène plus pauvre »[1]. Il faut surmonter la dépréciation ontologique du corps, sans doute, pour faire l'épreuve de cet étonnement, se défaire du préjugé métaphysique identifiant l'être à l'un. Le corps est multiple, non pas isotrope, mais extraordinairement différencié – « miracle des miracles »[2], il fait coexister une multiplicité de fonctions spécialisées, opère des agencements d'organes en appareils permettant l'exercice de ces fonctions du vivant organique, garantit l'équilibre de l'ensemble en dépit de la complexité des échanges entre ces sous-systèmes qui s'appuient les uns sur les autres[3] :

> Ce qui est plus surprenant, c'est bien plutôt le corps : on ne se lasse pas de s'émerveiller à l'idée que le *corps* humain est devenu possible ; que cette collectivité inouïe d'êtres vivants, tous dépendants et subordonnés, mais en un autre sens dominants et doués d'activité volontaire, puisse vivre et croître à la façon d'un tout, et subsister quelque temps –[4].

Second enseignement, qui accentue en outre la critique de la compréhension mécaniste du corps comme entité matérielle, les éléments constitutifs du corps (mais la logique de l'élément et de la composition ne peut être ici qu'une première approche encore simplificatrice) sont eux-mêmes des vivants, non des essences figées dans leur identité à soi, mais des processus de croissance, de développement, d'intensification, de reproduction, et de dépérissement – des vivants, c'est-à-dire aussi des mortels : « ces êtres vivants microscopiques qui constituent notre corps (ou plutôt dont la coopé-

---

1. *FP XII*, 2 [91].
2. *FP XI*, 37 [4].
3. En dépit de ses piques, Nietzsche n'est évidemment pas le seul philosophe qui ait considéré avec attention le détail de l'agencement organique – on connaît l'intérêt constant de Descartes pour la physiologie humaine et les études qui n'ont cessé de l'occuper à cet égard. Toutefois, avec Nietzsche s'opère une modification de point de vue radicale : le statut du corps change, et ce bouleversement entraîne un renouvellement total de la compréhension des fonctions, des organes, et avant tout de la logique de la vie organique, comme nous allons le voir.
4. *FP XI*, 37 [4]. Voir encore *FP X*, 25 [408] : « le corps humain est un composé bien plus parfait que n'importe quel système de pensées et de sentiments, et même à mettre beaucoup *plus haut qu'une œuvre d'art* ».

ration ne peut être mieux symbolisée que par ce que nous appelons notre «corps») ne sont pas pour nous des atomes spirituels, mais des êtres qui croissent, luttent, s'augmentent ou dépérissent: si bien que leur nombre change perpétuellement et que notre vie, comme toute vie, est en même temps une mort perpétuelle»[1]. Peut-on dès lors préciser la nature de ces vivants constitutifs du corps? Ils sont essentiellement caractérisés par leur processualité (n'étant pas des êtres), et leur caractère infra-conscient, antérieur à la pensée – deux traits qui permettent de reconnaître ce que Nietzsche pense à travers les notions de pulsion ou d'instinct.

«Dont la coopération ne peut être mieux symbolisée que par ce que nous appelons notre "corps"»: cohésion et hiérarchie représentent le troisième constat du philosophe – cohésion par la hiérarchisation, plus exactement. Les pulsions constituant un ensemble organisé, tel est le corps: une unité de constitution, et non une unité originaire. Division du travail organique, ajointement des multiples fonctions remplies par ces vivants – cette collaboration presque miraculeuse indique encore une stratification des processus pulsionnels qui sont ici à l'œuvre; rien de moins démocratique sans doute que le corps, la distribution des rôles est bien en même temps la fixation d'une hiérarchie. Il faut cependant préciser – point des plus importants – que cette cohésion implique la dépendance mutuelle des instances dirigeantes et des instances subordonnées; il n'y a donc pas en soi de dirigeant et de subordonné, de supérieur et d'inférieur, ni de forces en soi actives ou réactives. Les processus dirigeants dépendent tout autant des subordonnés que les subordonnés de ceux qui commandent. La solidarité réciproque, exigeant la possibilité constante d'un échange des rôles et d'une modification de l'équilibre relatif sont une dimension spécifique de ce mode complexe d'organisation que l'on nomme le corps:

> L'homme est une pluralité de forces qui se situent dans une hiérarchie, de telle sorte qu'il y en a qui commandent, mais que celles qui commandent doivent aussi fournir à celles qui obéissent tout ce qui sert à leur subsistance, si bien qu'elles-mêmes sont *conditionnées* par l'existence de ces dernières. Tous ces êtres vivants doivent être

1. *FP XI*, 37 [4].

d'espèces apparentées, sans quoi ils ne sauraient ainsi servir et obéir les uns aux autres. Les maîtres doivent en quelque façon être à leur tour subordonnés et dans des cas plus subtils, il leur faut temporairement échanger leurs rôles et celui qui commande d'ordinaire doit, pour une fois, obéir. Le concept d'« individu » est faux [1].

A ces traits distinctifs, Nietzsche ajoute une détermination décisive, celle qui consacre la radicalité du renouvellement de la pensée du corps. Si l'idée de cohésion et de solidarité des parties, même rénovée par l'idée de hiérarchie, renvoie en effet à une caractérisation classique de l'organisme vivant, elle ne constitue pas une conclusion par elle-même : encore faut-il en examiner les conséquences, et Nietzsche oriente à cet égard l'investigation dans une direction tout à fait originale. Si le corps est cohésion, et si cette cohésion permet la collaboration des processus qui le constituent, elle suppose une forme de communication. Les retombées de l'enquête sont ici considérables : une certaine communauté de nature unit donc ces constituants du corps, en dépit de la variété des systèmes qu'il constituent ; ils doivent être apparentés, et Nietzsche précise encore cette communauté de nature en affirmant que « ces êtres n'existent pas isolément » [2] : les pulsions ne sont pas une version renouvelée des atomes, et une pure logique de composition mécanique, aveugle, ne possède pas ici une puissance d'explication suffisante. Si la multiplicité est essentielle, la communication l'est tout autant. Ces vivants sont en quelque sorte des processus de communication, et non pas des « êtres », on ne saurait leur prêter une « essence », sinon leur nature relationnelle, le fait d'exister par le multiple, pour d'autres processus apparentés. Toute ontologie est disqualifiée. Ni les pulsions ni le corps ne sont analysables par exemple en termes de substance. Le corps est langage, ainsi qu'on l'avait entrevu. Mais qu'en est-il alors de ce mode de communication ? Car c'est bien cette question qui constitue en effet le point central de la pensée nietzschéenne du corps. Confronté à ce problème, Nietzsche évoque souvent l'idée d'une lutte – d'une solidarité travaillée par la rivalité, en tirant profit notamment d'un modèle avancé par la physiologie de l'époque, celui de la lutte des

---

1. *FP XI*, 34 [123].
2. *FP XI*, 34 [123].

parties au sein de l'organisme [1]. L'examen de phénomènes complexes produits par le corps, et tout particulièrement de la volonté, permet de préciser ce modèle : l'important paragraphe 19 de *Par-delà bien et mal*, en particulier, établit une hypothèse élaborée à partir de la psychologie du commandement : toute communication au sein du corps est assimilable à un échange de commandement et d'obéissance, voilà ce que vise encore la désignation de lutte [2]. Tout processus physiologique peut être décrit comme l'émission d'un ordre adressé par le collège d'instances dirigeantes à une série d'instances subordonnées chargées de l'exécuter, et diffusé des unes aux autres par le relais d'intermédiaires constituant une chaîne de transmission ; cette dernière, résultat de la division du travail organique qu'impose la complexité du corps, est un élément important du modèle ainsi avancé puisque c'est à sa faveur que peuvent s'opérer des déformations du commandement émis, des déviations, des résistances, voire des rébellions, suivant l'état de la distribution de puissance entre les différents groupes [3]. Le modèle agonal est relayé par un modèle socio-politique [4]. La communication n'est donc pas assurée par un vecteur neutre : elle transmet avec le contenu du message les relations de puissance relatives entre les instances qui participent à l'échange. Et là est le point essentiel : il faut penser les éléments constitutifs du corps comme des appareils de perception élémentaire, des affects

---

1. Sur cette compréhension du corps comme lutte des parties, que Nietzsche rencontre en particulier chez le physiologiste W. Roux, et qu'il réinterprète à la faveur de l'hypothèse de la volonté de puissance, voir l'article de W. Müller-Lauter « L'organisme comme lutte intérieure. L'influence de Wilhelm Roux sur Friedrich Nietzsche », dans *Nietzsche. Physiologie de la volonté de puissance*, Paris, Allia, 1998.

2. « *Dominer* c'est supporter le contrepoids de la force plus faible, c'est donc une sorte de *continuation* de la lutte. *Obéir* est aussi bien une *lutte* : pour autant qu'il *reste* de force capable de résister. » (*FP X*, 26 [276]).

3. C'est la raison pour laquelle Nietzsche caractérise toujours la décadence comme désagrégation du corps, absence de hiérarchie tranchée et stable, anarchie pulsionnelle. Les rivalités entre groupes de pulsions alternativement dominants rendent l'organisme malade inapte à s'imposer une direction d'action régulière.

4. Précisons qu'il ne s'agit que de deux métaphores particulières dont use Nietzsche, parmi beaucoup d'autres, pour construire son discours sur le corps, et non de modèles absolus. Sur la question capitale de l'écriture nécessairement multiple et imagée, procédant par relais métaphoriques, nous renvoyons à l'étude classique d'Éric Blondel, *Nietzsche, le corps et la culture*, Paris PUF, 1986, en particulier au chapitre IX, « Le corps et les métaphores ».

– analogiquement, de petites âmes, comme Nietzsche aime à les qualifier –, appréciant constamment la situation hiérarchique au sein de
laquelle ils se trouvent, et le degré de puissance des processus qu'ils
rencontrent. La communication traduit avant tout cette hiérarchie, ces
disparités de puissance, de sorte que le corps devient descriptible
comme l'entente de nombreuses âmes mortelles : « notre corps n'est
en effet qu'une structure sociale composée de nombreuses âmes » [1]
– et Nietzsche précise dans un texte contemporain : « J'ai un jour
employé l'expression "de nombreuses âmes mortelles" : de même,
chacun porte en lui l'étoffe de plusieurs *personnes** » [2]. À la notion
d'âme unique et immortelle, garante de l'identité du sujet, en laquelle
il dénonce la fascination du préjugé atomiste, Nietzsche substitue
donc l'idée d'une collectivité d'intelligences liées par une logique de
commandement : « Guidés par le fil conducteur du corps, comme je
l'ai dit, nous apprenons que notre vie n'est possible que grâce au jeu
combiné de nombreuses intelligences de valeur très inégale, donc
grâce à un perpétuel échange d'obéissance et de commandement sous
des formes innombrables – ou, en termes de morale, grâce à l'exercice
ininterrompu de nombreuses *vertus* » [3]. Toute la pensée nietzschéenne
du corps est à la croisée de ces deux lignes d'analyse, hiérarchie et
communication traduisant cette hiérarchie.

« Subtil système de relations et de transmissions », « entente
extrêmement rapide entre tous ces êtres supérieurs et inférieurs » [4], le
« corps » est donc la désignation courante d'une complexe configuration de domination [5] : le jeu cohérent de nombreuses volontés de
puissance ; et l'on ne s'étonnera pas alors que Nietzsche travaille dans
de nombreux textes à élucider les fonctions organiques – nutrition,
assimilation, reproduction, etc. – à partir de l'activité d'intensification
(de « croissance ») et de maîtrise que constitue la volonté de puissance [6]. Nous sommes loin à présent du réductionnisme physiologique

---

1. *Par-delà bien et mal*, § 19.
2. *FP XI*, 40 [8].
3. *FP XI*, 37 [4].
4. *FP XI*, 37 [4].
5. Nietzsche use généralement du terme de *Herrschaftsgebilde* à cet égard. Voir sur
ce point l'article de W. Müller-Lauter déjà cité, p. 150 *sq.*
6. Voir par exemple le cas de la génération : *FP X*, 26 [274] ; et *FP XII*, 1 [118],
notamment.

parfois prêté hâtivement à Nietzsche! La spécificité de sa réflexion tient tout au contraire à cette double réduction, si déroutante et apparemment paradoxale : l'idée d'esprit pur est disqualifiée et l'esprit est ramené au corps ; mais le corps est pensé à son tour comme ensemble hiérarchisé de petites âmes. Comment trancher alors la question de la priorité entre physiologie et psychologie ? Cette circularité a bien plutôt pour fonction de disqualifier toute prétention du discours à la vérité, tout espoir d'élaborer une science du corps au sens strict, d'en isoler l'essence dans son absoluité – la « connaissance » entendue ainsi n'étant qu'une fiction héritée de l'idéalisme. La science la plus rigoureuse décrit les phénomènes plus minutieusement que ne le font les philosophes, mais elle ne fait jamais que décrire, ainsi que le rappelle Nietzsche, et n'échappe pas à la sphère de l'interprétation. Certes, toutes les interprétations ne se valent pas, et Nietzsche célèbre fréquemment la probité intellectuelle des sciences, source de l'extraordinaire cohérence de leur description, qui tranche avec les doctrines métaphysiques [1]. Il demeure que la plus cohérente des interprétations s'égare quand elle oublie son statut et s'absolutise pour revendiquer la détention d'une vérité. C'est bien ce qui explique que Nietzsche, quand il s'y réfère, fasse toujours jouer la physiologie comme un langage, mais non comme une science au sens strict [2] : c'est-à-dire

---

1. C'est donc bien plus une efficacité pratique qu'une puissance épistémologique véritable qui distingue l'interprétation scientifique : « La science aura à établir de plus en plus la *succession* des choses dans leur cours, de sorte que les processus deviennent pour nous *praticables* (par ex. tels qu'ils le sont dans la machine) La *compréhension* de ce qui est cause, de ce qui est effet, n'est pas assurée pour autant, mais une *puissance d'action sur la nature* se peut ainsi acquérir. » (*FP* du *Gai savoir*, 11 [255]).

2. Voir par exemple le posthume suivant, qui vise la théorie de W. Roux, et indique en quoi la connaissance physiologique demeure à son insu métaphorique : « À présent l'on a redécouvert le *combat* dans tout domaine et l'on ne parle que du combat des cellules, des tissus, des organes, des organismes. Mais l'on *peut* y retrouver l'ensemble de nos affects conscients – à la fin, une fois ceci constaté, *nous retournons la question* et déclarons : ce qui se produit réellement au cours de l'activité de nos affects humains ce sont ces mouvements physiologiques, et les affects (lutte, etc.) ne sont autre chose que des interprétations élaborées de l'intellect qui, là même où il ne sait rien, *prétend* tout savoir. Par les mots "irritation", "amour", "haine" il pense avoir défini le *motif* du mouvement ; de même que par le mot "volonté", etc. – Nos sciences naturelles à présent cherchent à élucider le moindre processus suivant la leçon de notre sensibilité affective, bref de créer un *langage* propre à traduire ces processus : fort bien ! Mais l'on ne sort pas d'un langage imagé. » (*FP* du *Gai savoir*, 11 [128]). La théorie physiologique exploite donc pour

comme une stratégie descriptive, efficace pour traduire un aspect particulier de tel champ de phénomènes, mais imagée et de ce fait partielle,
nécessitant donc d'être relayée par d'autres types de langage, toujours
métaphoriques, mais plus aptes à décrire tel autre aspect des mêmes
phénomènes[1]. Dans le second mouvement, « expliquant » la physiologie par la psychologie, l'idée d'ensemble hiérarchisé est sans doute
plus importante à cet égard que celle d'âme, ou plus exactement, la
commande : la constitution d'un ensemble implique en effet qu'il y ait
une forme de communication rendant possible l'entente. Et c'est pour
penser la nature de cette communication que la notion d'âme peut
jouer alors le rôle de modèle. Au problème classique de l'union de
l'âme et du corps se substitue ainsi celui de la communication au sein
du corps, et la « physiologie » que Nietzsche met en œuvre se révèle
une physiologie psychologique[2], parfois désignée du reste du terme
de « physio-psychologie »[3].

Dans cette perspective, l'esprit devient pensable comme « quelque
chose qui appartient au corps », une sorte d'organe du corps, à condition de donner à la notion d'organe le sens étendu que lui confère
Nietzsche[4]. Comment alors préciser le rapport d'appartenance
qu'évoque Nietzsche, détailler la manière dont la compréhension

« expliquer » les phénomènes le modèle de la psychologie des affects. Nietzsche fera
usage du même type de déplacement, toute la différence tenant à la reconnaissance, dans
son cas, du statut imagé et descriptif de ce mode d'analyse.

1. Comme le fait très justement remarquer R. Schacht (*Nietzsche*, Londres,
Routledge and Kegan Paul, p. 270 *sq.*), il faut donc se garder d'absolutiser les déclarations de Nietzsche sur le corps et sa caractérisation en termes purement physiologiques.
« Corps » demeure bien un terme provisoire, insatisfaisant notamment en ce qu'il prend
sens à l'intérieur d'un couple conceptuel illégitime, dans le cadre d'une pensée dualiste.
De nombreux textes en font certes usage, mais en général, un usage de première approche, à visée polémique, en montrant que le corps (ou ce qui est habituellement désigné
comme tel) possède un primat sur ce qui est nommé « âme » ou « esprit », et en constitue la
source. Nietzsche utilise généralement d'autres terminologies pour approfondir l'analyse
de ce que l'on appelle ordinairement « corps ». Sur la reprise de terminologies anciennes
au sein du « nouveau langage » élaboré par Nietzsche, et sa signification, voir l'ouvrage
d'É. Blondel déjà mentionné et notre étude *Nietzsche et le problème de la civilisation*,
Paris, PUF, rééd. 1999.

2. Sur l'utilisation croisée des terminologies physiologique et psychologique, nous
renvoyons à nos études *Nietzsche et le problème de la civilisation* (en particulier livre I,
chap. 3, « Le corps comme fil conducteur ») et *La pensée du sous-sol*, Paris, Allia, 1998.

3. *Par-delà bien et mal*, § 23.

4. Voir par exemple *FP IX*, 7 [211].

renouvelée du corps rend pensable la nature de l'esprit, et percer à jour le sens de la célèbre déclaration de Zarathoustra : « Le corps est raison, une grande raison, une multiplicité qui a un seul sens, une guerre et une paix, un troupeau et un berger./Ta petite raison, elle aussi, mon frère, que tu appelles "esprit" est un outil de ton corps, un petit outil, un petit jouet de ta grande raison »[1] ?

Si le corps est bien activité d'interprétation, jeu conspirant de nombreuses volontés de puissance travaillant à maîtriser la réalité, ce sont les conditions de l'optimisation de cette activité qui fournissent ici des indices décisifs, et dans cette perspective, l'étude du corps retrouve de manière inattendue la question de la connaissance. Reprenons un instant le modèle de la psychologie du commandement : si une régence collective de pulsions gouverne notre corps[2] dans son irreprésentable complexité en vue d'une maîtrise efficace de la réalité, et oriente sa pratique relativement aux autres groupements pulsionnels qui constituent celle-ci, la complexité des paramètres intervenant ici risque fort de constituer une gêne pour la décision. Il y a nécessité que soit préalablement opéré un tri, une sélection privilégiant certains facteurs, éprouvés comme prépondérants, en éliminant purement et simplement une série d'autres, jugés – au risque d'un faux-pas – secondaires. Refléter fidèlement la réalité au profit du groupe dirigeant reviendrait à paralyser son action. La fécondité de la conscience tient justement au filtrage qu'elle opère sur la réalité – une « connaissance » lacunaire est ici une vertu cardinale :

> De même qu'un commandant en chef veut ignorer bien des choses et doit les ignorer pour ne pas perdre de vue l'ensemble, de même il doit y avoir aussi dans notre esprit conscient *avant tout* un instinct *d'exclusion et de rejet, un instinct sélectif* –, qui ne se laisse présenter que certains faits. La conscience est la main avec laquelle l'organisme saisit le plus loin autour de soi : il faut que ce soit une main ferme[3].

---

1. *Ainsi parlait Zarathoustra*, « Des contempteurs du corps », p. 48.
2. Rien ne justifie en effet que le « dirigeant » au sein du corps soit unique. C'est l'un des intérêts de l'analyse menée par Nietzsche que d'éviter ce tenace préjugé. Voir par exemple *FP XI*, 40 [21] : « Partir du *corps* et de la physiologie : pourquoi ? – Nous obtenons ainsi une représentation exacte de la nature de notre unité subjective, faite d'un groupe de dirigeants à la tête d'une collectivité [...] ».
3. *FP XI*, 34 [131].

Une ignorance sélective – Nietzsche dira souvent une volonté de ne pas savoir – doit donc être entretenue comme condition de l'efficacité de l'activité du corps. La produire est précisément la fonction de l'esprit conscient, et l'on comprend en quoi Zarathoustra peut qualifier la raison d'outil du corps et de jouet de la grande raison : instrument de falsification, de simplification d'une réalité extérieure constituée par le jeu inépuisable d'un nombre infini de volontés de puissance singulières et concurrentes, il contribue ainsi à la rendre plus aisément maîtrisable. Car si « connaître » revient toujours à réduire du neuf à du déjà connu, à de l'habituel, la singularité des processus rencontrés dans l'expérience, ne révélant que du non-identique, constitue une entrave à ce type de traitement. Or, l'esprit excelle justement, par exemple, à créer de l'identique – du comparable, qui se verra assimiler, au-delà d'un certain degré de coïncidence construite, à de l'identique – à partir de cette réalité qui n'est que du non-identique. Le nombre est l'un des rouages essentiel de ce traitement ; le concept, qui ne correspond à rien exactement mais à beaucoup de choses partiellement, comme Nietzsche aime à le répéter, en serait un autre exemple.

On voit bien alors que la question des rapports entre l'esprit et le corps n'est pas analysable en termes d'union entre réalités hétérogènes, mais de fonctionnalité organique. Appartenant au corps, étant corps, l'esprit est en outre un instrument au service de ce corps, un « estomac des affects », qui sélectionne, digère et favorise l'assimilation – l'imagerie physiologique venant cette fois au secours de l'analyse de la sphère intellectuelle... même si cela rebute et blesse l'orgueil humain (l'« humain, trop humain ») de voir ainsi ce qu'il considère ordinairement comme le plus noble ravalé au rang de simple outil subordonné.

On comprend du même coup pourquoi la pensée du corps est si difficile et si étonnante : le philosophe s'efforce d'élucider la nature du corps avec les armes de l'esprit (concepts, causalité, être, nombre, etc...), c'est-à-dire avec les techniques de déformation cohérente que s'est forgé le corps afin d'optimiser son travail pratique d'interprétation. Ces techniques sont ce qui permet à l'esprit de construire ce que l'on appelle ordinairement de la connaissance ; il s'avère donc qu'il s'agit d'instruments dérivés et inadéquats pour penser ce qui est premier – non d'instruments neutres de saisie de l'essence de la réalité.

C'est en ce sens qu'il n'y a pas pour Nietzsche, et ne peut y avoir de connaissance du corps au sens strict. L'impuissance de la quantification en fournit un bon exemple : il arrive physiologiquement qu'1/2 ajouté à 1/2 fasse 2[1]. Le jeu du corps dépasse constamment par sa subtilité l'image que les outils de l'esprit parviennent à en dessiner. Et une fois encore, cette situation montre combien la philosophie est naïve en se montrant oublieuse de la généalogie : le penser est secrètement au service du corps au moment même où il s'imagine en être maître et seigneur. Notre corps est bien le jeu d'intelligences infiniment plus raffinées et entraînées que notre intelligence consciente – d'où la thèse constante de Nietzsche : « Notre corps est plus sage que notre esprit ! »[2].

Ajoutons que cette sagesse est le résultat d'un long entraînement, de la réitération et du traitement d'innombrables expériences. Le corps, en effet, a une histoire – en lui « revit et s'incarne le passé le plus lointain et le plus proche »[3] : cette histoire est celle d'une complexification progressive, obéissant toujours à la logique de l'intensification du sentiment de puissance. Et cette complexification se traduit en particulier par l'apparition d'une forme de division du travail, que nous avons rencontrée : la naissance de fonctions séparées. « La hiérarchie s'est établie par la *victoire* du plus fort et l'*impossibilité* pour le plus fort de *se passer* du plus faible comme pour le plus faible du plus fort – c'est là que prennent naissance des fonctions séparées : car obéir est aussi bien une fonction de la conservation de soi que, pour l'être le plus fort, commander »[4]. Cette logique est aussi celle qui explique l'émergence, récente et certainement non achevée, de la fonction intellectuelle, ou « gnoséologique », si l'on veut emprunter sa terminologie à l'univers philosophique. La conscience n'est certes pas l'essence éternelle et immuable de l'homme, moins encore la marque de sa supériorité sur le règne animal :

---

1. « *Avec le corps pour fil conducteur.* Le protoplasme qui se scinde, 1/2 + 1/2 *n'est pas* = 1, mais = 2. <Cela> rend caduque la croyance aux âmes-monades. » (*FP XII*, 2 [68]).

2. *FP X*, 26 [355].

3. *FP XI*, 36 [35].

4. *FP X*, 25 [430].

La conscience du moi est ce qui vient s'ajouter en dernier lieu lorsqu'un organisme achevé fonctionne, quelque chose de *presque* superflu : la conscience de *l'unité* en tout cas quelque chose de fort inaccompli et souvent mal assuré, comparé à l'unité réelle, invétérée, incorporée et opératoire de toutes les fonctions. Inconsciente est la grande activité capitale. La conscience *n'apparaît* ordinairement que lorsque le tout se veut à son tour subordonner à un tout supérieur [1].

Certes, « l'esprit est plus superficiel qu'on ne croit »[2], et notre appareil de « connaissance » est bien rudimentaire ; comparée au corps dans son ensemble, que notre conscience est claudicante ! qu'elle se montre lacunaire, timide, inadaptée, face à l'extraordinaire sûreté fonctionnelle du jeu des pulsions ! C'est qu'elle est encore enfant – ayons donc l'indulgence de lui pardonner ses enfantillages[3].

Coordination magistrale de volontés de puissance, le corps est ainsi – comme tout ce qui existe – un appareil d'interprétation qui produit l'intensification de sa puissance par la maîtrise de la réalité. Traduisant les besoins fondamentaux en fonction desquels il mène ce travail, les interprétations qu'il engendre témoignent *ipso facto* de son état, sain ou déprimé. Projetant ses valeurs dans son interprétation, il révèle du même coup sa valeur au philosophe-médecin. C'est aussi pourquoi la tâche de la pensée se trouve soudain renouvelée : le diagnostic généalogique appellera en effet la nécessité d'une action thérapeutique. Surmonter le nihilisme qui s'étend sur l'Europe contemporaine, guérir le corps malade et anémié dont on fait un idéal, c'est bien là le sens du renversement des valeurs. Mais créer des valeurs revient à modifier le corps, à intervenir sur l'organisation pulsionnelle – sa désorganisation dans le cas présent –, pour tenter de donner l'avantage à des pulsions plus saines, et constituer surtout une hiérarchie ferme et efficace… À charge pour la philosophie de réviser une nouvelle fois ses objectifs ; l'éducation de l'esprit n'est pas l'élément décisif : « Le but : l'évolution vers un stade supérieur du corps tout entier et pas seulement du cerveau ! »[4]. C'est bien le problème de

---

1. *FP* du *Gai savoir*, 11 [316]. Sur le caractère récent de la conscience, et sur le danger qu'elle constitue pour le corps, voir également, entre autres, *Le gai savoir*, § 11.
2. *FP X*, 26 [68].
3. Voir *FP IX*, 7 [126].
4. *FP IX*, 16 [21].

l'action sur le corps qui est au cœur de l'entreprise. Comment faire passer des valeurs dans la vie du corps et les y traduire sous forme d'instincts ? C'est ce problème de l'incorporation, de l'*Einverleibung*, qui mobilisera désormais les forces du philosophe. Sa tâche sera dans ces conditions de collaborer à ce jeu sans terme qu'est l'histoire du corps, en en infléchissant toutefois la direction interprétative. Instaurateur de valeurs nouvelles, sélectionnées pour leur plus grande aptitude à intensifier la vie, le philosophe sera bien alors cet artiste qui s'attache à sculpter un corps nouveau – un philosophe qui manie le marteau. La pensée du corps bouleverse ainsi radicalement le projet philosophique tout entier – ce dont ne manqueront pas de se réjouir les philosophes authentiques, amis de l'étonnement et amateurs d'énigmes, à qui cette pensée nouvelle offrira à coup sûr de quoi se consoler de la perte des certitudes anciennes : car « à supposer que l'"âme" fût une pensée attirante et mystérieuse dont les philosophes ont eu raison de ne se détacher qu'à regret – peut-être que ce qu'ils apprennent à accepter désormais en échange est plus attirant encore, plus mystérieux. [...] le corps est une pensée plus surprenante que jadis l'"âme" ». [1]

Patrick WOTLING
Université de Reims

1. *FP XI*, 36 [35].

PERCEPTION CORPORELLE ET PERCEPTION VIRTUELLE CHEZ BERGSON

« Voici d'abord un point sur lequel tout le monde s'accordera. Si les sens, si la conscience avaient une portée illimitée, si, dans la double direction de la matière et de l'esprit, la faculté de percevoir était indéfinie, on n'aurait pas besoin de concevoir, non plus que de raisonner. Concevoir est un pis aller quand il n'est pas donné de percevoir, et le raisonnement est fait pour combler les vides de la perception ou en étendre la portée »[1]. Cette mise au point de Bergson met nettement en évidence le caractère central de la perception au sein de sa philosophie et, par extension, au sein de toute philosophie, de toute pensée, de tout régime d'appréhension du réel. Les formes du raisonnement et de la conception n'apparaissent que comme autant de béquilles destinées à pallier les limites inhérentes à la faculté de percevoir dans son fonctionnement moyen, c'est-à-dire ordonné à l'action du corps vivant dans son milieu. À l'inverse, l'apparition du raisonnement, du formalisme logique et discursif, de la mise en concepts de la réalité, ne se peut concevoir que sur le fond d'une impuissance de la perception à s'étendre indéfiniment, à dépasser son caractère local et situé pour rejoindre la totalité. La question qui se pose dès lors est de déterminer si cette limitation inhérente à notre faculté de percevoir s'avère contingente et accidentelle, liée à notre finitude corporelle, ou si elle

---

1. Bergson, *La pensée et le mouvant*, Paris, PUF, 1938, p. 145.

revêt au contraire un caractère nécessaire et structurel, constitutif, et, à ce titre, proprement indépassable.

Bergson paraît lui-même avoir répondu à cette interrogation, et ceci au soir de son œuvre philosophique publiée. *Les deux sources de la morale et de la religion* se referment en effet sur l'évocation « de ces perceptions anormales », celles dont s'occupe la « science psychique », perceptions susceptibles de nous mettre en présence d'un « en dehors », lequel s'avèrerait peut-être, aussi bien, un « au-delà »[1], perceptions à mêmes par conséquent de contribuer, ne fût-ce que localement et ponctuellement, à une régénération spirituelle et morale de l'humanité, par-delà l'appel lancé à un désormais improbable héros mystique. Parce que la perception moyenne procèderait d'une sélection, à travers une série de mécanismes intra-cérébraux, des images sur lesquelles nous pourrons agir, sélection, donc, des objets offrant une prise à notre action efficace, un dérangement de tels mécanismes nous fournirait par suite un accès à un ensemble de données que le cerveau, « organe de l'attention à la vie », maintient ordinairement à l'état virtuel, nous empêchant de les percevoir, afin d'agir, c'est-à-dire, ultimement, de *vivre*.

Or, il est clair que cette conception des modalités de fonctionnement de la perception normale comme sélection, et de la perception « anormale » comme voie d'accès, par-delà une telle sélection, à un « en dehors » (lequel recouvre peut-être un « au-delà ») habituellement masqué, s'enracine directement dans les pages magistrales du premier chapitre de *Matière et mémoire*, pages précisément consacrées à élucider le mécanisme de la perception consciente. Toutefois, à ce niveau, un problème dirimant se fait jour : dans ce chapitre, la mise en évidence des conditions de possibilité génétiques de la perception passe par une insistance toute particulière sur le rôle nécessaire joué par le *corps*, singulièrement le cerveau, au sein du processus perceptif. Sans le cerveau, conçu comme centre d'indétermination, pas de perception, semble nous dire Bergson. Plus précisément, c'est l'action du corps vivant aux prises avec son environnement, action rendue possible par la spécificité du système nerveux central, qui rend compte, en dernière instance, de l'apparition d'une perception. Car l'action constitue

---

1. Bergson, *Les deux sources de la morale et de la religion*, Paris, PUF, 1932, p. 336.

précisément le vecteur de la sélection qui s'accomplit à chaque instant au cœur de la totalité, donnant lieu à une perception déterminée, nécessairement partielle et locale. Dès lors, parler d'une perception corrélée au Tout de l'être, n'est-ce pas là risquer une sorte de *contradictio in adjecto* ? *N'avons-nous pas ici affaire au paradoxe intenable, dans le cadre même des analyses bergsoniennes, d'une perception affranchie de ses conditions vitales et corporelles* ? Peut-on, en d'autres termes, concevoir une perception délivrée des exigences de l'action ? Il convient dès à présent, afin d'éprouver cette difficulté, de se livrer à un parcours cursif de cette thématique telle qu'elle se trouve développée dans *Matière et mémoire*.

On sait que dans le premier chapitre de cet ouvrage Bergson cherche à rendre compte de l'activité perceptive en renvoyant dos à dos les sectateurs de l'idéalisme et du réalisme. La représentation n'a rien d'un double, d'une copie ou d'un reflet d'une réalité extérieure préexistante, que ce soit sur le mode immatériel d'une reproduction purement mentale (idéalisme), ou sur le mode d'un épiphénomène de l'activité cérébrale (réalisme). Au fond, ce que Bergson conteste c'est toute théorie de la représentation qui se fonderait sur une dualité originaire opposant de manière irréductible le sujet et l'objet, la représentation et le monde. Partant de l'objet tel qu'il se donne dans l'univers *acentré* décrit par la science, le réaliste échoue à rendre raison du surgissement d'une représentation *centrée* autour du corps propre. À l'inverse, partant de la représentation *subjective*, c'est-à-dire de la perception consciente individuelle, l'idéaliste est incapable de justifier l'*objectivité* des lois scientifiques. À vrai dire, ce qu'ont manqué conjointement les partisans de l'idéalisme et du réalisme, c'est le rôle fondamental de l'action, donc du corps, au sein du processus perceptif. Comme le remarque l'auteur, « si le système nerveux est construit, d'un bout à l'autre de la série animale, en vue d'une action de moins en moins nécessaire, ne faut-il pas penser que la perception, dont le progrès se règle sur le sien, est tout entière orientée, elle aussi, vers l'action, non vers la connaissance pure ? Et dès lors la richesse croissante de cette perception elle-même ne doit-elle pas symboliser simplement la part croissante d'indétermination laissée au choix de l'être vivant dans sa conduite vis-à-vis des choses ? Partons donc de cette indétermination comme du principe véritable »[1]. Partir de l'indétermination comme d'un principe véritable, c'est bien alors poser l'*action* au fondement de la perception, c'est bien établir l'action comme condition de possibilité de la perception.

Voyons en effet comment Bergson met au jour le fonctionnement du processus perceptif. Il s'agit pour lui de tout faire reposer, au rebours des idéalistes et des réalistes, sur un seul et même plan homogène, à savoir celui de la matérialité. La matérialité se caractérise, de prime abord, par l'enchaînement nécessaire des phénomènes selon des lois constantes. Cependant, au cœur même de la matière, un certain nombre de phénomènes semblent résister à un tel enchaînement nécessaire et rigoureusement déterminé, en ce qu'ils introduisent dans le monde une part d'indétermination, laquelle se traduit temporellement par un *délai*, un écart entre l'action et la réaction : tels sont les corps vivants. Ce délai, cet écart procèdent directement du système nerveux central, pour autant que celui-ci se définit par ses fonctions d'analyse du mouvement reçu (action des corps extérieurs sur mon organisme), et de *sélection* du mouvement exécuté (réaction, réponse du corps vivant aux sollicitations du monde extérieur). Or, nous dit Bergson, tout le mécanisme de la perception est là, nulle part ailleurs. Qu'est-ce à dire ? Loin que le cerveau soit ici conçu comme la cause efficiente de la représentation, il ne se présente que comme l'instrument du choix de notre réaction aux stimulations de l'extériorité, c'est-à-dire comme un instrument, un vecteur d'action, et d'action seulement. Reste que cette action est précisément ce qui rend possible la représentation. Car la perception ne fait que mesurer ou symboliser, en vertu d'un principe de correspondance ou d'analogie, l'ensemble des actions virtuelles du corps au sein de son milieu. Aux mouvements sélectionnés par le système nerveux correspondent en effet autant de points dans le réel où ces mouvements devront aboutir ; ces points sont les objets mêmes de la perception. On le voit : sans action, c'est-à-dire ici sans sélection, sans choix cérébral, pas de perception. À tel point que Bergson peut affirmer « qu'une loi rigoureuse relie l'étendue de la perception consciente à l'intensité d'action dont l'être vivant dispose. Si notre hypothèse est fondée, cette perception apparaît au moment

---

1. Bergson, *Matière et mémoire*, Paris, PUF, 1939, p. 27.

précis où un ébranlement reçu ne se prolonge pas en réaction nécessaire » [1]. L'auteur précise encore : « on peut affirmer que l'amplitude
de la perception mesure exactement l'indétermination de l'action
consécutive, et par conséquent énoncer cette loi : *la perception
dispose de l'espace dans l'exacte proportion où l'action dispose du
temps* » [2]. Si la perception s'origine nécessairement dans l'action, bien
plus, si une intensification de l'action, de l'indétermination de la
conduite du vivant vis-à-vis des choses entraîne une intensification,
un enrichissement proportionnels de la perception, comment penser
une perception délivrée des exigences de l'action, affranchie des néces-
sités vitales d'un organisme partiellement indéterminé et en interaction avec son environnement ? Comment Bergson peut-il parler de la
perception d'un « en dehors », d'un « au-delà », lors même que la
perception se borne, par définition semble-t-il, à correspondre à ce qui
intéresse le corps dans son milieu, et à rien d'autre ? N'est-ce pas d'un
surcroît d'action que devrait censément procéder, bien plutôt, un
surcroît de perception ?

Peut-être, cependant, la réponse à cette perplexité réside-t-elle
dans un aspect jusqu'ici délibérément tenu en réserve. Nous avons vu
en effet que Bergson renvoyait dos à dos les tenants idéalistes et
réalistes de la théorie de la connaissance, lesquels posent d'emblée
une dissociation radicale entre le contenu de conscience ou la représentation, et le monde. Pour le sens commun, l'objet donné dans la
perception n'est ni réductible à l'esprit, ni marqué au sceau d'une
extériorité irréductible. « L'objet existe en lui-même, et, d'autre part,
l'objet est, en lui-même, pittoresque comme nous l'apercevons » [3]. Ni
pure transcendance, ni simple immanence, ni extériorité radicale, ni
intériorité vide, l'objet se présente comme une existence *sui generis*
située à mi-chemin de la chose et de la représentation : en langage
bergsonien, il est *image*, instance plus originaire que l'opposition
dérivée entre le sujet et l'objet. En une équation qui ne contribuera pas
peu à la renommée de *Matière et mémoire*, Bergson pose alors l'équivalence entre la matière et l'ensemble des images. Cette équivalence
permet assurément de mieux saisir le principe énoncé par l'auteur

1. *Matière et mémoire*, p. 28.
2. *Ibid.*, p. 29.
3. *Ibid.*, p. 2.

d'une correspondance symbolique entre les mouvements intra-cérébraux qui président au choix de l'action à accomplir en réponse à un
stimulus donné, et la perception consciente. D'où provient en effet le
caractère conscient prêté à la perception ? En quoi un système sensori-
moteur, fût-il infiniment compliqué, peut-il rendre compte d'un tel
aspect ? « Pourquoi, se demande l'auteur, ce rapport de l'organisme à
des objets plus ou moins lointains prend-il la forme particulière d'une
perception consciente ? » [1].

Or la réponse est en quelque sorte contenue dans la question.
Présupposer des objets plus ou moins lointains, c'est déjà présupposer
un ensemble d'images. Et c'est précisément du sein de cette totalité
d'images toujours déjà là que la perception consciente surgit. Loin
que celle-ci vienne ajouter quoi que ce soit à l'image présente, elle
consiste au contraire en une diminution de cette dernière, diminution
qui permet d'opérer une sorte de cadrage susceptible de convertir la
présence de l'image en *représentation*. Comme le note Bergson, « Ce
qu'il faut pour obtenir cette conversion, ce n'est pas éclairer l'objet,
mais au contraire en obscurcir certains côtés, le diminuer de la plus
grande partie de lui-même, de manière que le résidu, au lieu de demeurer emboîté dans l'entourage comme une *chose*, s'en détache comme
un *tableau* » [2]. Cependant, pour que ce geste soit rendu intelligible, il
convient de prêter au Tout de la matière, c'est-à-dire à l'ensemble des
images, une manière de conscience, fût-elle infiniment distendue,
sinon on ne voit pas comment une diminution de la présence de la
chose pourrait valoir comme sa représentation. En d'autres termes,
il faut que l'*esse* corresponde rigoureusement à un *percipi*, celui-ci
pouvant d'ailleurs demeurer purement virtuel. Tout se passe à vrai
dire comme si l'axiome berkeleyen était transposé en pur régime
d'extériorité, la perception ne s'accomplissant nullement à l'intérieur
de la conscience, mais bien au cœur des choses mêmes en tant que
virtuellement perceptibles. C'est ce que veut signifier Bergson
lorsqu'il remarque que « La représentation est bien là, mais toujours
virtuelle, neutralisée, au moment où elle passerait à l'acte, par
l'obligation de se continuer et de se perdre en autre chose » [3]. C'est

---

1. *Matière et mémoire*, p. 29.
2. *Ibid.*, p. 33. Souligné par Bergson.
3. *Ibid.*

justement le corps vivant, à travers le système nerveux central, qui vient interrompre cette procession diffuse de la représentation, c'est lui, autrement dit, qui prélève sur la totalité des mouvements matériels ceux qui présentent pour lui un intérêt vital, promesse ou menace, mouvements matériels dont le correspondant symbolique se trouve alors être l'ensemble des images qui offrent une signification déterminée à l'action de ce même corps. Mais, dès lors, si la représentation en tant que perception consciente consiste dans une diminution, une sélection ou une actualisation opérée au sein d'un Tout virtuel préalable, la possibilité demeure ouverte, semble-t-il, d'un accès pour ainsi dire *supra*-corporel aux images qui débordent le cadre strictement perceptif. La notion d'image constituerait ainsi le vecteur d'une compréhension élargie de la perception, en tant que celle-ci parvient à s'affranchir des contraintes spécifiques d'une action censément limitée aux besoins corporels.

Pourtant, un certain nombre d'éléments du premier chapitre de *Matière et mémoire* semble devoir infirmer cette possibilité, remettant en cause l'idée même d'une perception consciente élargie aux dimensions du Tout des images. Le problème est ici, précisément, celui de la *conscience*. On vient de l'établir en effet, la conscience suppose pour apparaître une sorte de cadrage, de centration mise en œuvre, à travers l'action corporelle naissante, au sein de la totalité infiniment distendue et diffuse des images. Par-delà un tel cadrage, en vérité, il n'y a plus rien à voir, la conscience se disloque, se disperse à tel point qu'elle se renverse en son autre : l'inconscience. La totalité des images ne paraît jamais comme telle, n'est pas « imageable », figurable. Car toute perception consciente est configuration. Percevoir une *image*, c'est nécessairement percevoir *une* image. En deçà de ce principe d'individuation, plus rien ne se laisse appréhender par la conscience, c'est le règne de l'inconscient, de la virtualité qui équivaut au néant de conscience. Or cette inconscience est le corrélat direct de l'impuissance, c'est-à-dire de l'action empêchée, entravée. Comme le note Bergson : « Sectionnez le nerf optique d'un animal ; l'ébranlement parti du point lumineux ne se transmet plus au cerveau et de là aux nerfs moteurs ; le fil qui reliait l'objets aux mécanismes moteurs de l'animal en englobant le nerf optique est rompu : la perception visuelle est donc devenue impuissante, et dans cette impuissance consiste précisément l'inconscience »[1]. À nouveau se fait jour le lien direct entre action indéterminée du corps au sein de son milieu et perception consciente. Sans cette action, nous sommes réduits à l'état de matière inerte dans l'univers. Bergson est ici on ne peut plus clair : « Percevoir toutes les influences de tous les points de tous les corps serait descendre à l'état d'objet matériel. Percevoir consciemment signifie choisir, et la conscience consiste avant tout dans ce discernement pratique »[2]. Nous sommes bien loin, semble-t-il, des hautes ambitions affichées par l'auteur eu égard à la recherche psychique : l'effet de perceptions affranchies de l'action vitale, si toutefois celles-ci sont pensables, serait de nous ravaler au rang de particule de matière inconsciente, en contact, certes, avec la totalité de ce qui est, mais sur le mode purement inconscient d'une pierre ou d'un grain de sable perdu dans l'immensité de l'univers, dans cette nuit où toutes les vaches sont grises.

Notons toutefois que le concept d'inconscient fait l'objet d'une élaboration plus précise dans *Matière et mémoire*. Au chapitre trois, ainsi, s'interrogeant sur le mode d'être du souvenir pur, Bergson en vient à dégager son caractère inconscient, directement corrélé à son impuissance propre. Or, la mise à jour de ce mode d'être spécifique passe méthodologiquement par un travail analogique de mise en correspondance de ce statut avec celui de ces perceptions qui ne se donnent à nous que sur le mode de l'*absence*. Qu'en est-il de ces perceptions ? Peuvent-elles nous éclairer sur la possibilité et la nature de ces perceptions anormales, susceptibles de nous mettre en présence d'un « en dehors », perceptions dont s'occupe la recherche psychique ? Bergson remarque que toute perception actuelle implique tout un réseau, tout un horizon ou toute une frange de perceptions virtuelles, c'est-à-dire non actuellement présentes à la conscience et pourtant sous-jacentes à celle-ci. Ainsi, par exemple, « Au-delà des murs de votre chambre, que vous percevez en ce moment, il y a les chambres voisines, puis le reste de la maison, enfin la rue et la ville où vous demeurez. Peu importe la théorie de la matière à laquelle vous vous ralliez : réaliste ou idéaliste, vous pensez évidemment, quand vous parlez de la ville, de la rue, des autres chambres de la maison, à autant

---

1. *Matière et mémoire*, p. 42-43.
2. *Ibid.*, p. 48.

de perceptions absentes de votre conscience et pourtant données en elle» [1]. En d'autres termes, nous avons affaire ici à un ensemble de perceptions virtuelles, lesquelles se présentent à nous, paradoxalement, sur le mode de l'absence. Il y va bien d'une donation, mais d'une donation pour ainsi dire toujours différée. Or, c'est précisément à propos de ce type de donation que Bergson en vient à parler d'états mentaux inconscients: «Tout le monde admet, en effet, que les images actuellement présentes à notre perception ne sont pas le tout de la matière. Mais, d'autre part, que peut-être un objet matériel non perçu, une image non imaginée, sinon une espèce d'état mental inconscient?» [2]. Au-delà des murs de notre chambre donc, et de loin en loin, c'est la totalité du monde qui se profile ainsi sur le mode de l'absence, sous les espèces d'une donation qui ne donne qu'en se retirant, en sorte que «la réalité, en tant qu'étendue, nous paraît déborder à l'infini notre perception» [3]. L'horizon immédiat de notre perception s'avère par conséquent bordé d'une frange plus ou moins nette de perceptions s'étendant à l'infini: «Il est donc de l'essence de notre perception actuelle, en tant qu'étendue, de n'être toujours qu'un *contenu* par rapport à une expérience plus vaste, et même indéfinie, qui la contient: et cette expérience, absente de notre conscience puisqu'elle déborde l'horizon aperçu, n'en paraît pas moins actuellement donnée» [4]. Or, n'est-ce pas justement cet infini qui nous demeure masqué dans l'exercice habituel de notre perception, dans le travail de sélection motrice effectué par notre système cortical, et que son dysfonctionnement permettrait de faire apparaître au grand jour?

Dans le strict cadre de l'analyse bergsonienne, il semble bien que nous devions répondre à cette hypothèse par la négative. Car, loin que l'appréhension de cet horizon virtuel nous soit rendue possible par-delà le régime normal de l'action mis en évidence dans le premier chapitre, c'est l'action qui, plus que jamais, permet d'en rendre compte. En effet, si la perception entretient finalement un rapport inconscient à la totalité de ce qui est, c'est parce que l'action s'avère elle-même temporellement orientée. Il ne s'agit plus simplement ici d'entretenir

1. *Matière et mémoire*, p. 158.
2. *Ibid.*
3. *Ibid.*, p. 161.
4. *Ibid.*, p. 160.

une relation avec les objets qui intéressent directement notre action. Car cette dernière s'étend désormais virtuellement à l'infini, si bien que sa ligne d'horizon n'est autre que le monde comme totalité indéterminée. Et si la réalité dans son ensemble nous est en un sens donnée, bien que non actuellement perçue, c'est parce que l'action engage en son sein la dimension de l'*avenir*, c'est-à-dire au fond l'ensemble des promesses et des menaces que celui-ci recèle. Aussi ces passages s'inscrivent-ils dans la stricte continuité des développements du premier chapitre relatifs à l'articulation de la perception à l'action. Ceux-ci font simplement ici l'objet d'un *passage à la limite*, où le monde lui-même apparaît désormais comme la ligne de fuite de notre action indéfinie. À nouveau, force est de constater que le progrès de la perception, son enrichissement graduel, se règle sur celui de l'action, c'est-à-dire du corps : autant d'action, autant de perception pourrait-on dire. Arrivés à ce point, la difficulté, voire l'impossibilité, de concevoir un ensemble de perceptions anormales en rapport avec un « en dehors », perceptions liées à un infléchissement de l'action corporelle, paraît insurmontable. *Moins le corps intervient, dans son indétermination constitutive, plus la perception s'infléchit dans le sens de l'inconscience matérielle*.

Il semble toutefois que Bergson ne s'en soit pas tenu là, et que son argumentation a connu une notable évolution sur ce point. Dès 1897, c'est-à-dire un an après la parution de *Matière et mémoire*, il revient sur la question de la perception virtuelle et de son étendue dans une réponse au compte rendu de l'ouvrage rédigé par Lechalas. Il y précise d'emblée que « C'est avec intention qu'[il a] laissé cette question en suspens »[1]. En effet, s'il croit pouvoir affirmer que nos souvenirs purs sont sélectionnés parmi la *totalité* de nos états de conscience passés en fonction de la situation présente, il ne saurait se prononcer avec la même certitude quant à l'étendue de la perception virtuelle : « Mais, je le répète, jusqu'où s'étend le virtuel ? Notre esprit perçoit-il virtuellement la totalité de la matière, comme le voulait Leibniz ? Ou bien la perception universelle dans laquelle nos sens opèrent une sélection, ne comprend-elle que les choses et éléments qui forment un système indivisé avec ce que nous percevons actuellement (l'univers matériel

---

1. *Mélanges*, Paris, PUF, 1972, p. 412.

ne formant peut-être pas un seul et unique système)? Surtout, cette perception virtuelle (c'est-à-dire indépendante du corps) serait-elle comparable à notre perception actuelle, qui distingue des *objets*; ou bien tout en restant concrète, ne se rapprocherait-elle pas davantage de la connaissance scientifique, qui porte sur des propriétés, des qualités, des formes? Autant de questions auxquelles je ne pourrais répondre que par des hypothèses sans preuve » [1]. On mesure ici la perplexité de Bergson eu égard à la question des perceptions virtuelles, question et perplexité que son propre dispositif théorique a lui-même engendrées. On notera toutefois qu'il pose ici nettement l'indépendance de cette perception vis-à-vis du corps, c'est-à-dire, au fond, de l'action, ce qui présente d'ores et déjà une évolution décisive par rapport au chapitre trois de *Matière et mémoire*, où cette question est le plus directement abordée, mais ce, précisément, dans le cadre de l'action corporelle, on l'a vu. Par ailleurs, il se pourrait bien que cette perception nous mette non pas en rapport avec de simples objets (tels les chambres voisines, la rue, la ville, etc.) mais avec un ensemble de propriétés qualitatives de la matière, ce qui paraît en effet fort plausible étant donné qu'ici le découpage corporel n'intervient pas.

On peut d'ailleurs se demander, à cet égard, si cette conception partiellement renouvelée de la perception virtuelle n'est pas largement sous-tendue par les analyses présentées cette fois dans le quatrième chapitre de *Matière et mémoire*, où l'auteur mettait en évidence, pour la première fois, la possibilité d'une intuition *sui generis* du rythme propre de la matière. Celle-ci, loin d'être assimilée, à la manière carté-sienne, à une pure étendue géométrique quantifiée, se voit désormais appréhendée comme une continuité qualitative dotée d'une extension et d'une tension déterminées. La matière, par-delà nos découpages utilitaires en lesquels s'enracine la science moderne de Galilée et Newton, est perçue comme un flux de conscience infiniment détendu, un rythme de durée spécifique sur lequel vient s'appuyer notre rythme propre, c'est-à-dire notre liberté. La possibilité de ce dépassement de notre perception utilitaire et des contraintes de l'action vitale semble ainsi solidaire d'une compréhension plus radicale, quasi métaphy-

---

1. *Mélanges*, p. 413.

sique, du statut de la perception virtuelle comme mise en présence des choses mêmes dans leur essence.

C'est ce que paraît confirmer une lettre adressée en 1905 par Bergson à William James, où le problème des perceptions inconscientes se trouve à nouveau abordé et où l'accent sur l'importance de la thématique de l'inconscient se voit renforcé :

> Je ne puis m'empêcher de faire à l'inconscient une très large place, non seulement dans la vie psychologique, mais encore dans l'univers en général, l'existence de la matière non perçue me paraissant être quelque chose du même genre que celle d'un état psychologique non conscient. Cette existence de quelque réalité en dehors de toute conscience actuelle n'est pas, sans doute, l'existence *en soi* dont parlait l'ancien substantialisme ; et cependant ce n'est pas de *l'actuellement présenté* à une conscience, c'est quelque chose d'intermédiaire entre les deux, toujours sur le point de devenir ou de redevenir conscient, quelque chose d'intimement mêlé à la vie consciente [1].

Outre l'influence qu'ont pu avoir sur Bergson les propres travaux de James sur la réalité d'une expérience pure antérieure à toute distinction sujet-objet (thème de l'empirisme dit radical), travaux eux-mêmes influencés par le premier chapitre de *Matière et mémoire*, on voit ici que le champ de l'inconscient est élargi à la totalité de la matière, en sorte qu'il ne saurait être cantonné au seul esprit individuel. Comment s'en étonner, alors que le premier chapitre de *Matière et mémoire* affirmait déjà que la perception pure nous place immédiatement au cœur de la matérialité, dont elle nous offre, en droit, le contact partiel ? À vrai dire, il est probable que cette évolution de Bergson quant au problème de la virtualité soit le fruit de la convergence entre les analyses des chapitres un et quatre de *Matière et mémoire* avec les résultats du chapitre trois de ce même ouvrage concernant le statut inconscient du souvenir pur. L'auteur aurait transposé progressivement cette élaboration encore inchoative de l'inconscient au problème de la matière elle-même, refusant de le réserver à la seule question de la conservation des souvenirs – dans la mesure où le chapitre quatre met justement en évidence une manière de continuité

---

1. *Mélanges*, p. 652.

entre matière et esprit, tous deux participant finalement, par-delà leur différence de rythme, à un même acte, l'acte de durer précisément.

Dernier apport, et de taille, à cette évolution : l'intérêt porté par Bergson, dans le prolongement des analyses de *Matière et mémoire*, aux progrès réalisés, dans la seconde moitié du XIXe siècle, en matière de recherche psychique. C'est dans la conférence faite à la *Society for psychical Research* de Londres, le 28 mai 1913, intitulée « Fantômes de vivants et recherche psychique » et recueillie dans *L'énergie spirituelle*, que s'exprime au mieux cet intérêt. Car il ne s'agit pas simplement d'un texte de circonstance, destiné à rendre un hommage ponctuel aux travaux d'une Société ayant appelé Bergson à sa présidence. Il y va d'abord d'un quasi manifeste visant à assurer la défense et la légitimation d'une science des phénomènes de l'esprit en butte à la critique, voire au mépris, des sectateurs d'un certain positivisme n'accordant de validité qu'aux recherches effectuées dans le cadre de la méthodologie prescrite par les sciences de la nature. Mais, plus encore que d'une telle défense, il s'agit d'une tentative d'application concrète et locale au problème de la perception des résultats obtenus par *Matière et mémoire* dans le champ de l'étude du souvenir. De même que la sélection des souvenirs est fonction de leur utilité pratique à l'égard de la situation présente, de même, on l'a vu, les perceptions qui intéressent directement l'organisme sont choisies à l'intérieur de la totalité de ses perceptions virtuelles. Cependant, parce qu'une baisse du dynamisme cérébral peut survenir, et survient en effet dans le cas du sommeil profond ou de la folie par exemple, l'équilibre sensori-moteur du corps, c'est-à-dire, au fond, son adaptation à la situation présente, aux conditions actuelles de la vie, peut être rompu. Si le cerveau, organe de l'attention à la vie, est chargé de la sélection des souvenirs utiles à la configuration présente, son affaiblissement apparaîtra corrélatif d'une perte du sens du réel s'accompagnant de la pénétration dans la conscience d'une foule de souvenirs non requis par l'action.

Or, selon Bergson et en toute hypothèse, il doit en aller de même dans le cas de la perception. Réitérant la référence à Leibniz, l'auteur montre que notre perception s'étend virtuellement beaucoup plus loin que ce que nous présente notre perception actuelle. La raison en est, là encore, on l'aura compris, que le corps fonctionne comme une sorte de filtre destiné à écarter de la conscience tout ce qui ne possède aucun intérêt pratique pour notre action. Mais, ajoute Bergson, « si certains souvenirs inutiles, ou souvenirs de "rêve", réussissent à se glisser à l'intérieur de la conscience, profitant d'un moment d'inattention à la vie, ne pourrait-il pas y avoir, autour de notre perception normale, une frange de perceptions le plus souvent inconscientes, mais toutes prêtes à entrer dans la conscience, et s'y introduisant en effet dans certains cas exceptionnels ou chez certains sujets prédisposés ? »[1]. La référence leibnizienne, même assortie de réserves, fonctionne désormais à plein régime. La possibilité d'une intuition du rythme propre de la matière, par-delà les contraintes spécifiques de l'action utilitaire, a fait son chemin. Ce point est d'autant plus significatif que Bergson renverse ici les modalités de son argumentation : ce n'est plus le caractère inconscient de certaines perceptions encore pensées dans le cadre de l'action qui vient appuyer analogiquement la compréhension du statut des souvenirs purs, mais l'inverse. C'est l'inconscience de ces derniers qui sert de schème ou de modèle à la compréhension d'une virtualité perceptive pensée à nouveaux frais. Cette appréhension renouvelée des perceptions virtuelles est bien le fruit d'une prise en vue de *Matière et mémoire* dans l'intégralité et la globalité de ses résultats.

À ce point, Bergson va plus loin qu'il ne l'a jamais fait. C'est à un véritable éclatement des coordonnées spatio-temporelles que l'on assiste. Si la logique de l'action s'avère irrémédiablement rivée à la spatialité, il n'en va plus de même dès lors que le schème de l'espace est battu en brèche par une appréhension renouvelée de l'extériorité. Une intercommunication des consciences, par-delà leur enracinement corporel localisé et temporellement ordonné au seul présent immédiat, s'avère même logiquement et philosophiquement pensable, intercommunication comparée par Bergson à un phénomène d'*endosmose*. La perception se trouve ainsi élargie, extrapolée, empiétant désormais sur tout un champ habituellement inaccessible, rejeté dans l'ombre, et une femme pourra, au moins en droit, « voir », assister à la scène de la mort de son mari officier au cours d'une bataille, en dépit de la distance spatiale qui la sépare de la scène « réelle ». Tels sont bien les résultats qu'une lecture du quatrième chapitre de *Matière et mémoire*

---

1. *L'énergie spirituelle*, Paris, PUF, 1999, p. 78.

rend psychologiquement et métaphysiquement crédibles. Ce chapitre ne s'ouvrait-il pas d'ailleurs sur un appel, demeuré célèbre, à aller chercher l'expérience au-dessus du tournant où, s'infléchissant dans le sens de l'utilité, elle devient proprement l'expérience humaine ? Ici, en effet, l'expérience se fait littéralement sur-humaine, mais certes pas non-humaine, au même titre que cette perception élargie caractéristique, selon *Le rire*, des artistes, ainsi qu'à l'instar de cette intuition proprement mystique que le texte des *Deux sources* appelle de ses vœux.

Au moins deux remarques terminales s'avèreront ici nécessaires. Tout d'abord, si Bergson paraît aller loin, c'est que l'espace, comme schème de notre action sur les choses, ne se trouve pas ici dépassé au profit de la seule intuition du rythme propre de la matière, rythme infiniment distendu, qui fait de la matière un certain degré, minimal, de tension. Car c'est à une véritable communion des consciences que nous sommes en quelque sorte conviés, par-delà, donc, les résultats du quatrième chapitre de *Matière et mémoire*. Pourtant, est-ce là aller si loin ? Dans son « Introduction » à la *Pensée et le mouvant*, Bergson, examinant la notion d'ailleurs polymorphe d'intuition, reconnaît que si celle-ci porte avant tout sur notre durée intérieure, qu'elle saisit dans une vision directe et immédiate, elle est toutefois à même de s'élargir bien au-delà, il admet qu'elle n'est pas purement et simplement coïncidence avec nous-mêmes : « Entre notre conscience et les autres consciences la séparation est moins tranchée qu'entre notre corps et les autres corps, car c'est l'espace qui fait les divisions nettes. La sympathie et l'antipathie irréfléchies, qui sont si souvent divinatrices, témoignent d'une interpénétration possible des consciences humaines. Il y aurait donc des phénomènes d'endosmose psychologique. L'intuition nous introduirait dans la conscience en général »[1]. Et l'auteur de ne mentionner l'intuition de la matière qu'en dernier ressort, comme l'extrémité ultime d'un élargissement de l'intuition à la totalité de ce qui est, en tant que son essence est de durer. L'intuition n'a rien d'univoque ou de monolithique, c'est un concept éminemment souple, qui fait droit à la multiplicité des degrés de l'être, lesquels s'avèrent autant de degrés de tension d'un même acte d'essence temporelle. Il faudrait même, en toute rigueur, parler non pas tant de

---

1. *La pensée et le mouvant*, p. 28.

l'acte d'intuition que des actes d'intuition, voire *des* intuitions, intuitions à chaque fois singulières et renouvelées. Ceci précisément parce
que la durée est elle-même intrinsèquement différenciée et multiple, à
tel point que Bergson pourra écrire, dans l'«Introduction à la métaphysique», qu'«on aperçoit des durées aussi nombreuses qu'on
voudra»[1]. Le degré de tension, le rythme, le *style* de durée auquel
nous avons ici affaire est celui, moins distendu ou dilué que celui de
la matière, de la rencontre des consciences, au-delà ou en deçà de
l'obstacle que représente l'action utilitaire.

Il ne demeure pas moins légitime, et c'est là notre seconde
remarque, de s'étonner devant cette possibilité octroyée à la
conscience de rejoindre, par une manière d'endosmose, le flux
intérieur, le vécu immanent, d'autres consciences. Mais il ne s'agit
toutefois ici précisément que d'une possibilité. Bergson ne verse à
aucun moment dans l'occultisme ou la fascination délirante pour
des états visionnaires que l'on pourrait raisonnablement assimiler
à de simples hallucinations. Il ne se départit jamais d'une certaine
prudence. Il se fonde sur toute une série de témoignages, de faits et
d'observations, d'ailleurs soumis à une critique rigoureuse, qu'il
envisage sur le mode hypothétique du «si…alors»: *si* le témoignage
est absolument véridique, il importe *alors* d'en déterminer les conditions de possibilité, tout en reconnaissant modestement que nous ne
sommes pas là dans le domaine de l'absolue certitude, *mais bien plutôt*
du vraisemblable. Quoi qu'il en soit, c'est ménager une telle possibilité qui importe au philosophe, c'est dégager le possible d'une *terra
incognita* dont la science psychique, avec toutes les promesses qu'elle
recèle en son sein, commence seulement l'exploration. La pensée bergsonienne n'a alors d'autre ressource que de s'effacer devant les prolon-
gements qu'elle a contribué à façonner. Si, comme nous l'avons vu
en commençant, le concept n'est qu'un pis-aller face aux puissances
exploratoires de la perception, l'objectif de Bergson aura été de pousser
cette dernière aussi loin que la philosophie pouvait l'accompagner.

Nicolas CORNIBERT
Université de Poitiers

---

1. *La pensée et le mouvant*, p. 208.

DE LA PHÉNOMÉNOLOGIE DU CORPS
À L'ONTOLOGIE DE LA CHAIR

Le corps est un être ambigu : c'est une chose, mais une chose qui est mienne, ou plutôt que je suis. L'expérience que j'en ai se signale en effet par des traits qui la rendent incomparable à celle des autres corps. Alors qu'une chose se caractérise par le fait que je peux « en faire le tour », multiplier à volonté les points de vue sur elle, mon corps se présente toujours du même côté : sa présence n'est pas l'envers d'une absence possible, il est avec moi plutôt que devant moi. Lorsque je le touche, je ne découvre pas seulement des propriétés sensibles (douceur, froideur, etc.) comme il arrive avec les autres objets, mais une sensibilité naît à sa surface, si bien que la main qui palpait devient à son tour objet touché. En tout point de son étendue, le corps est capable de sensibilité, senti comme sensible : les rôles du sujet et de l'objet s'inversent et se mêlent constamment en lui. Enfin, je ne le meux pas comme je déplace les objets du monde : l'intention devient immédiatement mouvement, il suffit que je vise le but pour que le corps s'y porte comme par magie. L'expérience du corps brouille donc la distinction du sujet et de l'objet. Il est à la périphérie de moi-même, à l'extérieur puisqu'il peut subir l'action du monde et devenir visible pour d'autres, puisque je peux dans une certaine mesure m'en abstraire. Et cependant, il est au plus près de moi-même, au cœur de l'intimité : ce qui m'atteint au plus profond m'atteint « dans ma chair ». Le corps est à la fois ce qui m'est le plus propre et ce qui l'est le moins.

On rétorquera que ce sont là des curiosités psychologiques qui n'expriment pas l'essence du corps mais l'expérience qu'un sujet en fait, et cette expérience est illusoire car, devant le regard de l'entendement, elle se résout en une représentation déterminée par des conditions objectives spécifiques au sein du corps comme fragment d'étendue. En effet, il y a deux modes d'être et deux seulement. Le sujet est conscience de soi, transparence à soi et aucune extériorité, aucune opacité ne peuvent venir se glisser en lui. L'objet est extériorité, partes *extra partes*, et aucune intériorité, aucune sensibilité ne sauraient naître en son sein. Il n'y a pas de place pour l'expérience du corps propre dans la partition de la *res cogitans* et de la *res extensa*. L'union, ou tout au moins l'harmonie de l'âme et du corps, dont notre expérience témoigne, est en réalité l'expression d'une causalité occasionnelle : l'action des corps extérieurs détermine, par l'entremise des nerfs, des mouvements au sein du cerveau, « ce qui donne occasion à son âme de sentir tout autant de diverses qualités en ces corps, qu'il se trouve de variétés dans les mouvements qui sont causés par eux en son cerveau »[1]. Cette causalité a naturellement sa raison en Dieu qui, seul, peut transcender la différence ontologique de la pensée et de l'étendue : les mouvements atteignant le cerveau, et plus précisément la glande pinéale, « sont institués de la Nature pour lui faire avoir de tels sentiments »[2]. S'il est vrai qu'une telle analyse répond à l'exigence de clarté et de distinction, Descartes reconnaissait pourtant que la nature, comprise non plus comme lumière naturelle mais comme inclination, m'enseigne, à propos du corps, « que je lui suis conjoint très étroitement et tellement confondu et mêlé, que je compose comme un seul tout avec lui »[3]. C'est pourquoi il est conduit, dans la Lettre à Elizabeth du 28 juin 1643, à distinguer trois genres de notions *primitives* : l'âme se conçoit par l'entendement seul, le corps par l'entendement joint à l'imagination ; les sens seuls nous font connaître l'union de l'âme et du corps. La tension entre la dualité substantielle de l'âme et du corps et leur unité correspond donc finalement à la différence entre le point de vue de l'entendement et celui de la « vie » : « C'est en usant seulement de la vie et des conversations ordinaires, et

---

1. Descartes, *Dioptrique IV*, « Bibliothèque de la Pléiade », Paris, Gallimard, p. 205.
2. *Ibid.*, p. 217.
3. *Méditation VI*, « Bibliothèque de la Pléiade », Paris, Gallimard, p. 326.

en s'abstenant de méditer et d'étudier aux choses qui exercent l'imagination, qu'on apprend à concevoir l'union de l'âme et du corps »[1]. L'expérience du corps propre, c'est-à-dire d'un corps avec lequel je suis «très étroitement confondu et mêlé», serait aussi irrécusable qu'elle est impensable. L'entrée dans la philosophie, passage au point de vue de l'entendement pur, se paierait d'une mise à l'écart du corps propre dont l'expérience se confond pourtant avec le vivre de notre vie.

Mais l'alternative est-elle entre une reconnaissance du corps propre qui serait nécessairement silencieuse et une pensée qui, vouée au dualisme substantiel, serait impuissante devant cette expérience singulière? Comme le remarque Merleau-Ponty, «Nous *sommes* le composé d'âme et de corps, il faut donc qu'il y en ait une pensée »[2]. L'alternative du savoir et de l'ignorance devient opposition entre un savoir de surplomb et un savoir « de position ou de situation »[3] : l'objet d'une phénoménologie du corps est précisément de développer ce savoir. Au lieu de soumettre l'expérience à des catégories prédonnées, elle veut la porter à l'expression pure de son propre sens, selon la formule de Husserl, c'est-à-dire penser ce qui se donne à partir de la manière dont il se donne, à partir du «comment» de son apparaître. Ainsi, loin de n'apparaître que comme une curiosité psychologique perturbant les certitudes d'entendement, la manière singulière qu'a le corps propre de se révéler définit, aux yeux de la phénoménologie, son être même. Au lieu de disqualifier le fait de l'union au nom du droit dicté par la pensée d'entendement, c'est-à-dire de la dualité des substances, il s'agit de comprendre le fait, le vécu, comme la mesure du possible, c'est-à-dire du pensable. C'est la raison pour laquelle la question du corps prend une place prépondérante dans la tradition phénoménologique : une philosophie du corps ne peut sans doute s'accomplir que comme phénoménologie du corps.

Encore faut-il qu'elle tire les leçons du cartésianisme : puisque la pensée d'entendement, comme pensée de la distinction des substances, manque par principe le phénomène de l'union, une philosophie du corps propre doit passer par une mise en suspens des

---

1. Pléiade, p. 1158.
2. *L'Œil et l'esprit*, p. 58.
3. *Ibid.*, p. 58.

distinctions de la pensée d'entendement. Or, il n'est pas certain que la phénoménologie ait d'emblée mesuré l'ampleur de la refonte philosophique exigée par la singularité de cette expérience. Chez Husserl, par exemple, le rôle du corps propre est reconnu puisque le moment hylétique de la donation suppose l'incarnation de la subjectivité; une description rigoureuse de son mode propre de constitution est tentée, mais cette description prend place au sein d'une démarche constitutive qui est structurée par la double polarité du sujet transcendantal et de l'objet naturel. Or, la question est précisément de savoir s'il est possible de respecter le phénomène du corps sans remettre en cause l'opposition ontologique de la conscience et de la chose. Le corps propre peut-il être pensé comme tel, c'est-à-dire comme *unité* véritable, s'il est compris comme *médiation* de la conscience et du monde? Suffit-il de récuser la *substantialité* de l'âme et de la chose pour lever les obstacles qui, chez Descartes, interdisaient de penser le corps? En maintenant un cadre dualiste, la phénoménologie du corps ne court-elle pas le risque de le réduire à une structure de la conscience sous prétexte qu'il n'est pas une chose *stricto sensu*? Or, s'il s'agit certes de distinguer le corps de l'extériorité objective, il est tout autant nécessaire de comprendre comment sa « subjectivité » propre (il faudrait dire sa « mienneté ») ne compromet pas son extériorité et ne se confond donc pas avec une conscience. Nous voudrions montrer que les deux phénoménologies du corps les plus conséquentes n'échappent pas tout à fait à ce risque et que c'est seulement dans le cadre ontologique esquissé par le « dernier » Merleau-Ponty qu'une véritable phénoménologie du corps peut s'accomplir. Sans doute ne peut-on penser le corps qu'à la condition de ne plus le comprendre comme un étant doué de propriétés singulières mais bien comme un type d'être original, témoignant d'un sens neuf de l'Être : le respect des traits descriptifs du corps propre conduirait à en faire une réalité non seulement originale mais *originaire*.

LE CORPS SUBJECTIF

La philosophie de Michel Henry s'inaugure d'une rupture vis-à-vis de l'ensemble de la tradition qu'il caractérise comme « monisme ontologique », « philosophie qui pose que rien ne peut nous être donné autrement qu'à l'intérieur et par la médiation de l'horizon transcendantal de l'être en général » [1], qui subordonne le donné quel qu'il soit à l'ordre de la transcendance ou de l'extériorité. Cette décision est féconde quant au problème du corps puisqu'elle nous révèle les raisons profondes pour lesquelles le caractère *propre* du corps a été, la plupart du temps, négligé, au profit d'une réduction pure et simple du corps à l'objet extérieur : « Le monisme ontologique a eu cette conséquence décisive qu'il a constamment empêché la réflexion philosophique de s'élever à l'idée du corps subjectif » [2]. Or, si l'expérience du corps est bien celle d'une réalité que je n'ai pas mais que je *suis*, il faut admettre « *que le corps, dans sa nature originaire, appartient à la sphère d'existence qui est celle de la subjectivité elle-même* » [3]. Non seulement le corps n'est pas un objet parmi d'autres, mais il n'est pas du tout objet, c'est-à-dire n'appartient en aucun cas à l'ordre de l'extériorité. Dès lors, si la critique du monisme ontologique permet de dévoiler la dimension subjective du corps, l'analyse de celui-ci permet en retour de caractériser cette subjectivité absolue dont toute transcendance est tributaire.

Le sentiment de l'effort

Dans une ontologie phénoménologique, rappelle Michel Henry, le problème de notre savoir primordial du corps est en même temps le problème de la nature ontologique du corps lui-même puisque, pour une telle ontologie, l'apparaître est bien la mesure de l'être. L'analyse de ce savoir s'appuie tout entière sur une lecture de Maine de Biran, qui est le premier et le seul à l'avoir mis à jour. Celui-ci se sépare de Descartes en ce que l'expérience du moi ne saurait être pour lui expérience d'une substance modifiée par des accidents, mais l'épreuve d'un pouvoir de production : « Cette pensée primitive, substantielle, qui est censée constituer toute mon existence individuelle, (…) je la trouve identifiée dans sa source avec le sentiment d'une action ou d'un effort voulu » [4]. Il précise ailleurs que la personnalité « commence

---

1. *Philosophie et phénoménologie du corps* (noté P.P.C.), Paris, PUF, p. 20.
2. P.P.C., p. 261.
3. P.P.C., p. 11.
4. *Essai sur les fondements de la psychologie*, p. 25, P.P.C., p. 72.

avec la première action complète d'une force hyperorganique qui
n'est pour elle-même ou comme moi qu'autant qu'elle se connaît et
qui ne commence à se connaître qu'autant qu'elle commence à agir
librement » [1]. Le propre de l'effort est bien, en effet, qu'il est donné
à lui-même sans extériorité : le « contenu » qui affecte l'effort n'est
autre que l'effort lui-même, ou plutôt, l'effort est cette profonde
cohésion avec soi, cette impossibilité de se détacher de soi, immanence pure. Il ne faut donc pas poser un effort qui, « après coup », par
son exercice même, se donnerait à lui-même ; l'être de l'effort consiste
en cette auto-affection, cette présence à soi sans distance. Dans l'effort,
j'impulse un mouvement qui est tel qu'en lui je ne me quitte pas : le
moi n'est à la source de l'effort qu'en tant que cet effort lui donne
naissance, qu'il transparaît en lui. Mouvement sans le moindre éloignement, action qui s'étreint elle-même à proportion de son dynamisme, l'effort est bien la réalité du moi. Ainsi, pour Maine de Biran,
le cogito ne doit pas être défini comme un « je pense » mais comme un
« je peux ». Cependant, la profondeur de cette conclusion « ne réside
pas dans le fait d'avoir déterminé le cogito comme un "je peux",
comme une action et comme un mouvement, elle consiste dans l'affirmation que l'être de ce mouvement, de cette action et de ce pouvoir,
est précisément celui d'un cogito » [2]. Autrement dit, l'être du corps est
subjectif ; il est « immanence absolue », « transparence absolue » [3].
L'expérience que nous faisons de notre corps dans le sentiment de
l'effort n'est pas une simple expérience qui révélerait un objet dont
l'être serait en dehors d'elle-même, de telle sorte que le corps pourrait
être dévoilé autrement, par exemple « de l'extérieur » : cette expérience est l'être réel du corps. Cette affirmation est sous-tendue par un
raisonnement implicite : le mouvement, l'effort sont corporels, ou
plutôt, « notre corps est l'ensemble des pouvoirs que nous avons sur le
monde » [4] ; or, l'être de ce pouvoir est celui de l'immanence ; par
conséquent, le corps est une réalité subjective. Dès lors, le mouvement
n'est pas un intermédiaire entre l'ego et le monde, le corps n'est pas un

1. *Ibid.*, p. 199, P.P.C., p. 144.
2. P.P.C., p. 74.
3. P.P.C., p. 79, 165.
4. P.P.C., p. 80.

instrument; il est l'ego lui-même en tant que son être est effort, et c'est pourquoi nous accomplissons nos mouvements sans y penser.

Cette approche vaut au moins négativement en ce qu'elle met à jour l'insuffisance radicale des philosophies qui tentent de constituer le corps comme un objet. Pour Condillac par exemple, la main est l'instrument de la connaissance du corps propre : en le parcourant, elle en dessine peu à peu la forme à travers des sensations de solidité. Seulement, cette main exploratrice est, elle aussi, corporelle, de sorte que le corps originaire n'est pas celui qui est circonscrit par le mouvement (d'ailleurs, la main peut ainsi dessiner le contour d'un autre corps qui n'apparaîtra pas pour autant comme sien), mais bien la main en tant qu'elle s'applique au corps. Il faut distinguer ici deux modes de connaissance : la corporéité de cette main qui touche ne saurait être constituée comme l'est le corps qu'elle dessine, à moins d'accepter une régression à l'infini et de s'interdire ainsi d'atteindre un corps *propre*. Comment cette main pourrait-elle être constamment dirigée sans être connue ? Comment cet instrument qu'est la main se connaît-il donc d'abord lui-même ? Elle se révèle à elle-même au sein d'un pouvoir de préhension qui ne peut être donné dans l'élément de l'extériorité : la connaissance de la main par elle-même s'accomplit dans l'effort comme auto-affection pure. La force de cette analyse réside dans sa critique de l'extériorité, de l'objectité du corps propre : le corps est mu immédiatement, son mouvement semble se confondre avec l'intention motrice et on ne voit pas, en effet, comment une masse déployée dans l'extériorité pourrait être mue par une subjectivité. Il semble bien qu'il faille situer le corps du côté du sujet puisque l'expérience du mouvement subjectif interdit de le réduire à l'objet. Mais cela signifie-t-il pour autant que l'être du corps se *confond* avec celui de l'ego ? La non-extériorité du corps est-elle synonyme de son intériorité ? En acceptant ces conclusions, ne risque-t-on pas de négliger l'homogénéité ontologique, que le lexique vient recueillir, entre mon corps et les corps ?

Cette immanence pure, que l'effort révèle et accomplit, ne doit cependant pas être comprise comme clôture de la conscience sur elle-même, clôture qui la rendrait incapable de s'ouvrir à autre chose qu'elle-même. Toute conscience est conscience de quelque chose, rappelle Michel Henry ; l'expérience interne transcendantale est toujours aussi une expérience transcendante. En effet, le sentiment de l'effort est nécessairement la révélation d'un terme qui lui résiste. Ce terme résistant n'est pas atteint dans une représentation, il n'est pas un objet qui se révélerait par ailleurs susceptible de s'opposer à l'effort, ce qui reviendrait à séparer la conscience de son propre mouvement. Le mouvement est au contraire un mode de donation spécifique et originaire qui ne passe par aucune représentation et la résistance est, corrélativement, la modalité selon laquelle le monde se révèle originairement, le sens premier de la transcendance. C'est pourquoi Maine de Biran qualifie ce pôle rencontré par l'effort de « continu résistant » : il ne désigne pas par là quelque extension temporelle ou spatiale mais bien, selon Michel Henry, le fait que la détermination du réel comme ce qui résiste est une détermination *a priori*, qui ne saurait par conséquent être absente de notre expérience. L'expérience du corps est épreuve d'un monde qui lui résiste, la certitude de la subjectivité est certitude d'un terme transcendant. En effet, si l'intériorité de l'ego s'accomplissait sur le mode de la représentation, celui-ci serait objet pour lui-même, accaparé par lui-même et donc clos sur lui-même, de telle sorte qu'il serait incapable de s'ouvrir à une transcendance : l'ego cartésien ne peut être intentionnel. Inversement, parce que l'ego accompli dans l'effort est immanence pure, rien ne vient l'obturer, s'interposer en lui et il peut donc s'ouvrir à autre chose que lui-même. Comme le dit bien Michel Henry,

> Précisément parce que le savoir de soi du corps originaire n'est pas un savoir thématique, *parce que le « soi » et l'ipséité du corps ne sont pas le terme mais la condition de ce savoir*, celui-ci n'est pas fermé sur soi, n'est pas le savoir *de* soi, mais le savoir de l'être transcendant en général. C'est parce qu'un tel être n'est pas constitué qu'il est un pouvoir de constitution, c'est parce qu'il se donne à lui-même, sans que, dans cet acte de se donner à lui-même, il apparaisse à aucun moment dans l'élément de l'être transcendant, que cette région de l'être transcendant reste libre pour lui, et que quelque chose peut lui être donné dans l'élément de cette région [1].

De manière conséquente, Michel Henry est conduit, à la suite de Maine de Biran, à distinguer la sensation, qui appartient déjà à l'exté-

1. P.P.C., p. 129.

riorité, du pouvoir de sentir lui-même. Quelle que soit l'impression, aussi fugitive et peu déterminée soit-elle, il faut reconnaître que, si le sujet l'aperçoit, si elle se donne à lui, elle ne saurait se confondre avec lui, elle demeure extérieure. Maine de Biran décompose donc ce qui, dans la tradition empiriste, est confondu sous le terme de sensation, à savoir le contenu et l'état, le senti et son épreuve. Dès lors, le pouvoir de sentir, distinct de la sensation, doit être identifié au pouvoir moteur lui-même : le sentiment du mouvement est à la racine de l'expérience sensible. L'unité des impressions sensibles, et du champ sensoriel en général, repose précisément sur l'identité de l'effort subjectif se maintenant au sein de la pluralité des sensations qu'il révèle. Le statut transcendantal du mouvement est particulièrement évident dans le cas du toucher : « c'est en dirigeant nos mouvements sur et contre les choses que nous faisons naître en nous les sensations tactiles qui viennent comme recouvrir la substance même du réel »[1]. Or, que la sensation soit constituée dans un sentir qui est synonyme de l'effort ne signifie pas qu'elle soit seulement interne ou immanente : puisque le mouvement subjectif est rapport à un terme résistant, ce qui paraît par ce mouvement est intégré au transcendant, en est la présence même. Michel Henry parvient ici à rendre compte de l'expérience sensible en tant qu'elle est à la fois une épreuve subjective et la rencontre d'une extériorité : « Le toucher moteur étant un mouvement, ce qui se manifeste à lui, ce sont les choses mêmes dans la résistance qu'elles nous offrent, et les sensations tactiles qui sont comme insérées dans ce continu résistant, lui appartiennent et sont les déterminations sensibles de l'être réel du monde »[2]. Parce que le sentir est mouvement, les qualités qu'il déploie sont bien des déterminations du transcendant ; mais elles ne rejoignent cependant pas un en soi, demeurent sensibles, car l'être du mouvement est la subjectivité.

Les trois corps

La vie du corps fait partie de la vie absolue de l'ego : « La corporéité originelle est (…) exclusive de toute transcendance, en elle aucune extériorité ne se déploie encore. La corporéité est une

1. P.P.C., p. 113.
2. P.P.C., p. 114.

intériorité radicale »[1]. Mais s'il est vrai que le mouvement subjectif constitue l'être originaire du corps, il n'en reste pas moins que notre expérience du corps propre ne se limite pas à ce vécu immanent. Si l'être originaire de la main est bien son pouvoir de préhension vécu « de l'intérieur », ce pouvoir est néanmoins pouvoir d'une main qui entre en contact avec les autres parties du corps et peut faire elle-même l'objet d'une exploration tactile qui en dévoile l'extension et la forme. Une formulation rigoureuse du problème du corps propre exige de prendre en considération cette dimension d'expérience : comment cette main qui fait partie du transcendant peut-elle, d'autre part, être qualifiée comme « mienne », être habitée par un pouvoir de préhension ? Comment penser l'unité du corps transcendant et de l'ego malgré la dualité ontologique radicale qui les sépare ? La solution passe par la reconnaissance d'une différence au sein du continu résistant. Maine de Biran note en effet : « Il y a une connaissance immédiate du corps propre, fondée uniquement sur la réplique d'un effort voulu, et d'une résistance organique qui cède ou obéit à la volonté »[2]. Autrement dit, alors que le corps étranger se manifeste par la résistance *absolue* qu'il offre à l'effort, l'être transcendant du corps propre n'offre qu'une résistance *relative*. Ce milieu qui cède sous l'effort, qui est finalement en notre pouvoir, définit alors une « étendue intérieure », étendue vague et non limitée. L'être transcendant du corps propre est le corps *organique*, limite qui est rencontrée par l'effort tout en lui appartenant encore, qui lui est en quelque sorte intérieure, est traversée par lui. Cette masse organique elle-même ne demeure pas indifférenciée, elle possède des organes, qui correspondent aux différentes manières dont elle cède à l'effort. Bien entendu, ceux-ci ne sont pas déployés dans l'espace ni physiologiquement différenciés : ils demeurent immédiatement corrélatifs des mouvements du corps subjectif originaire, comme des régions que nous connaissons à l'intérieur du pouvoir que nous exerçons sur elles. Il suit de là que l'unité du corps transcendant ne peut être une unité transcendante : elle est constituée par le pouvoir subjectif qui meut les différentes parties de l'espace organique, leur conférant ainsi l'identité d'un schéma

---

1. « Le concept d'âme a-t-il un sens ? », *Revue philosophique de Louvain*, t. 64, 1966, p. 29. (Noté C.A.).

2. *Essai sur les fondements de la psychologie*, p. 214, P.P.C., p. 177.

corporel. Dès lors, le problème de l'unité entre le corps transcendant et
le corps subjectif, c'est-à-dire finalement le problème du corps propre,
se trouve par là-même résolu : « c'est parce que l'unité du corps transcendant est l'unité subjective du corps originaire que ces deux corps
n'en font qu'un et sont traversés par une seule et même vie » [1]. Il ne
faut cependant pas en conclure à une identification pure et simple :
le corps organique ne se confond pas plus avec le corps subjectif
que le pouvoir de toucher ne se confond avec le terme résistant qu'il
atteint. Cette unité signifie seulement que l'être du corps organique
ne jouit d'aucune auto-suffisance ontologique, qu'il demeure un « être
abstrait ». Son identité repose tout entière sur celle du corps subjectif,
quoiqu'elle ne puisse être confondue avec le mouvement dont elle est
le pôle résistant : le corps organique est ce qui n'est à notre disposition
qu'en tant qu'il est amené à l'être par le pouvoir qui en dispose. Michel
Henry semble se situer ici au plus près du vécu du corps comme expérience d'une subjectivité immergée dans une extériorité, d'une objectité transie de subjectivité. Il refuse néanmoins d'en conclure à une
dépendance de la subjectivité vis-à-vis de la masse organique qu'elle
meut, c'est-à-dire au caractère originaire de cette incarnation organique. Il évoque la tentation, dont l'énoncé n'est pas sans rappeler
l'approche merleau-pontyenne, « d'établir une symétrie entre les deux
êtres de l'ego et du corps organique, en faisant de leur rapport seul
quelque chose de concret et d'absolu, et en ne voyant dans chacun des
deux termes de ce rapport qu'un élément par lui-même abstrait et qui
ne deviendrait réel que dans sa référence à l'autre » [2]. Mais ce serait
oublier la hiérarchie ontologique de l'immanent et du transcendant, le
caractère constituant de la subjectivité, c'est-à-dire du corps originaire, pour toute transcendance, y compris organique. Au moment où
Michel Henry rencontre une expérience qui pourrait menacer
l'opposition originaire de l'immanence et de la transcendance, il en
rappelle l'absolue validité.

Nous n'avons cependant pas encore épuisé le champ de ce qu'il
faut entendre par corps : au corps subjectif et au corps organique, il
faut adjoindre le corps objectif. On désigne par là ce que la philosophie
comprend traditionnellement sous le terme de corps, à savoir un objet

1. P.P.C., p. 174.
2. P.P.C., p. 175.

doué d'extension, donné dans une représentation et accessible à une connaissance scientifique. Et c'est parce que le corps est d'emblée conçu comme un fragment d'étendue que la tradition est contrainte d'expliciter l'expérience du corps propre en termes d'union. Seulement, s'il est vrai que le corps objectif appartient de plein droit à l'extériorité, il faut néanmoins rendre compte de ce droit particulier, selon l'expression de Descartes, en vertu duquel je l'appelle mien. La difficulté prend ici une forme radicale puisqu'il s'agit de comprendre comment un transcendant pur et simple peut « posséder » une subjectivité, ou comment l'ego subjectif peut s'articuler avec l'extériorité du monde. En effet, si le corps organique est bien connu de manière encore immanente comme l'élément au sein duquel l'effort se déploie, il appartient néanmoins, en tant que pôle résistant, à l'ordre du transcendant, il est aussi une chose du monde. Michel Henry pose le problème mais ne le résout pas [1]. Il reconnaît que l'unité du corps objectif, contrairement à celle du corps organique, est une unité transcendante. Il affirme d'autre part que c'est par un emprunt au corps transcendantal que le corps objectif peut se distinguer des autres. Il évoque la possibilité que l'unité du corps transcendant soit une projection de celle du corps subjectif dans une portion d'étendue, de sorte que la vie du corps objectif ne serait qu'une représentation de la vie absolue de l'ego. Mais il demeure silencieux sur la possibilité même et les modalités de cette projection. Or, on peut se demander si elle est compatible avec les cadres de l'analyse : comment en effet une unité qui correspond à l'immanence pure de l'ego pourrait-elle être projetée, conservée comme telle au sein de l'étendue ? Comment l'extériorité pourrait-elle motiver sa relation avec une auto-affection pure ? Tout se passe comme si les cadres théoriques mis en place par Michel Henry échouaient précisément là où le corps est reconnu dans la plénitude de son sens, c'est-à-dire comme l'attestation d'une intériorité au sein même de l'extériorité.

L'échec du dualisme

L'analyse de Michel Henry met clairement en évidence l'insuffisance radicale des philosophies qui commencent par situer le corps

1. P.P.C., p. 184-185.

propre du côté de l'extériorité pour tenter ensuite de penser son rapport à l'âme, qui comprennent sa différence, en tant que corps *propre*, comme subordonnée au regard de son appartenance au monde des corps en général. En pensant l'immanence autrement que comme représentation, Michel Henry lève l'obstacle que rencontrait l'approche classique. Parce que la conscience y était définie comme pure représentation, le corps était nécessairement rejeté du côté de l'extériorité objective; au contraire, en tant que sentiment de l'effort, la subjectivité témoigne d'un mode de présence à soi qui n'exclut pas l'incarnation. Par là même se trouve fondée, pour la subjectivité, la possibilité de s'ouvrir à un terme transcendant, possibilité qui est finalement synonyme de corporéité.

La décision essentielle de Michel Henry ne consiste pas à définir la subjectivité comme un « je peux » – ce qui reviendrait à la concevoir comme originairement incarnée – mais bien plutôt à définir l'être du « je peux » par celui du cogito. Mais caractériser l'effort par l'auto-affection pure, n'est-ce pas annuler sa dimension proprement motrice, proprement corporelle? Identifier l'être du mouvement à un cogito, n'est-ce-pas lui refuser tout dynamisme, toute déhiscence? Il est vrai que l'expérience de l'effort lui est immanente, qu'elle ne se confond pas avec la connaissance d'un mouvement objectif. Mais il n'en reste pas moins que cette expérience est celle d'un mouvement et que, à ce titre, il ne semble pas qu'elle puisse être comprise comme immanence absolue. Ou bien le mouvement *est* subjectivité, mais on se demande alors ce qui justifie encore de parler de mouvement; ou bien cette subjectivité se révèle au sein d'un effort mais il faut alors lui refuser l'auto-affection. En tant qu'elle advient dans un mouvement, l'auto-affection est tout autant hétéro-affection : l'ego passe dans son mouvement, ne se rejoint qu'en se jetant hors de lui-même, ne transparaît que dans la profondeur de son pouvoir. L'expérience de l'effort est celle d'un oubli de soi, d'une rupture de la calme identité à soi-même, d'une altérité au sein de l'ipséité. Autrement dit, en caractérisant l'ego, auquel il identifie le corps, comme immanence absolue, Michel Henry ne peut respecter la dimension d'extériorité qui est inhérente au concept comme à l'expérience du corps. L'appartenance du corps à l'ego repose sur la découverte de la subjectivité de l'effort, mais cela n'a de sens que si l'être de l'effort n'est pas identifié au cogito.

Cette réduction de l'effort à l'auto-affection permet-elle de rendre compte de l'intentionnalité? N'y a-t-il pas une incompatibilité ontologique entre l'intériorité absolue du corps et l'épreuve d'une résistance dont parle Maine de Biran? En effet, s'il est vrai qu'une subjectivité qui se rapporterait à elle-même sur le mode de la représentation serait incapable de s'ouvrir à un autre, on peut se demander si l'immanence absolue n'est pas exposée au même reproche. Dès lors que le propre de l'effort est de « s'emparer de lui-même », de « coïncider avec soi dans une sorte de cohérence première », c'est-à-dire dans « l'immanence de l'intériorité radicale »[1], peut-il rencontrer autre chose que lui-même? Rivé à lui-même, ce pouvoir n'a affaire qu'à lui-même et ne rencontre aucune extériorité: afin qu'il accueille une altérité, il faudrait qu'il parvienne à s'oublier, à desserrer l'emprise qu'il exerce sur lui-même. L'immanence radicale dont parle Michel Henry signifie non seulement que ce pouvoir a lui-même pour contenu, mais encore qu'il ne peut contenir, c'est-à-dire vivre autre chose que lui-même: définir l'effort comme intériorité pure, c'est lui refuser l'intentionnalité que son exercice semble pourtant attester. L'effort n'a de sens que comme effort *vers*, *pour*, ou tout au moins *contre* quelque chose et doit, dans cette mesure, excéder la pure immanence.

Michel Henry fait reposer son analyse sur une expérience qui, en elle-même, serait sans doute susceptible de nous révéler l'essence du corps propre, mais il la subordonne d'emblée à un présupposé qu'il faut bien qualifier de métaphysique. Sa philosophie est marquée par un dualisme radical, et loin que l'expérience du corps lui apparaisse comme une occasion privilégiée d'interroger ce présupposé, elle y est d'emblée soumise. Ainsi note-t-il, à propos du corps objectif, que « si la différence ontologique est (…) la différence du moi et du non-moi, on ne voit pas comment un élément de l'être transcendant, en l'occurrence l'être de notre corps objectif, peut recevoir la signification d'être le nôtre, c'est-à-dire d'appartenir à l'ego, dont l'être s'identifie au contraire avec celui de la subjectivité absolue »[2]. La différence originaire et ontologiquement exhaustive est celle du moi et du non-moi.

1. C.A., p. 27.
2. P.P.C., p. 163.

L'autre est synonyme du non-ego, de sorte qu'aucune extériorité ne peut être mienne. Inversement, que le corps soit mien peut seulement signifier qu'il se *confond* avec l'ego : en vertu de ce dualisme, si le corps n'est pas objet, il ne peut être qu'identique au moi, synonyme de l'intériorité. Michel Henry précise qu'à la formule « j'ai un corps », il faut opposer l'affirmation selon laquelle *je suis* mon corps, mais il ajoute aussitôt, afin de se démarquer de Merleau-Ponty (du « verbalisme d'une philosophie de l'ambiguïté ») : « cela signifie exactement : l'être originaire de mon corps est une expérience interne transcendantale et, par suite, la vie de ce corps est un mode de la vie absolue de l'ego » [1]. Or, dire que je suis mon corps ne signifie en aucun cas que le corps se confond avec l'expérience immanente du « je suis », mais plutôt que le « je » existe sur le mode du corps, est incarné. Ainsi, que le corps soit mien ne veut pas dire qu'il soit *identique* au moi : cela signifie plutôt qu'une relation d'appartenance, et par conséquent une distance, demeure au sein de cette identité. L'expérience du corps propre se situe par-delà l'alternative de l'être et de l'avoir.

Il est vrai que corps et ego ne sont pas absolument synonymes puisque les vécus corporels ne sont qu'une partie des vécus possibles. Dès lors, la différence entre corps et « âme » correspond à une différence entre des *Erlebnisse* au sein de la subjectivité absolue, différence qui ne peut donc compromettre leur unité radicale comme vécus d'une même subjectivité. Il est vrai que Michel Henry reconnaît l'existence d'un corps constitué, qui se dédouble lui-même en corps organique et corps objectif, et qu'il interroge le rapport qu'entretient ce corps constitué avec le corps subjectif. Mais, on l'a vu, il subordonne l'être du corps organique au corps subjectif au lieu de reconnaître comme originaire leur dépendance réciproque ; quant au corps objectif, il ne peut, en vertu de ses présupposés initiaux, rendre compte de son lien avec l'ego. Or, tel est pourtant bien le problème que pose le corps propre : comment une « chose » du monde peut-elle être habitée par une subjectivité ?

1. P.P.C., p. 271.

LE CORPS ET L'ÊTRE-AU-MONDE

Les leçons de la science

Le présupposé dualiste sur lequel Michel Henry fonde toute sa philosophie du corps est au centre de l'interrogation de Merleau-Ponty. Il l'affirme dès le début de *La Structure du comportement* : il s'agit pour lui de «comprendre les rapports de la conscience et de la nature»[1]. À cette fin, il fait porter sa réflexion sur le concept de *comportement*, qui est «neutre à l'égard des distinctions classiques du psychique et du physiologique et peut donc nous donner l'occasion de les définir à nouveau»[2]. L'étude du corps apparaît bien comme le moyen privilégié d'interroger l'opposition que Michel Henry se donne comme un préalable absolu. Mais l'objet interrogé appelle une démarche spécifique. Sous prétexte que l'expérience ne saurait être conçue comme un effet, qu'une réalité ne peut se donner que dans la mesure où elle offre un sens à une conscience, la philosophie réflexive inaugure sa démarche par une réduction qu'elle juge en droit possible, et se situe donc d'emblée dans la subjectivité constituante : il s'agit de rejoindre cette donation de sens qui, à notre insu, est toujours déjà à l'œuvre. Telle était précisément la démarche de Michel Henry : la thématisation de la description biranienne de l'effort tenait lieu de réduction puisqu'elle permettait de mettre à jour une sphère d'existence absolue, condition de toute transcendance. Or, si la démarche réflexive vaut négativement, contre un réalisme naïf ou un naturalisme, il n'est pas certain qu'elle nous permette de rejoindre le cœur de l'expérience. Le corps propre, en particulier, ne saurait posséder un statut original dans le cadre d'une philosophie réflexive : en tant qu'il est corps, il est rejeté du côté de l'objet, en tant qu'il est mien, il se confond avec la conscience elle-même. Finalement, le tort de l'attitude réflexive est d'oublier son propre commencement au sein de l'irréfléchi, comme si, pour être le sujet transcendantal, il ne fallait pas d'abord le devenir; de faire de notre vie naïve, et notamment de l'épreuve de l'incarnation, un moment illusoire destiné à être surmonté au sein du cogito réflexif. C'est pourquoi la décision de

---

1. Cf. p. 1.
2. *Ibid.*, p. 2.

Merleau-Ponty consiste à aborder le problème « par le bas », c'est-à-dire à partir de la psychologie et de la physiologie, afin de montrer comment elles se trouvent contraintes, par leurs propres résultats, à dépasser le présupposé réaliste qui les conduisait, elles aussi, à identifier le corps à un pur objet : « Ne voulant rien préjuger, nous prendrons à la lettre la pensée objective et nous ne lui poserons pas de questions qu'elle ne se pose elle-même. Si nous sommes amenés à retrouver l'expérience derrière elle, ce passage ne sera motivé que par ses propres embarras »[1]. Dès lors, si l'étude objective du corps permet de dépasser l'assimilation de ce corps à un objet, ce ne sera pas pour basculer dans l'antithèse intellectualiste : la psychologie de la forme permettra de mettre en évidence l'originalité de l'existence corporelle, et la réduction qu'elle motive conduira à un transcendantal incarné.

Pour la physiologie classique, telle qu'elle se formule chez Pavlov par exemple, l'explication du comportement corporel est régie par « l'hypothèse de constance ». Des stimuli définis par des propriétés objectives agissent sur des récepteurs spécialisés, déclenchant des réactions adaptées par l'intermédiaire de circuits nerveux préétablis : le comportement réflexe est le modèle de tout comportement. Or, les résultats de la psychologie de la forme permettent incontestablement de récuser cette approche réductrice qui se donne le corps comme une réalité de part en part objective et décomposable. Comme le montre notamment Goldstein dans *Der Aufbau des Organismus*, les stimuli ne sont pas déterminants en vertu de leurs propriétés objectives, qui n'ont finalement de sens qu'au sein de cette dimension de l'*Umwelt* humain qu'est l'univers de la science, mais en fonction de leurs propriétés de forme (rythme, articulation avec le champ, etc.) : ne joue le rôle de stimulus que ce qui a une « valeur » ou un « sens » pour l'organisme. On ne peut donc plus affirmer que l'organisme est soumis à l'action du monde extérieur : puisque le stimulus agit en vertu de sa valeur, il faut reconnaître qu'il est élaboré ou constitué plutôt qu'il n'est subi, que la relation de l'organisme au milieu est circulaire plutôt que transitive. Quant à la réaction, elle ne peut plus être comprise comme un effet : elle s'avère être tributaire de l'état et de la situation de l'organisme, de sorte qu'elle apparaît comme le moyen de rétablir un équilibre prescrit

---

1. *Phénoménologie de la perception*, p. 86 (noté Ph. P.).

par les *a priori* vitaux de l'animal. La distinction même du milieu et de l'organisme, du stimulus et de la réaction doit être abandonnée : au sein de cette totalité qu'on nomme comportement, il est impossible, même en droit, d'assigner une limite séparant l'excitant de la réponse. On ne peut comprendre les réactions de l'organisme qu'à la condition de les saisir, non comme des processus objectifs, mais comme des actes s'adressant à un certain milieu : saisir une proie, fuir un danger... Ce point peut être clairement mis en évidence dans le cas des phénomènes de suppléance. Lorsque tel animal subit l'ablation de plusieurs phalanges, il parvient presque immédiatement à reprendre sa marche, et celle-ci n'apparaît pas comme la poursuite de la marche naturelle mais comme un nouveau mode de locomotion, comme la solution d'un problème inédit. Encore cette réorganisation ne se produit-elle que lorsque l'égalité du sol l'exige, les membres étant de longueur inégale. Il faut en conclure qu'on n'a pas là affaire à un dispositif de secours préétabli mais bien à une « improvisation » appelée par les circonstances. Mais cela ne signifie pas pour autant que l'animal aurait conscience d'une fin à atteindre, usant alors de ses membres comme de moyens, car alors la suppléance devrait se produire chaque fois que l'acte est empêché : or, elle n'a pas lieu si la patte de l'animal n'est qu'attachée. Dans ce cas, en effet, le membre attaché continue de compter pour l'animal, le courant d'activité vers le monde continue de passer par lui. Ces faits sont décisifs, note Merleau-Ponty, « puisqu'ils mettent en évidence, entre le mécanisme aveugle et le comportement intelligent, une activité orientée dont le mécanisme et l'intellectualisme classiques ne rendent pas compte » [1]. Le corps de l'animal n'est donc pas une réalité déployée dans l'étendue, transitivement soumise à l'action du monde extérieur : il témoigne d'une « intentionnalité », d'une orientation, et le monde auquel il se rapporte n'est pas une réalité en soi mais bien une constellation signifiante. Bien entendu, cette intentionnalité n'est pas claire pour elle-même, cette orientation n'est pas une représentation : la visée dont témoigne l'animal n'est pas distincte des mouvements effectifs en lesquels elle s'accomplit, et ce qui la sollicite, loin d'être une unité de sens, se confond avec l'effectivité du monde environnant.

---

1. *La Structure du comportement*, p. 41.

Cette analyse, qui est essentiellement conduite d'une point de vue externe, est capitale pour la compréhension du corps propre. L'existence irréfléchie tend à se dépasser au profit d'une attitude théorique qui pose le monde comme une réalité en soi contenant par avance toutes les déterminations que la science y découvrira, et qui insère par conséquent le corps au sein de processus objectifs : le naturalisme et l'intellectualisme ont ceci de commun qu'ils réintègrent à l'en soi les phénomènes qui n'appartiennent pas à l'immanence du cogito réflexif. Le mérite d'un détour par la science et l'étude du comportement animal est d'inverser le mouvement de l'objectivation et de nous révéler ainsi l'expérience du corps propre. En effet, le point de vue externe adopté par la psychologie de la forme reconduit à un point de vue « interne » : dans la mesure où le comportement ne s'explique pas comme un effet mais témoigne d'une orientation vers un univers signifiant, il relève d'une compréhension qui met à contribution notre propre expérience du corps. Comme l'écrit Merleau-Ponty, « je ne puis comprendre la fonction du corps vivant qu'en l'accomplissant moi-même et dans la mesure où je suis un corps qui se lève vers le monde »[1]. Physiologie et psychologie parviennent aux mêmes résultats pour ce qui concerne le comportement humain : on assiste bien à une convergence entre les résultats de la science et ce que nous apprend une immersion dans le vécu. Si la science nous conduit à nous tourner vers notre vécu de l'incarnation, celui-ci vient confirmer en retour les acquis de celle-là. Ainsi, le phénomène du membre fantôme, par exemple, échappe à une explication strictement organique puisque l'on sait que l'illusion peut naître à l'occasion d'une émotion ou d'un souvenir et qu'elle peut disparaître avec le consentement du malade à sa mutilation. Mais il ne relève pourtant pas d'une explication strictement psychologique puisqu'« aucune explication psychologique ne peut ignorer que la section des conducteurs sensitifs qui vont vers l'encéphale supprime le membre fantôme »[2]. Il s'agit donc de comprendre comment le corps peut relever à la fois de l'histoire personnelle et d'une causalité en troisième personne.

---

1. Ph. P., p. 90.
2. Ph. P., p. 91.

Le corps comme « véhicule de l'être-au-monde »

Le corps est défini par Merleau-Ponty comme «puissance d'un certain monde», «véhicule de l'être-au-monde»: «avoir un corps c'est pour un vivant se joindre à un milieu défini, se confondre avec certains projets et s'y engager continuellement»[1]. Le corps n'est pas un objet étalé dans l'étendue : il témoigne d'une visée et manifeste une certaine intériorité, il fait paraître un monde. Cependant, et c'est là le point essentiel, qu'il ne soit pas *res extensa* ne signifie pas qu'il se confonde avec la *res cogitans* : sa visée demeure une adhésion aveugle atteignant le monde en sa présence même et non une représentation qui le posséderait comme un objet. Son rapport au monde n'est pas de connaissance mais de connivence, l'existence qu'il incarne a une signification pratique plutôt que théorique. Dire que le corps est au monde, c'est certes reconnaître qu'il n'est pas en lui comme une chose, qu'il est la source d'une visée; mais il est emporté par sa visée, coïncide avec son dynamisme et rejoint en cela le monde dont il s'est détaché. Il doit être caractérisé comme une «vue préobjective»[2] du monde : il en déploie la structure globale plutôt qu'il ne saisit des objets définis, il en atteint la présence plutôt que l'essence.

Le corps ainsi conçu est le sujet de la perception : en effet, c'est seulement à la condition de définir la conscience comme incarnée que l'on est en mesure, aux yeux de Merleau-Ponty, de distinguer la perception de l'intellection. Dans la perspective intellectualiste – qui, pour Merleau-Ponty, est encore celle de Husserl – la perception se résout en une appréhension par laquelle des contenus sensibles, les donnés hylétiques, sont saisis comme manifestations d'un même noyau intelligible. Or, «cette analyse déforme à la fois le signe et la signification, elle sépare l'un de l'autre en les objectivant le contenu sensible, qui est déjà "prégnant" d'un sens, et le noyau invariant, qui n'est pas une loi mais une chose : elle masque le rapport organique du sujet et du monde, la transcendance active de la conscience»[3]. En effet, en tant que le corps n'est pas une chose, en tant qu'il projette un monde, il est impossible d'isoler un moment de pure passivité, les

---

1. Ph. P., p. 124, 97.
2. Ph. P., p. 95.
3. Ph. P., p. 178.

contenus sensibles sont toujours déjà «prégnants» d'un sens. Mais, dans la mesure où l'expérience n'est pas le fait d'un pur sujet désincarné, l'objet demeure retenu dans l'opacité des contenus sensibles, ne se clôt jamais sous forme d'une unité de sens : l'expérience demeure expérience d'un monde. Parce qu'elle réalise l'unité d'un «entrer en soi» et d'un «sortir de soi», l'existence corporelle fonde la coappartenance du contenu sensible et du sens.

Dès lors, si le corps esquisse une intériorité, celle-ci ne doit pas être confondue avec cette coïncidence pure, cette absolue immanence qui caractérisent, aux yeux de Merleau-Ponty, le sujet réflexif : il est «adhésion prépersonnelle à la forme générale du monde, (…) existence anonyme et générale»[1]. Situé «plus haut» que la *res extensa*, le corps est situé «plus bas» que la *res cogitans* puisque sa présence à soi est absence de soi, puisque son intériorité est celle d'un «on» plutôt que d'un «je». S'il n'est pas autre que la conscience en ce qu'il n'est pas objet, il ne saurait pourtant être confondu avec l'intériorité absolue dont parle Michel Henry : il correspond plutôt à cette opacité qui sépare la conscience d'elle-même en tant qu'elle est conscience d'un monde. C'est pourquoi l'unité du corps propre ne peut être confondue avec l'unité constituée de l'objet transcendant, ni, pourtant, avec cette unité par immanence qui caractérise le constituant. L'expérience du corps propre est l'épreuve d'une équivalence générale, d'une possibilité de transposition de toutes ses dimensions, perceptives ou motrices, qui ne s'appuie pas sur la positivité d'une loi. Epreuve d'une unité ouverte, d'une cohésion sans principe, d'une expressivité réciproque des parties, qui est exactement corrélative de cette unité ouverte et non thématisable, unité de style plutôt que de sens, qui caractérise un monde. C'est pourquoi Merleau-Ponty peut finalement comparer le corps à l'œuvre d'art : «il est un nœud de significations vivantes et non pas la loi d'un certain nombre de termes covariants»[2].

Le mode d'existence du corps propre vient brouiller la dualité entre l'immanence constituante et le transcendant constitué : s'il n'est pas dans le monde comme un objet, il ne saurait en être séparé substantiellement et il ne peut être pensé en toute rigueur qu'à partir du monde qu'il déploie. L'ouverture d'un monde, la projection d'une

1. Ph. P., p. 99.
2. Ph. P., p. 177.

transcendance correspondent à une « réalité » originaire dont sujet et objet sont des moments abstraits. La démarche de Merleau-Ponty consiste ici à tenter de penser l'intentionnalité par elle-même au lieu de la recomposer à partir de la double polarité du sujet transcendantal et du noème, c'est-à-dire de la manquer. Si l'intentionnalité a un sens, elle doit être un tissu indéchirable : tel est précisément le sens de l'être-au-monde, dont noèse et noème procèdent comme des pôles abstraits, et dont le corps est l'effectuation. C'est à la condition de ressaisir le corps propre à ce niveau de radicalité que l'on est en mesure de comprendre le phénomène du membre fantôme et sa dépendance vis-à-vis de circonstances ontologiquement hétérogènes : « ce qui nous permet de relier l'un à l'autre le "physiologique" et le "psychique", c'est que, réintégrés à l'existence, ils ne se distinguent plus comme l'ordre de l'en soi et l'ordre du pour soi, et qu'ils sont tous deux orientés vers un pôle intentionnel ou vers un monde » [1]. En effet, le membre fantôme se manifeste parce que l'existence corporelle conserve le champ pratique qui était le sien avant la mutilation : le souvenir peut le faire apparaître dans la mesure où il correspond à une orientation vers ce passé. Et la section des conducteurs fera disparaître l'illusion parce qu'« un circuit sensori-moteur est, à l'intérieur de notre être-au-monde global, un courant d'existence relativement autonome » [2]. Le psychique et l'organique ne s'opposent plus comme le pour soi et l'en soi mais comme deux modalités de l'être-au-monde ou du corps, c'est-à-dire comme deux degrés d'anonymat au sein de l'existence : l'organique n'est autre qu'une existence acquise, une synthèse toujours déjà réalisée, une « habitude primordiale » [3].

Si Merleau-Ponty peut affirmer que « je suis mon corps », cela ne signifie donc pas pour lui que l'être du corps se confond avec l'être du « je » comme immanence radicale : une telle immanence ne qualifie que la conscience réflexive qui pose le corps devant elle comme un objet. Merleau-Ponty disjoint radicalement l'expérience corporelle de l'effort et l'immanence subjective que Michel Henry identifiaient : en tant qu'elle est incarnée, l'expérience de l'effort ne saurait appartenir à un pur « je ». La formule « je suis mon corps » signifie donc que le

1. Ph. P., p. 103.
2. Ph. P., p. 102.
3. Ph. P., p. 107.

« je » est son corps, que l'être de la subjectivité est celui du corps, non comme objet mais comme transcendance vers un monde. En effet, un « je » qui ne serait pas incarné ne serait pas même « je », c'est-à-dire conscience de quelque chose, faute de cet empiétement vers le monde que suppose la phénoménalité et qui caractérise précisément le corps. Le corps est bien le « médiateur d'un monde »[1]. Loin donc que l'incarnation sépare la conscience du monde en compromettant son immanence constitutive, elle en garantit au contraire l'œuvre signifiante en tant qu'il n'y a de sens que figuré dans un monde. Il suit de là que la conscience incarnée n'est jamais tout à fait un « je » : en tant qu'être-au-monde, la conscience s'échappe, ne s'atteint qu'à la périphérie d'elle-même et, en toute rigueur, ne se rejoint que dans le monde. Dire que le « je » est son corps, c'est reconnaître qu'il ne cesse jamais d'être « on », qu'une brume d'anonymat continue d'envelopper les actes les plus thématiques et que la connaissance retient toujours quelque chose de l'adhésion globale au monde dont elle émerge. Finalement, si l'incarnation est bien le phénomène central, la conscience constituante elle-même apparaît comme ce qui reste à constituer[2] : elle est l'horizon téléologique de l'existence corporelle, en particulier linguistique, plutôt que la source absolue avec laquelle il nous serait toujours possible de coïncider. Corrélativement, le pur objet auquel intellectualisme et réalisme voulaient réduire le corps propre est lui-même un horizon, puisqu'il fait vis-à-vis à une pure conscience représentative. Autrement dit, loin que mon corps existe sur le mode des objets du monde, ceux-ci ne perdent jamais tout à fait leur référence à mon propre corps, c'est-à-dire leur inscription dans l'être-au-monde, et il n'y a d'objet pur qu'au terme, infini, d'un mouvement d'objectivation dénouant le lien natif des choses à mon corps. La corrélation frontale du sujet constituant et des *blosse Sachen* est dérivée de l'unité vivante du corps et de son monde.

Merleau-Ponty peut également affirmer que la conscience est un « je peux »[3], mais ce n'est pas pour en conclure que l'être du mouvement est celui du cogito. Il est clair que l'expérience de l'effort

---

1. Ph. P., p. 169.

2. « C'est par la combinaison des mots (…) que je *fais* l'attitude transcendantale, que je *constitue* la conscience constituante », *Le Visible et l'invisible*, p. 225.

3. Ph. P., p. 160.

par lequel nous mouvons notre corps est originaire et irréductible. On
ne saurait en rendre compte en réduisant la conscience à un ensemble
de représentations et le mouvement corporel au déplacement spatial
d'un objet : au contraire, il faut reconnaître « entre le mouvement
comme processus en troisième personne et la pensée comme représentation du mouvement une anticipation ou une saisie du résultat assurée
par le corps lui-même comme puissance motrice »[1]. Tout mouvement
est nécessairement conscience de mouvement, une certaine manière
pour la conscience de se porter vers son but, de pénétrer dans le
monde : il est exactement la manière dont le corps « sait » l'objet, le
vise, en tant que cette visée ne se confond pas avec une représentation. De même, comme Merleau-Ponty le montre au niveau même de
l'expérience des contenus sensibles, toute perception est mouvement :
le perçu est donné comme pôle d'une attitude motrice, il offre une
signification vitale plutôt qu'une qualité à contempler. Toute perception a une signification motrice en tant qu'elle est ouverture à
un transcendant qu'elle va en quelque sorte rejoindre ; mais, par là
même, tout mouvement est perception en tant que cet accès au transcendant n'est pas coïncidence réelle mais dévoilement. S'il est vrai
que la conscience est hors d'elle-même dans un monde, ce ne peut être
au sens de l'extériorité objective : elle se retrouve en cette déhiscence,
et le mouvement par lequel elle avance vers le monde est synonyme du
mouvement par lequel le monde vient s'offrir à elle. Ainsi, loin d'en
être une modalité particulière, la motricité est synonyme de l'intentionnalité corporelle : « L'expérience motrice de notre corps n'est pas
un cas particulier de connaissance ; elle nous fournit une manière
d'accéder au monde et à l'objet, une "praktognosie" qui doit être
reconnue comme originale et peut-être comme originaire »[2].
Merleau-Ponty reconnaît donc bien l'identité de la conscience et
de la motricité, mais cela signifie à ses yeux que la conscience est
extériorité à soi, ekstase, empiétement sur le monde, et non que l'être
de la motricité est immanence pure. L'étude de la motricité ne saurait
conduire à identifier le corps, dont elle est l'attestation, à la transparence d'un cogito opposé à l'extériorité : elle permet au contraire de
brouiller l'opposition de l'immanence et de la transcendance et, par

1. Ph. P., p. 128.
2. Ph. P., p. 164.

conséquent, de mettre en évidence une conscience qui *est* son propre échappement vers le monde, c'est-à-dire essentiellement incarnée. La conscience qui habite l'effort ne se distingue justement pas de cet effort, ce qui veut dire qu'elle est ekstase vers le monde et non pas auto-affection pure. La conscience est bien un « je peux » mais c'est au sens où l'être du cogito est celui du mouvement.

Subjectivité et incarnation

En tant qu'elle est un « je peux », la conscience est son propre dépassement vers le monde : en effet, si elle demeurait un pur « je », sa motricité se dégraderait en un mouvement objectif dont on ne voit pas comment elle pourrait en être la source. Comme conscience incarnée, sa présence à soi est absence de soi. Or, une telle perspective ne peut que tomber sous le coup de la critique que Michel Henry adressait déjà à Condillac : « la phénoménologie contemporaine – chez Merleau-Ponty notamment – s'interroge sur notre accès au monde en tant qu'il s'accomplit par notre intentionnalité motrice ou par nos intention-nalités sensorielles, elle décrit de façon infiniment remarquable les caractères de cet accès au monde en tant qu'il n'est pas le fait d'un entendement pur ni d'une inspection de l'esprit mais d'un regard des yeux, elle décrit donc la connaissance corporelle d'un être ou d'un monde connu par le corps, elle ne dit rien sur la connaissance du corps connaissant, sur la connaisance de la main en tant que main qui se meut et qui touche, rien sur la connaissance *intérieure* et *originelle* que nous avons du pouvoir de préhension lui-même »[1]. En effet, à définir la conscience par la vie corporelle, à la confondre avec le « je peux », ne risque-t-on pas de compromettre son aptitude à faire paraître le monde en lui refusant tout rapport à soi ? Un corps qui se jette vers le monde sans pouvoir se rapporter à lui-même cesse d'être un corps *propre* et passe ainsi du côté du monde qu'il est censé consti-tuer. On ne pourrait alors reconnaître de manière conséquente une dimension de passivité à la perception qu'à la condition de la com-prendre comme passivité de l'auto-affection pure. Ce pouvoir de pro-jeter un monde qui caractérise le corps propre a-t-il encore un sens s'il n'est pas en *mon* pouvoir ? La difficulté n'échappe pas à Merleau-

---

1. C.A., p. 26.

Ponty : « pour que l'objet puisse exister au regard du sujet, il ne suffit pas que ce "sujet" l'embrasse du regard ou le saisisse comme ma main saisit ce morceau de bois, il faut encore qu'il sache qu'il le saisit ou le regarde, qu'il se connaisse saisissant ou regardant, que son acte soit entièrement donné à soi-même et qu'enfin ce sujet ne *soit* rien de ce qu'il a conscience d'être, sans quoi nous aurions bien une saisie de l'objet ou un regard sur l'objet pour un tiers témoin, mais le prétendu sujet, faute d'avoir conscience de soi, se disperserait dans son acte et n'aurait conscience de rien »[1]. La solution de Merleau-Ponty va consister à récuser l'alternative au nom de l'expérience, à tirer par conséquent de l'expérience de l'incarnation un nouveau sens du cogito au lieu de projeter sur elle une conception essentialiste du « je pense ». L'expérience révèle en effet « le contact simultané avec mon être et avec l'être du monde »[2]. Telle est la leçon de l'incarnation : la conscience s'échappe dans la chose, mais cet échappement ne signifie pas qu'elle la rejoigne en son lieu et n'exclut donc pas une conscience de soi. Seulement, cette conscience de soi qui advient au corps ne doit pas être confondue avec une conscience thétique ou réflexive. C'est précisément sur une réduction de la conscience de soi à la connaissance de soi que se fonde l'objection adressée à Merleau-Ponty : si la conscience de soi doit être transparence à soi représentative, l'ouverture au monde devient en effet incompatible avec la subjectivité. Or, si la conscience incarnée ne s'atteint pas en transparence, elle ne s'ignore pourtant pas ; elle n'est pas étrangère à elle-même bien qu'elle ne se possède pas. En tant qu'elle est incarnée, c'est-à-dire séparée d'elle-même, elle ne s'atteint qu'à distance, de manière implicite ou ambiguë. Le cogito de la vie corporelle est un cogito *tacite* : « il y a conscience de quelque chose, quelque chose se montre, il y a phénomène. La conscience n'est ni position de soi, ni ignorance de soi, elle est *non dissimulée* à elle-même, c'est-à-dire qu'il n'est rien en elle qui ne s'annonce de quelque manière à elle, bien qu'elle n'ait pas besoin de le connaître expressément »[3]. Si Merleau-Ponty et Michel Henry s'accordent sur le fait que l'intimité corporelle est d'un autre ordre que celui de la réflexion ou de la représentation, l'un la

1. Ph. P., p. 274.
2. Ph. P., p. 432.
3. Ph. P., p. 342.

comprend comme transparence absolue, plus intime que la réflexion, alors que l'autre ressaisit cette intimité comme présence tacite à soi-même, être-avec-soi plutôt qu'auto-affection.

Toutefois, si le corps propre compris comme transcendance active n'exclut pas la subjectivité dès l'instant où l'on cesse de confondre celle-ci avec le cogito réflexif, il reste que leur unité ne peut être pensée de manière rigoureuse que dans la perspective de la *temporalité*. C'est parce que la synthèse perceptive est une synthèse temporelle que la conscience est incarnée. En tant qu'il est temporel, le présent se confond avec sa propre déhiscence vers un passé et un avenir, est son propre passage, de sorte que toute expérience d'une présence est en même temps épreuve d'une déprésentation, c'est-à-dire d'une transcendance : parce qu'elle est synonyme de temporalisation, la phénoménalité ne fait pas alternative avec la transcendance. Ce que la conscience atteint ne se donne à elle que comme ce qui la dépasse, si bien qu'il n'y a pas de différence pour elle entre se posséder et s'oublier, entre subjectivité et incarnation. Dire que le présent est temporel, c'est reconnaître que toute perception émerge d'un fond, d'une profondeur de passé et d'avenir, et se distingue par conséquent d'une intellection. La transcendance du monde au sein de sa manifestation renvoie au présent comme unité d'une présence et d'une non-présence, c'est-à-dire à la transcendance du temps : en cela, le corps, auquel répond la profondeur du monde, peut être défini comme un passé originaire. L'incarnation essentielle de la conscience est exactement corrélative du caractère essentiellement temporel de l'expérience : « la chose et le monde n'existent que vécus par moi ou par des sujets tels que moi, puisqu'ils sont l'enchaînement de nos perspectives, mais ils transcendent toutes les perspectives parce que cet enchaînement est temporel et inachevé »[1].

---

1. Ph. P., p. 385.

LA CHAIR

Les tensions de la Phénoménologie de la perception *et la voie
de l'ontologie*

Aussi convaincante soit-elle, l'analyse du corps développée dans
la *Phénoménologie de la perception* est marquée par une tension, tout
au moins par une ambiguïté. D'un côté, il ne fait pas de doute que la
description tout entière est animée par la conscience de l'irréductibilité du corps propre : elle dévoile une expérience *sui generis* qui
échappe à l'opposition du sujet et de l'objet, dont sujet et objet apparaissent plutôt comme des moments abstraits. L'expérience du corps
propre semble bien témoigner d'un sens neuf de l'expérience. De
l'autre, cependant, la thématisation de cette expérience demeure
structurée par la distinction de la conscience et de l'objet, du sujet
et de la nature : le corps devient le « médiateur d'un monde » et la
conscience est définie comme « l'être à la chose par l'intermédiaire du
corps » [1]. Or, dès l'instant où le corps est caractérisé comme médiation, sa spécificité se trouve dissoute, ou plutôt, si elle est bien reconnue, son explicitation demeure en suspens : le corps se trouve pensé à
partir d'autre chose que lui-même. Tout se passe donc comme si, à
l'instar de Descartes, Merleau-Ponty maintenait côte-à-côte une expérience irréductible du corps, qui ne pourrait être qu'invoquée – tout
comme l'union ne peut être connue que par l'usage de la vie – et une
thématisation de cette expérience qui serait vouée à assumer la distinction de la conscience et de l'objet. Dès lors, puisque le corps ne
saurait être confondu avec un pur objet, Merleau-Ponty est conduit, en
vertu de son dualisme implicite, à le rabattre du côté de la conscience.
La *Phénoménologie de la perception* hérite de la *Structure du comportement*, qui est essentiellement dirigée contre la physiologie mécaniste, si bien que l'impossibilité de soumettre le corps à l'action
transitive du monde conduit à en faire une dimension du pour soi,
précisément sa dimension d'obscurité. Loin que le corps propre soit
pensé en son irréductibilité, sa « propriété » est finalement référée à
une conscience : Merleau-Ponty le définit comme un « moi naturel » [2],

1. Ph. P., p. 169, 161.
2. Ph. P., p. 199, 239, 250.

une subjectivité impersonnelle ou prépersonnelle. Le corps correspond au caractère irréfléchi de la conscience perceptive, corrélatif
de son rapport à une transcendance; il apparaît comme une sorte
d'inconscient : si on définit le complexe comme le passage, déterminé
par la fixation sur un souvenir, de l'existence en première personne à
«une sorte de scolastique de cette existence», le corps peut être
caractérisé, dit Merleau-Ponty, comme un «complexe inné»[1]. Mais,
après l'avoir distingué d'un objet du monde et situé du côté de la
conscience, Merleau-Ponty est contraint, afin de différencier la vie
perceptive de la vie intellectuelle, de le définir, de manière strictement
négative, par son obscurité. Or, la caractérisation qu'il propose de
cette obscurité propre à la conscience perceptive, c'est-à-dire du
cogito tacite, est elle-même obscure : cette conscience «ne se fixe
pas et ne se connaît pas», mais «elle ne s'emporte pas elle-même en
chacune de ses pulsations, sans quoi elle ne serait consciente de rien
du tout»; elle «ne prend pas distance à l'égard de ses noèmes»,
mais ébauche néanmoins «le mouvement de l'objectivation»[2]. Or,
comment une conscience peut-elle ébaucher une objectivation sans
prendre de distance à l'égard de ses noèmes? Et une objectivation peut-elle n'être qu'ébauchée? De même, comment une telle
conscience peut-elle ne pas s'emporter sans néanmoins se fixer?
Parce qu'il aborde le corps propre dans la perspective de la conscience,
Merleau-Ponty est contraint de le ressaisir négativement, de le situer
au carrefour de déterminations opposées : la conscience incarnée ne se
possède pas et, pourtant, elle ne s'échappe pas. Parce qu'il tente de
préserver le caractère «mien» du corps propre sans en compromettre
l'extériorité, il le ressaisit à partir de la conscience tout en niant que
cette conscience soit transparente à elle-même; le corps devient cet
incompréhensible échappement au cœur de la conscience. Il est vrai
qu'on ne voit pas comment une conscience définie comme immanence absolue peut être corporelle. Mais, inversement, que peut bien
signifier une *conscience* qui s'échappe dans ses objets, ne coïncide
jamais à elle-même? D'autre part, à supposer qu'une telle conscience
puisse être pensée, suffit-il de mettre en évidence un sens du pour soi
qui excède la conscience réflexive pour rendre compte du corps selon

1. Ph. P., p. 99.
2. Ph. P., p. 338.

la plénitude de son sens ? En fondant la « propriété » du corps propre
sur une conscience, même tacite, n'en compromet-on finalement pas
l'extériorité ? Il semble bien qu'une pensée rigoureuse du corps propre
doive renoncer à la catégorie même de conscience : plutôt que comme
négation interne à la conscience, le corps doit être ressaisi comme
négation de la conscience elle-même. Le mérite de la *Phénoménologie
de la perception* aurait finalement été de mettre en évidence, en
quelque sorte à son insu, l'incompatibilité foncière entre les traits
descriptifs du corps propre et la philosophie de la conscience qui tente
de les recueillir : le corps propre se trouve inévitablement intériorisé et
par conséquent situé en opposition vis-à-vis d'un monde dont, en tant
que corps, il fait pourtant partie. Il faut donc à nouveau prendre acte de
l'extériorité du corps propre : il ne s'agit plus de savoir comment la
« propriété » du corps peut ne pas en compromettre l'extériorité mais
bien de comprendre comment son extériorité, c'est-à-dire son appartenance au monde, peut donner lieu à une « propriété ». On devine que
la solution d'un tel problème appelle une refonte radicale du sens de la
phénoménalité.

L'œuvre du « dernier » Merleau-Ponty est caractérisée par le fait
qu'il y prend la mesure de ce qui est impliqué par la reconnaissance,
sans présupposés, des traits descriptifs du corps propre. *Le visible et
l'invisible*, en particulier, ne marque pas tant une rupture vis-à-vis de
la *Phénoménologie de la perception* qu'un accomplissement permettant de conférer aux descriptions qui y étaient développées leur signification philosophique véritable. Merleau-Ponty explicite ce qui faisait
obstacle à un tel accomplissement : « les problèmes posés dans *Ph. P.*
sont insolubles parce que j'y pars de la distinction conscience-objet »[1].
Renoncer à une telle distinction revient, à ses yeux, à libérer l'espace
d'une ontologie : « je dois montrer que ce qu'on pourrait considérer
comme "psychologie" (*Ph. de la perception*) est en réalité ontologie »[2]. La *Phénoménologie de la perception* recueillait la spécificité de l'expérience du corps propre comme une donnée psychologique susceptible de récuser la conscience réflexive au profit de la
vie perceptive. Dès lors, son analyse ne permettait pas de remettre
en question ce qu'il faut entendre par « Être » : conscience et objet

---

1. *Le Visible et l'invisible* (noté V.I.), p. 253.
2. V.I., p. 230. Voir aussi p. 237.

continuaient de caractériser le sens d'être de ce qui est. Le tournant que représente *Le visible et l'invisible* correspond à la reconnaissance du fait que « le corps n'est pas fait empirique, qu'il a signification ontologique » [1]. Bien entendu, si cette reconnaissance ouvre la voie d'une ontologie, il est tout aussi vrai que c'est l'approfondissement du sens de la phénoménologie, et par conséquent la distance prise vis-à-vis de la *Phénoménologie de la perception* qui permettent de libérer les implications ontologiques de l'expérience du corps propre. La relation de Merleau-Ponty à Husserl est, à cet égard, significative. Alors même qu'il lui reproche explicitement, dans la *Phénoménologie de la perception*, de demeurer tributaire de l'intellectualisme, Merleau-Ponty situe toutes ses conclusions dans le sillage tracé par Husserl. En un sens, la *Phénoménologie de la perception* tout entière vise à mettre à jour ce « logos du monde esthétique » que Husserl évoque au terme de *Logique formelle et logique transcendantale*, et c'est pourquoi Merleau-Ponty porte au premier plan la synthèse passive et l'intentionnalité opérante : l'intentionnalité qui est à l'œuvre dans la constitution du temps permet de penser celle du perçu et de récuser par là même le schéma constitutif proposé par Husserl dans *Ideen I* [2]. Ainsi, c'est parce que Merleau-Ponty demeure, dans la *Phénoménologie de la perception*, profondément tributaire de Husserl, que le mouvement qui le conduit vers l'ontologie passe par une relecture des textes husserliens. Telle est sans doute la fonction de son admirable analyse des *Ideen II*. Si Husserl affirme que l'on ne peut penser la nature sans l'esprit, il reconnaît pourtant que, « tandis que la *res extensa*, quand nous en interrogeons l'essence, ne contient rien qui relève de l'esprit, ni rien qui exige médiatement une connexion avec un esprit réel, nous trouvons au contraire qu'un esprit réel, par essence, ne peut être que lié à la matérialité, comme esprit réel d'un corps » [3]. Il faut en conclure, selon Merleau-Ponty, que notre expérience, et notamment celle du corps propre, ne doit sans doute pas être ressaisie selon la bifurcation de la nature et de l'esprit : « La phénoménologie n'est en fin de compte ni un matérialisme, ni une philosophie de l'esprit. Son opération propre est de dévoiler la couche pré-théorétique où les deux idéalisations

---

1. V.I., p. 308.
2. Ph. P., p. 178.
3. *Ideen III*, cité dans *Signes*, p. 208.

trouvent leur droit relatif et sont dépassées » [1]. Dans la *Phénoméno-logie de la perception*, Merleau-Ponty assume la dualité de la conscience et de la nature et pense alors la vie pré-objective comme une dimension de l'esprit; dans *Signes*, il reconnaît au contraire que le dévoilement d'une couche pré-théorétique ne peut laisser intacts nos instruments d'analyse. Cet « entre-deux » qui transparaît « entre la Nature transcendante, l'en soi du naturalisme, et l'immanence de l'esprit, de ses actes et de ses noèmes » [2] ne peut désormais être ressaisi à partir de la nature ou de l'esprit : l'ordre pré-théorétique appelle l'élaboration d'un sens neuf de l'Être, et les « échantillons de consti-tution pré-théorétique » légués par Husserl peuvent jouer le rôle de points d'appui pour cette ontologie.

Les « échantillons de constitution pré-théorétique »

Dans la *Phénoménologie de la perception*, la description du corps propre était motivée par le souci de mettre à jour une intentionnalité originale, par-delà l'automatisme et la représentation : celui-là était ressaisi comme le vecteur de la vie perceptive plutôt que pensé pour lui-même. C'est au contraire ce que tente de faire Merleau-Ponty dans ses dernières œuvres. Il revient d'abord sur l'intime intrication de la perception et du mouvement. Il est vrai que toute vision est suspendue à un mouvement : l'orientation et l'accommodation du regard, qui per-mettent de découper la chose sur le fond avec un maximum de netteté, témoignent d'une prépossession du visible, d'une vision avant la vision. En cela, la vision est, éminemment, vision d'un corps et il n'y a pas de différence à faire entre le mouvement des yeux dessinant le contour d'une chose et la palpation tactile. En tant qu'elle est mouve-ment, la vision appartient au monde qu'elle déploie : alors même qu'il conditionne la perception, le mouvement appartient au visible. Sus-pendue à un mouvement, la vision est toujours déjà du côté de ce qu'elle donne pourtant à voir : « tout mouvement de mes yeux – bien plus, tout déplacement de mon corps – a sa place dans le même univers visible que par eux je détaille » [3]. Comme le dit bien Lévinas, « le sujet

---

1. *Signes*, p. 208.
2. *Signes*, p. 209.
3. V.I., p. 177.

se meut dans l'espace même qu'il va constituer » [1]. La vision ne peut donc être située devant les choses et comprise alors comme l'acte d'un sujet ; elle est enveloppée par le monde qu'elle fait paraître et, en quelque sorte, plus vieille qu'elle-même puisqu'elle s'est toujours déjà précédée dans le monde qu'elle dévoile. On voit que l'accent est tout autre que dans la *Phénoménologie de la perception*. Le recours au mouvement visait alors à montrer que le sujet percevant ne possède pas le monde en transparence mais le vise aveuglément. L'insistance était mise sur le caractère intentionnel du mouvement, si bien que, comme chez Michel Henry, la motricité était la condition de possibilité de la transcendance plutôt que ce qui s'y inscrit. Dans *Le visible et l'invisible*, au contraire, Merleau-Ponty insiste sur la dimension d'appartenance qui est impliquée dans la motricité : en tant qu'elle est intentionnelle, elle est certes phénoménalisante, mais en tant que motricité, elle est bien du côté de la transcendance qu'elle phénoménalise. Dire que la vision est mouvement, c'est reconnnaître que l'appartenance du monde à la vision est synonyme d'une appartenance de la vision au monde : la vision n'est pas seulement *au* monde, elle est *du* monde. Le mouvement n'est plus la condition d'une transcendance mais ce qui vient brouiller les rôles respectifs de la vision et du vu.

Cette situation peut être avérée par l'expérience du toucher. Il revient à Husserl d'avoir montré que la constitution du corps propre s'effectue au niveau tactile. En effet, « un sujet qui ne serait doté que de la vue, ne pourrait avoir absolument aucun corps propre apparaissant » [2] : il verrait un corps dont les déplacements seraient corrélatifs de sensations kinesthésiques. D'autre part, ajoute Husserl, « même le libre mouvement de ce "corps" qui va de pair avec la liberté des processus kinesthésiques, n'en ferait pas un corps propre. Tout se passerait alors seulement comme si l'ego, qui ne fait qu'un avec cette liberté dans le kinesthésique, pouvait mouvoir librement, immédiatement, la *chose* matérielle-corps propre » [3]. On ne peut mieux dire que le « sentiment de l'effort » ne peut en aucun cas révéler un corps *propre*.

---

1. « Intentionnalité et sensation », dans *En découvrant l'existence avec Husserl et Heidegger*, p. 158.

2. *Ideen II*, trad. fr. E. Escoubas, p. 213.

3. *Ibid.*, p. 214.

Avec ce sentiment, nous sommes dans la situation d'une pure subjectivité qui constate une corrélation constante entre des vécus d'effort et
un fragment de matière donné visuellement. Ainsi, Michel Henry a
raison de caractériser ce sentiment d'effort par l'immanence, mais il
a par là même tort d'en faire la révélation d'un corps propre. Pour
Husserl, « les sensations de mouvement ne doivent vraiment leur
localisation qu'à leur entrelacement continuel avec des sensations
localisées de façon primaire »[1], et cette localisation primaire ressortit
au toucher. En effet, la sensation tactile peut faire l'objet d'une double
appréhension, en fonction de la direction de l'attention : elle peut être
saisie comme trait caractéristique de l'objet extérieur, c'est-à-dire
sous forme de propriétés tactiles, mais elle peut également être appréhendée comme « sensation de l'objet-corps propre ». Dans le contact
tactile avec un objet se constitue le corps propre comme champ de
localisation de cette sensation tactile : le toucher fait naître le corps à la
surface duquel il se répand. Ce trait s'accuse lorsque le corps se touche
lui-même, lorsque, par exemple, la main droite palpe la main gauche :
« en touchant ma main gauche, je trouve aussi en elle des séries de
sensations du toucher, elles sont "*localisées*" en elle, mais ne constituent pas des propriétés (comme le sont le rugueux ou le lisse de la
main en tant que chose physique). Parler de la chose *physique* "main
gauche", c'est faire abstraction de telles sensations (une boule de
plomb n'a rien de tel, ni non plus toute chose 'simplement' physique,
toute chose qui n'est pas mon corps). Si je les y ajoute, il n'est alors
nullement question de dire que la chose physique s'enrichit, mais bien
qu'*elle devient chair*, qu'*elle sent* »[2]. Comment interpréter cette expérience singulière ? On a bien là un « échantillon de consitution pré-
théorétique », mais il n'est pas certain que Husserl en prenne toute la
mesure : la constitution du corps propre ne le conduit pas à remettre en
question la double polarité de la nature et de l'esprit, qui structure tout
l'ouvrage. En effet, au § 40, où il s'agit de préciser le sens de cette
constitution tactile, Husserl pose le problème en ces termes : « Quelle
liaison y a-t-il entre le contenu de sensation et le constitué et de quelle
manière le corps propre, qui est en même temps une chose matérielle,

1. *Ibid.*, p. 214.
2. *Ibid.*, p. 207.

possède-t-il, en lui et sur lui les contenus de sensation »[1]? L'énoncé du problème est frappant : loin que ce mode singulier de constitution mette en jeu le sens d'être du corps propre, celui-ci est d'emblée ressaisi comme une chose physique qui possède, « en et sur elle », des sensations. Comme le dit bien Paul Ricœur, « il s'agit de savoir ce que signifie l'attribution du psychique au corps connu comme chose. La question n'est pas de recueillir et de protéger une expérience non-objective, "existentielle" de la conscience incarnée, mais de reprendre la connaissance physique du corps pour lui attribuer des sensations »[2]. On voit affleurer ici une tension entre l'expérience tactile constitutive du corps et le cadre théorique qui structure par avance la constitution. Merleau-Ponty remarque dans une note : « Dans *Ideen II*, Husserl, "démêler" "débrouiller" ce qui est emmêlé (…) toute analyse qui *démêle* rend inintelligible »[3] ; il s'agit donc pour lui de ressaisir cette expérience pour elle-même, sans présupposés, sans la « démêler », c'est-à-dire la subordonner à une dualité.

Je touche ma main gauche à l'aide de ma main droite, mais cette relation est par principe réversible : à l'instant où elle est atteinte comme objet, la main gauche « devient chair », manifeste une sensibilité, si bien que la main touchante devient à son tour objet. Cette coïncidence demeure bien entendu imminente ; si le toucher pouvait se rejoindre comme tel, on aurait affaire à un pur sujet devant lequel le corps serait déployé comme un objet et non plus, précisément, à un toucher. Or, cette réversibilité ne signifie pas qu'à la chose physique s'ajoute une subjectivité, mais bien que « la distinction du sujet et de l'objet est brouillée dans mon corps »[4]. Autrement dit, *c'est en tant que sentir que le sentir est incarné* ; son éprouver même, sa « réalité formelle », ne saurait être distingué de son déploiement dans un corps. Loin de se clôre sur lui-même, le toucher ne s'accomplit qu'à l'extérieur de lui-même, à même le corps que pourtant il touche. On n'a donc pas un toucher subjectif dont on pourrait éprouver « après-coup » le substrat charnel à l'aide d'un autre toucher. Le sentir est tel qu'il peut

---

1. *Ibid.*, p. 217-218.
2. « Analyses et problèmes dans *Ideen II* de Husserl », dans *À l'école de la phénoménologie*, p. 119.
3. V.I., p. 321-322.
4. *Signes*, p. 211.

lui-même être senti, devenir objet pour cette main qu'il avait d'abord saisie comme main charnelle : l'activité tactile ne peut, en droit, être séparée de sa dimension passive comme main touchée ; la coappartenance du toucher et de la main charnelle l'emporte sur leur différence. On peut donc dire que le corps est *sensible*, à condition d'appréhender ce terme à un niveau plus profond que la distinction entre sentant et senti ; la chair, dit Merleau-Ponty, « est le sensible au double sens de ce qu'on sent et ce qui sent »[1]. C'est pourquoi il est impossible, comme le faisait Michel Henry lorsqu'il critiquait Condillac, de séparer la connaissance de la main par elle-même de la connaissance du corps qu'elle modèle par son appréhension, c'est-à-dire l'affectivité comme pure immanence de la sensibilité comme extériorité. Introduire cette distinction revient à soumettre le corps propre à une dualité qui ne lui appartient pas : le savoir par lequel la main se connaît comme touchante ne se distingue précisément pas du savoir par lequel elle s'atteint comme main incarnée. En faisant l'épreuve de son pouvoir tactile, elle découvre son incarnation et par conséquent la possibilité qu'elle soit touchée à son tour ; c'est en tant que sensation que la sensation se localise. La connaissance de soi du sentir et la connaissance du corps par le sentir sont bien indiscernables : l'auto-affection est une hétéro-affection.

La chair

La leçon que tire Merleau-Ponty de cette analyse vient confirmer ce que l'étude du mouvement avait fait pressentir : le sujet touchant « descend dans les choses, de sorte que le toucher se fait du milieu du monde et comme en elles »[2]. Le sentir à l'œuvre dans la main droite se précède dans la main gauche dont il dessine pourtant le contour et appartient en cela au monde qu'il fait paraître tactilement. Toute la difficulté est ici de comprendre en quel sens le toucher appartient au monde, se fait du milieu du monde, de ressaisir donc le mode d'appartenance du corps propre au monde. S'il est certain que le corps propre, celui qui est capable de toucher, n'est pas situé hors du monde comme le serait un pur sujet, il ne saurait par là même être situé *dans* le monde

---

1. V.I., p. 313.
2. V.I., p. 176.

comme un objet. Si la philosophie de l'incarnation est tentée de
rabattre le corps propre sur le pour soi, c'est parce qu'elle tend à ne
pouvoir penser sa corporéité, c'est-à-dire son appartenance au monde,
que sur le mode objectif : le recours à la subjectivité se précède finalement lui-même dans la détermination implicite du monde comme
extension, monde au sein duquel le corps ne peut qu'occuper une
place. Inversement, caractériser le corps comme fragment d'étendue,
c'est se donner implicitement un pur sujet objectivant pour lequel
il peut y avoir une telle étendue et c'est par conséquent manquer
le phénomène de l'incarnation à l'instant où on voulait en rendre
compte. Si vraiment le toucher est, comme tel, effondré dans un corps,
celui-ci ne peut avoir de limites assignées *faute d'un sujet autonome
qui en dessine les contours*, ne peut donc exister comme une chose. Si
ce corps est vraiment *mon* corps, il ne saurait être un fragment d'étendue, non pas parce qu'il serait déjà subjectivité mais au contraire parce
que, ne l'étant pas encore, il ne peut occuper cette extension objective
qui la présuppose. Il nous faut rejeter, remarque Merleau-Ponty, « les
préjugés séculaires qui mettent le corps dans le monde et le voyant
dans le corps, ou, inversement, le monde et le corps dans le voyant
comme dans une boîte » [1]. On ne peut donc dire que c'est parce que le
toucher se produit dans un corps qu'alors il advient au milieu du monde
car, à penser ce corps comme objet circonscrit (comme Merleau-
Ponty le fait parfois lui-même), on ne voit pas ce qui permettrait de
transférer au monde ce qui se produit en lui, car surtout, au niveau où
nous nous situons, il n'y a pas encore de distinction possible entre un
corps délimité et le monde. Ainsi, ce n'est pas parce que le sentir a un
corps qu'il est au monde, c'est parce qu'il est au monde qu'il a un
corps ; ou plutôt, affirmer qu'il a un corps, c'est dire exactement qu'il
est du monde. Le sens propre du corps est l'appartenance au monde,
appartenance qui ne peut désigner encore une inclusion objective et
est plus radicale que celle-ci. Merleau-Ponty précise en effet : « si le
corps est chose parmi les choses, c'est *en un sens plus fort et plus
profond qu'elles* » [2].

Dans le texte traduit en français sous le titre « L'arche originaire
Terre ne se meut pas », et dont l'influence sur Merleau-Ponty fut

---

1. V.I., p. 182.
2. V.I., p. 181. [Nous soulignons].

considérable, Husserl met à jour un sens de la Terre plus originaire que celui d'une planète en mouvement dans l'espace physique : elle est le sol, le berceau originaire par rapport auquel repos et mouvement prennent sens. Elle est, si l'on veut, en repos, mais au sens de ce sur quoi tout repose, y compris le mouvement. La Terre est l'ici absolu, inobjectivable, ici dont on ne se détache pas même lorsque l'on s'éloigne de la terre physique, de sorte que la multiplicité éventuelle des lieux-sols, dit Husserl, s'unifie nécessairement en un seul lieu-foyer. Parce que cette Terre n'est pas dans l'espace, étant sol pour la constitution de l'espace, elle ne peut être conçue comme un corps alors même qu'en elle se rencontrent des corps : « La Terre est un tout dont les parties (…) sont des corps mais qui, en tant que "tout" n'est pas un corps »[1]. L'incarnation du corps propre signifie exactement son appartenance à cette Terre ; il y a, dit Merleau-Ponty commentant Husserl, « parenté entre l'être de la terre et celui de mon corps »[2]. L'émergence du sentir à même le corps est synonyme de son appartenance au monde, car l'être du corps n'est autre que celui de la Terre. « Que je me tienne tranquille ou que je marche, ma chair est le centre et les corps en repos et mobiles sont tout autour de moi, et j'ai un sol sans mobilité »[3] : ma chair est un ici absolu, ici qui ne peut être converti en là-bas. Ce terme d' « ici » ne vient pas qualifier l'emplacement d'un corps donné par ailleurs mais définit l'être même du corps, et c'est sur fond de cet « ici » qu'il peut y avoir des lieux. Dès lors, la chair peut être divisée en parties, c'est-à-dire en corps, mais, en tant que chair, en tant que "tout" de ces parties, elle n'est pas un corps. Ce n'est donc pas parce qu'elle occupe un lieu qu'elle est située : c'est au contraire parce qu'elle est située, ou plutôt parce que son être est situation, que ses parties peuvent occuper un lieu et qu'elle peut elle-même occuper des places en se déplaçant. Le corps propre (la chair) est du monde au sens où son être est celui de la Terre : la chair désigne cet enracinement originaire, qui n'est pas inclusion d'une partie au sein d'une totalité, qui précède et fonde plutôt la possibilité d'une telle inclusion. Ce n'est pas parce que j'ai un corps que je suis enraciné, c'est plutôt parce que je suis enraciné que j'ai un corps : cet enracinement primordial, plus

---

1. *La terre ne se meut pas*, trad. fr. D. Franck, p. 17.
2. *Résumés de cours au Collège de France*, p. 169.
3. *La terre ne se meut pas*, p. 18.

profond que tout extension, décrit le sens d'être du corps. Ainsi, la continuité ontologique du corps et du monde l'emporte sur leur diffé-rence, ou plutôt, l'incarnation est ce Fait absolu, avènement de l'ici, à partir duquel la distinction même du corps et du monde peut prendre sens. C'est pourquoi Merleau-Ponty peut affirmer que le corps est du monde en un sens plus profond que les choses : il n'est pas à sa surface, inséré dans l'ordre du *partes extra partes*, il est en son cœur[1]. Le corps propre n'est pas situé devant les choses ni à côté d'elles ; il est en leur fond. Aussi Merleau-Ponty peut-il écrire, quant au rapport du monde au corps, qu'il y a « correspondance de son dedans et de mon dehors »[2]. Cette extériorité qu'est le corps n'est autre que l'intérieur même du monde, sa profondeur originaire, son être terrestre : « La pellicule superficielle du visible n'est que pour ma vision et pour mon corps. Mais la profondeur sous cette surface contient mon corps et contient donc ma vision »[3].

Dès lors, « on peut dire à la lettre que l'espace lui-même se sait à travers mon corps » et, plus rigoureusement, qu'« il y a un rapport à lui-même du visible qui me traverse et me constitue en voyant »[4]. Il ne faut pas oublier en effet que le corps est un seul corps dans ses deux phases, sentante et sentie : en vertu de l'appartenance originaire du corps au monde, ou plutôt de leur identité au sein de l'originaire comme appartenance, le sentir ou le soi qui advient « au sein » du corps ne peut être distingué de l'avènement d'un monde senti, la « subjec-tivité » du corps de la phénoménalité du monde. Parce que le corps se fait monde, son pouvoir sensible, loin d'être adossé à une subjectivité positive, est synonyme du mouvement par lequel le monde se fait paraissant : « Devenir nature de l'homme qui est le devenir homme de la nature »[5]. Toute scission entre sujet et objet, sentir et senti est surmontée au profit d'une entrelacement plus originaire : parce que le corps est appartenance au monde, l'événement du sentir n'est autre que l'avènement d'un monde senti. Parce que le corps est fait de la texture ontologique du monde, le monde est fait de la texture

1. V.I., p. 178.
2. V.I., p. 179.
3. V.I., p. 182.
4. *Signes*, p. 210 ; V.I., p. 185.
5. V.I., p. 239.

phénoménalisante du corps. C'est pourquoi Merleau-Ponty peut affirmer que s'il y a « correspondance de mon dehors et de son dedans », il y a par là même « correspondance de mon dedans et de son dehors »[1], c'est-à-dire de mon sentir et de sa phénoménalité. On n'a pas un corps habité par un sujet qui percevrait le monde ; on a un monde qui paraît et confère par là même à un corps le statut de voyant. Dire que je perçois le monde, c'est exactement dire qu'il *se donne* à voir : « indivision de cet être sensible que je suis et de tout le reste qui se sent en moi »[2]. Bref, c'est parce que le corps propre se fait son propre dehors, c'est-à-dire monde, que celui-ci peut-être doué d'intériorité, c'est-à-dire se manifester tout en se réservant en sa manifestation même ; et il n'y a pas de sens à demander si c'est moi qui perçoit le monde par mon corps ou si c'est le monde qui se perçoit à travers lui. Comme le dit très bien Merleau-Ponty, il y a « insertion du monde entre les deux feuillets de mon corps » et « insertion de mon corps entre les deux feuillets de chaque chose et du monde »[3]. En effet, le corps étant à la fois au cœur du monde, synonyme de sa facticité originaire, et « sensible », le monde tout entier sépare le sentir de son incarnation : l'avènement du sentir dans le corps correspond à une remontée de la profondeur du monde vers sa phénoménalité. Le corps n'est pas une chose du monde, il est en son centre, il concentre en lui la Facticité que son sentir vient phénoménaliser en monde. Identité d'un sentir et d'un invisible, de cet invisible qui nourrit la phénoménalisation, le corps est séparé de lui-même par le monde phénoménal. Mais, corrélativement, mon corps est entre les deux feuillets de chaque chose et du monde puisque c'est l'éveil de son sentir, son surgissement comme corps « propre », qui conduit le fait originaire du monde, dont il est, vers la phénoménalité, c'est-à-dire vers les choses. Le corps est l'autre nom de cette phénoménalisation qui articule chaque chose au monde selon une différence qui est en même temps identité : parce que le corps est sensible, le monde n'est autre que les choses qui s'y manifestent ; mais parce que ce sentir advient au cœur du monde, c'est-à-dire au monde lui-même, chaque chose demeure enveloppée par la profondeur qu'elle fait paraître. Le corps n'est autre que ce pli ou cet enroulement de l'origi-

1. V.I., p. 179.
2. V.I., p. 309.
3. V.I., p. 317.

naire sur lui-même par lequel il devient monde paraissant. Le devenir « propre » du corps est synonyme de la phénoménalisation de l'Être. Dès lors toute référence à une subjectivité positive doit être abandonnée : « l'esprit sourd comme l'eau dans la fissure de l'Être – Il n'y a pas à chercher des choses spirituelles, il n'y a que des structures du vide »[1]. Le « sujet » de l'expérience est le corps, la phénoménalisation est le fait du corps et, dans cette mesure, le fait de l'Être : « Si l'Être doit se dévoiler, ce sera devant une transcendance, et non devant une intentionnalité, ce sera l'Être brut enlisé qui revient à lui-même, ce sera le *sensible* qui se creuse »[2].

L'attitude réflexive – dont Merleau-Ponty demeure tributaire dans la *Phénoménologie de la perception* – saisit le corps comme un étant parmi d'autres, c'est-à-dire le subordonne à un sens d'être du monde préalablement défini. Elle ne peut alors en fonder la spécificité qu'en ayant recours à une conscience dont le sens d'être, comme pur sujet, est corrélatif de celui qui est accordé au monde, ensemble de pures choses. Ainsi, le corps propre devient l'instrument d'une subjectivité, son moyen de se rapporter au monde, instrument dont le statut demeure obscur, qu'on le pense comme une chose ou comme une dimension de la conscience. La décision du « dernier » Merleau-Ponty consiste à partir du corps propre sans présupposés, à en assumer les caractères incompatibles, à montrer que cette incompatibilité n'est que l'expression d'un préjugé, celui de la philosophie réflexive, pour, enfin, mettre à jour la signification ontologique de l'expérience de ce corps. Le corps propre révèle le sens d'être de ce qui est, que Merleau-Ponty appelle donc « chair », et c'est, en toute rigueur, à partir de cette chair qu'il faut penser le corps. Le corps propre vient recueillir un mode d'être, charnel, qui est d'abord celui du monde : « notre corps commande pour nous le visible, mais il ne l'explique pas, ne l'éclaire pas, il ne fait que concentrer le mystère de sa visibilité éparse, et c'est bien d'un paradoxe de l'Être, non d'un paradoxe de l'homme qu'il s'agit »[3]. En effet, il « n'est plus moyen de la vision et du toucher, mais leur dépositaire »[4] : la perception ne vient pas tirer le monde de la nuit,

---

1. V.I., p. 289.
2. V.I., p. 263.
3. V.I., p. 180.
4. *L'Œil et l'esprit*, p. 58.

comme si l'accès de celui-ci à la visibilité reposait sur l'acte d'un sujet, elle vient recueillir une phénoménalisation qui procède de l'Être même, qui, plutôt, en est synonyme. Si le corps peut se faire voyant, c'est parce que le monde est *intrinsèquement visible*, est «Sensible en soi»[1]; loin que la visibilité du monde repose sur l'acte d'une vision, celle-ci vient concentrer une visibilité éparse et anonyme, et le corps est l'événement de cette concentration. Si l'avènement d'un visible est bien suspendu au corps voyant, l'aptitude de ce corps à voir est en même temps subordonnée à la visibilité native du monde. Le concept ontologique de *chair* nomme cette visibilité intrinsèque : «La chair du monde, c'est de l'Être-vu, *i.e.* c'est un Être qui est *éminemment percipi*, et c'est par elle qu'on peut comprendre le *percipere*»[2]. Le corps propre se caractérise par un entrelacement entre sentir et senti : c'est en tant que sentir que le sentir est incarné. Autrement dit, la «propriété» du corps propre apparaît comme un «creux» aussitôt rempli par l'épaisseur de sa chair, qui ne s'emporte donc jamais vers la positivité d'une conscience; le sentir est le surgissement d'une différence qui, loin de mesurer un écart incompréhensible entre un sujet et un objet positifs, demeure tout autant identité. Ainsi compris, le corps propre apparaît comme un *cas éminent* de la chair. «Qualité prégnante d'une texture», «surface d'une profondeur», «coupe sur un être massif»[3], la chair est visibilité, c'est-à-dire phénoménalité celée dans la profondeur qu'elle donne à voir, invisibilité au cœur du paraître, retrait au sein de la manifestation. Retenue dans l'épaisseur du monde sur lequel elle se détache, la phénoménalité est pli plutôt que néant, «différence des identiques» ou «identité dans la différence»[4]. La chair désigne, par-delà l'opposition de la matière et de l'esprit, du fait et de l'essence, cet Être qui contient sa négation, ce principe incarné, ce sens figuré, qui n'a de nom dans aucune philosophie.

Comme l'écrit Patoèka, «la phénoménologie est une manière de philosopher qui ne part pas de prémisses toutes faites mais adopte par principe une attitude de réserve critique à l'égard de toute thèse», elle «essaie de montrer la voie qui mène des thèses sclérosées, dépourvues

---

1. V.I., p. 183.
2. V.I., p. 304.
3. V.I., p. 180.
4. V.I., p. 316, 279.

de contenu vivant, jusqu'aux sources vives de l'expérience auxquelles la pensée s'abreuve d'un contenu nouveau ». Précisément, « le phénomène du corps propre peut servir à illustrer ce sens et cet aspect de la méthode phénoménologique. En effet, l'ensemble de la tradition métaphysique a conçu le corps et la corporéité de telle sorte que le corps propre, c'est-à-dire le corps vivant et vécu, expérimenté et expérimentant, n'a jamais pu devenir un thème »[1]. Si l'ensemble de la tradition pense le corps propre comme une réalité objective, traversée par des processus en troisième personne, Descartes, le premier sans doute, reconnaît l'originalité de cette expérience. Une tension subsiste néanmoins entre l'ordre de l'entendement et celui de la vie, entre la lumière naturelle et l'inclination naturelle : cette tension se résoud seulement en Dieu, ce qui revient à dire que, pour nous, elle ne saurait être surmontée. Afin de se donner les moyens d'y parvenir, il est donc nécessaire de mettre en suspens l'évidence la plus enracinée, au nom de laquelle le corps apparaît comme un être hybride et donc impensable, à savoir l'évidence d'une dualité du sujet et de la nature, de la matière et de l'esprit. Avec un degré de radicalité inégalé, Merleau-Ponty prend la mesure des bouleversements appelés par le vécu corporel : puisque nous sommes cette expérience, il doit y avoir moyen de la penser, ce qui veut dire d'abord défaire les évidences au nom desquelles elle apparaissait comme illusoire, au mieux comme incompréhensible. L'opposition de la nature et de l'esprit, du sujet et de l'objet est tributaire d'une ontologie « positiviste » qui pense l'étant comme la figure de l'Être, l'Être comme une « sublimation » de l'étant. C'est parce que, par-delà leur apparente opposition, sujet et objet ont en commun la substantialité (qui peut persister sous une forme plus raffinée chez des penseurs qui prétendent la récuser[2]), qu'ils s'opposent et que leur unité avérée au sein du corps propre peut être rejetée hors de la sphère du pensable. Merleau-Ponty montre que la condition d'une phénoménologie rigoureuse du corps propre est une ontologie de la chair, sens d'être véritable de l'Être, qui est « à la fois comble de

---

1. « La phénoménologie du corps propre », dans *Études phénoménologiques*, n°1, 1985, p. 41.

2. Nous nous permettons de renvoyer, sur ce point, à notre ouvrage *De l'être du phénomène. Sur l'ontologie de Merleau-Ponty,* deuxième partie, J. Millon (éd.).

subjectivité et comble de matérialité »[1]. Le corps, quant à lui, n'est pas un moment de la subjectivité, ni une chose à la surface du monde, ni l'union des deux : il est au cœur du monde, appartenance, portant dans sa profondeur le destin tout entier de la phénoménalisation. Entre les deux feuillets de chaque chose et du monde, il est ce tissu qui conjoint et disjoint à la fois l'Être et les phénomènes, « intentionnalité intérieure à l'Être »[2], texture de la phénoménalisation. Ainsi se comprend l'unité en lui de cette extériorité et de cette intériorité que la tradition écartait comme incompréhensible. Parce qu'il correspond au dedans du monde par son dehors, il est plus intime à lui-même que ne l'est le dehors du monde, c'est-à-dire le phénomène. S'il est du monde en un sens plus profond que les choses, il est phénomène en un sens plus profond que ceux qu'il donne à voir, *percipere* et plus seulement *percipi*. Loin d'en être la négation, le corps est, en son sens le plus originaire, corps de l'esprit.

Renaud BARBARAS
Université de Paris I Panthéon-Sorbonne

---

1. V I, p. 302.
2. V I, p. 298.

INDEX THÉMATIQUE

TABLE DES MATIÈRES

Achevé d'imprimer par Corlet, Imprimeur, S.A. - 14110 Condé-sur-Noireau
N° d'Imprimeur : 82718 - Dépôt légal : février 2005 - *Imprimé en France*